비전공자도 배울 수 있는

타입스크립트

비전공자도 배울 수 있는 타입스크립트

그림과 예제로 배우는 TypeScript 기초 + 리액트

초판 1쇄 발행 2024년 11월 8일

지은이 HIRO / **옮긴이** 아크몬드(박광수) / **펴낸이** 전태호
펴낸곳 한빛미디어(주) / **주소** 서울시 서대문구 연희로2길 62 한빛미디어(주) IT출판 2부
전화 02-325-5544 / **팩스** 02-336-7124
등록 1999년 6월 24일 제25100-2017-000058호 / **ISBN** 979-11-6921-306-6 93000

총괄 송경석 / **책임편집** 박민아 / **기획** 김민경 / **편집** 홍원규
디자인 표지 박정우 내지 윤혜원 / **전산편집** 홍원규
영업 김형진, 장경환, 조유미 / **마케팅** 박상용, 한종진, 이행은, 김선아, 고광일, 성화정, 김한솔 / **제작** 박성우, 김정우

이 책에 대한 의견이나 오탈자 및 잘못된 내용에 대한 수정 정보는 한빛미디어(주)의 홈페이지나 아래 이메일로 알려주십시오. 파본은 구매처에서 교환하실 수 있습니다. 책값은 뒤표지에 표시되어 있습니다.

한빛미디어 홈페이지 www.hanbit.co.kr / 이메일 ask@hanbit.co.kr

비전공자도 배울 수 있는

타입스크립트

HIRO 지음, 아크몬드(박광수) 옮김

그림과 예제로 배우는 TypeScript 기초 + 리액트

한빛미디어
Hanbit Media, Inc.

추천사

이 책은 JavaScript 기초 지식만으로도 쉽게 TypeScript를 이해할 수 있도록 구성되어 있습니다. 실생활 비유를 통해 어려운 개념을 설명하고, 읽기 편한 구성으로 짧은 시간에 TypeScript 개념을 습득할 수 있습니다. 특히 1~2시간 내에 완성 가능한 TypeScript 기반 React 예제를 통해 실제 프로젝트 적용 방법을 경험할 수 있어 매우 유용합니다.

홍상의, 프리랜서 개발자

이 책은 TypeScript를 처음 접하는 분들도 쉽게 이해할 수 있도록 상세하게 설명합니다. JavaScript 지식이 없어도 따라갈 수 있으며, 그림을 통한 개념 설명으로 이해도를 높였습니다. React 프레임워크를 활용한 간단한 프로젝트 예제를 통해 실제 적용 방법을 배울 수 있어 중고급 개발자로 성장하기 위한 좋은 기반을 제공합니다.

홍준용, 한국산업은행 PM/PL 디자이너

이 책은 TypeScript의 핵심 개념을 그림과 코드 예제로 쉽게 설명합니다. React 애플리케이션 개발을 통해 배운 개념을 실제로 적용해볼 수 있어, TypeScript를 빠르게 시작하고자 하는 분들에게 적합합니다.

이동규, 데이터 엔지니어

이 책은 초보자들을 위해 상세한 설명을 제공하여 TypeScript의 기초 지식을 쌓는 데 큰 도움이 됩니다. 백엔드 개발자로서 JavaScript와 TypeScript에 제한적인 경험만 있던 저도 이 책을 통해 쉽게 학습할 수 있었습니다. 프런트엔드 지식이 부족한 개발자들에게 특히 추천합니다.

정현준, 프로덕트 그룹 리더

이 책은 제목에 걸맞게 누구나 쉽게 접근할 수 있도록 구성되어 있습니다. 개발 환경 설정부터 상세히 안내하며, 직관적인 일러스트와 쉬운 용어로 TypeScript의 핵심을 설명합니다. 프로그래밍 기초부터 실제 프로젝트까지 전 과정을 경험할 수 있어, 처음 페이지를 열 때는 초보자였다가 마지막 페이지를 덮을 때쯤엔 TypeScript 개발자로 거듭날 수 있을 것입니다. TypeScript 입문자에게 강력히 추천합니다.

김동우, 프리랜서 개발자

이 책은 TypeScript의 기본 문법을 차근차근 설명하여 마치 친절한 선생님이 곁에서 가르쳐 주는 듯한 느낌을 줍니다. 단순한 문법 나열에 그치지 않고, 각 개념의 실제 활용법과 중요성에 대한 인사이트를 제공합니다. TypeScript를 처음 접하는 분들부터 실용적인 적용 방법을 찾는 개발자들까지, 모두에게 유익한 학습 경험을 선사할 것입니다.

오두영, IT 기술 블로그 운영

지은이 / 옮긴이 소개

지은이 HIRO(히로)

1995년부터 프로그래밍 세계에 발을 들여놓았으며, 알려지지 않은 기술이나 새로운 프로그래밍 언어를 배우는 것을 취미로 삼고 있습니다. .NET을 전문으로 하고 있으며, 특히 C#으로 앱 개발을 즐기며, 초보자를 위한 많은 정보를 전달하고 있습니다.

옮긴이 아크몬드(박광수)

박광수라는 이름보다 '아크몬드'라는 필명으로 알려진 블로거입니다. 2004년부터 지금까지 최신 Windows 정보를 꾸준히 나누고 있습니다. 지금까지 7회 Microsoft MVP(Windows 부문)를 수상했으며, Microsoft 365, Azure 등 Microsoft의 최신 기술에 열광합니다. 심리학에 관심이 많으며 현재 일본에서 개발자로 일하면서 딥러닝에 많은 관심을 두고 있습니다.

지은 책으로는 『진짜 쓰는 윈도우 11』(제이펍, 2023), 『윈도우 10 마스터북』(한빛미디어, 2016), 옮긴 책으로는 『스테이블 디퓨전으로 만드는 게임 그래픽』(한빛미디어, 2023), 『처음 배우는 딥러닝 수학』(한빛미디어, 2018), 『파이썬으로 배우는 머신러닝의 교과서』(한빛미디어, 2018) 등이 있습니다.

옮긴이의 말

저는 작년부터 Vue3 Composition API를 주력으로 웹 개발을 하고 있습니다. 최근에는 현업에 TypeScript를 도입하여 개발 과정의 안정성을 한층 높이고 있습니다. TypeScript는 타입을 명시함으로써 잠재적인 오류를 사전에 발견하고 수정할 수 있는 장점이 있어, 여러 개발자가 협업하는 환경에서 특히 유용합니다. 또한 JavaScript와 거의 완벽한 호환성을 갖추고 있다는 점도 TypeScript를 추천하는 중요한 이유입니다.

이 책은 TypeScript의 기본 개념부터 실무에서 자주 사용되는 패턴까지 폭넓게 다루고 있습니다. 특히, 비전공자나 초보자도 쉽게 이해할 수 있도록 어려운 부분에는 꼼꼼하게 역자주를 추가하여 설명을 보충했습니다. 이를 통해 독자 여러분이 TypeScript를 보다 쉽게 이해하고, 실무에 바로 적용할 수 있도록 돕고자 했습니다.

- **풍부한 일러스트:** 개념을 쉽게 이해할 수 있도록 일러스트가 많이 포함되어 있어, 비전공자도 쉽게 따라할 수 있습니다.
- **확인 문제:** 각 장의 끝에 확인 문제가 있어, 배운 내용을 바로 확인하고 복습할 수 있습니다.
- **실습 프로젝트 & 치트 시트:** 실습 프로젝트를 통해 배운 내용을 실제로 적용해 볼 수 있어, 실무 감각을 익히기 좋습니다. 또한, 책의 후반부에 첨부된 치트 시트(cheat sheet)로 학습 내용의 요약본을 제공하여 TypeScript 필수 구문을 한눈에 훑어보고 복습할 수 있습니다.

TypeScript는 최신 웹을 개발하는 데 있어 점점 더 중요한 역할을 하고 있습니다. 이 책을 통해 TypeScript의 매력을 느끼고, 개발 역량을 키울 수 있기를 바랍니다.

부족한 번역을 보완하느라 고생한 한빛미디어 담당자님, 사랑하는 아내 츠카모토 유이(塚本唯)님에게 감사드립니다.

아크몬드(박광수)

머리말

이 책은 프로그래밍 경험이나 JavaScript에 대한 사전 지식이 없는 독자도 TypeScript를 처음부터 배울 수 있도록 구성된 입문서입니다. 컴퓨터 과학에 대한 전문 지식은 필요하지 않습니다.

이 책의 목표는 독자들이 프로그래밍 세계에 첫발을 내딛고 TypeScript 학습을 시작하는 데 도움을 주는 것입니다.

TypeScript는 JavaScript를 더욱 강력하고 안전하게 작성할 수 있도록 도와주는 프로그래밍 언어입니다. 이 책에서는 TypeScript의 기능을 이해하고 사용할 수 있도록 기본 개념부터 차근차근 설명하고 있습니다.

이미 JavaScript에 익숙하다면 그 지식을 활용하여 TypeScript의 세계로 더 깊게 들어갈 수 있습니다. JavaScript 경험이 없는 독자도 걱정할 필요가 없습니다. 이 책은 프로그래밍을 처음 시작하는 분에게도 적합한 내용으로 구성되어 있기 때문입니다.

학습의 마지막에는 습득한 TypeScript 기술을 활용하여 React를 이용한 작은 애플리케이션 개발을 소개합니다. 이를 통해 배운 내용을 실제 작업에 적용할 수 있는 방법을 익힐 수 있습니다.

또한 이 책의 마지막 부분에는 일상적인 개발 작업에 도움이 될 수 있는 TypeScript의 구문과 주요 개념을 간결하게 정리한 치트 시트cheat sheet를 준비했습니다. 이 정보를 활용하면 더욱 효율적으로 개발할 수 있습니다.

이 책을 통해 TypeScript의 세계로 첫걸음을 내딛어 보세요. 프로그래밍의 세계는 넓고 매력적입니다. 독자 여러분이 새로운 가능성을 발견하는 데 도움이 되길 바랍니다. 즐거운 시간이 되기를 바랍니다.

HIRO

일러두기

■ 주의 사항

이 책에 게재된 프로그램은 아래 환경에서 동작합니다.

OS	Windows 11
개발 환경	Node.JS(18.20.2) / Visual Studio Code(1.8.2)
TypeScript	TypeScript(5.2)

이 책의 내용은 2023년 9월 말을 기준으로 작성되었으므로 여러분이 실제로 이 프로그램을 이용할 때는 변경된 내용이 있을 수 있습니다. 또한 소프트웨어도 버전이 변경될 수 있으며, 이 책의 설명과 기능 및 화면 등이 달라질 수 있습니다. 이 책을 구입하기 전에 반드시 버전을 확인하기 바랍니다.

■ 샘플 파일

이 책의 해설에 사용된 샘플 파일은 아래 페이지에서 다운로드할 수 있습니다.

https://www.hanbit.co.kr/src/11306

목차

목차

목차

6장 반복 처리

8장 클래스의 기본

8.1 클래스

8.2 프로퍼티

목차

제 1 장

TypeScript 시작하기

프로그래밍 초보자도 쉽게 접근할 수 있는 TypeScript 세계에 온 것을 환영합니다. TypeScript는 JavaScript에 타입 정의('2.3 데이터 타입' 참고)를 추가한 프로그래밍 언어로, 더 안전하고 가독성이 높은 코드를 작성할 수 있습니다. 또한 TypeScript를 배우면 더욱 견고하고 유지보수가 쉬운 애플리케이션 개발이 가능해집니다. 이 장에서는 TypeScript를 시작하기 위한 기본 지식부터 실제로 코드를 작성하기 위한 준비 과정까지 함께 배워봅니다.

1.1

TypeScript

keyword 프로그래밍 언어, TypeScript

프로그램이란 무엇일까?

우리가 평소에 사용하는 PC나 스마트폰 등의 컴퓨터는 인간과 달리 스스로 '무언가'를 생각해서 움직일 수 없습니다.

예를 들어, 아침에 컴퓨터가 '좋은 아침'을 표시하게 하고 싶다고 가정해봅시다. '아침'이라는 것은 사람이 정한 '기준'이며, 그 기준은 컴퓨터가 알 수 없습니다. 그래서 "6시에서 10시 사이에 '좋은 아침'이라는 메시지를 표시해줘"와 같이 구체적으로 명령을 내려야 합니다.

'어떤 동작을 할 것인가'는 사람이 직접 명령문에 적어서 컴퓨터에게 지시를 내려야 합니다. 이 명령문을 **프로그램**(또는 애플리케이션)이라고 하며, 프로그램을 작성하는 작업을 **프로그래밍**이라고 합니다(그림 1-1).

▼ 그림 1-1 프로그램 및 프로그래밍

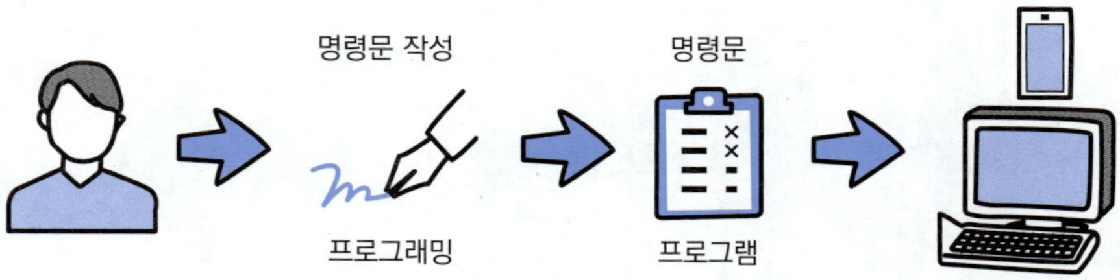

프로그래밍 언어란 무엇일까?

컴퓨터가 이해할 수 있는 것은 0과 1의 숫자로 구성된 **기계어**[1]로 작성된 프로그램뿐입니다. 기계어는 인간이 읽고 쓰기에는 어려워 프로그램 개발이 쉽지 않습니다. 그래서 인간의 말에 가까운 형태로 프로그래밍을 할 수 있도록 만들어진 것이 프로그래밍 언어입니다(그림 1-2).

프로그래밍 언어에는 C언어, Java 등 종류가 다양합니다. 지금부터 배울 TypeScript(타입스크립트)도 프로그래밍 언어 중 하나입니다.

▼ **그림 1-2** 프로그래밍 언어와 기계어 이미지

간단한 TypeScript 프로그램을 살펴봅시다. 이 프로그램은 '좋은 아침'이라는 메시지를 표시합니다.

```
console.log("좋은 아침");
```

console이나 log의 의미는 모르더라도, 영어 단어라는 것은 알 수 있습니다. 또한 메시지의 '좋은 아침'은 한글로 쓰여 있습니다. 프로그래밍 언어를 사용하면 사람에게 친숙한 언어로 명

---

1 옮긴이_ 기계어는 프로그램을 나타내는 가장 낮은 단계의 개념으로, CPU가 직접 해석하고 실행할 수 있는 비트 단위로 쓰인 컴퓨터 언어를 통틀어 일컫는 말입니다. 자세한 내용은 다음 사이트를 참고하기 바랍니다.

- https://ko.wikipedia.org/wiki/기계어

령(프로그램)을 작성할 수 있습니다.

이렇게 프로그래밍 언어로 작성된 명령문의 집합을 **소스 코드** 또는 단순히 **코드**라고 합니다. 또한 지금까지 우리가 '프로그램'이라고 불렀던 것은 정확하게 말하면 소스 코드에서 만들어진 실행 가능한 결과물을 나타냅니다.

TypeScript의 소스 코드는 텍스트 형식의 파일로 작성하고, 확장자를 **.ts**로 저장합니다. 이렇게 저장한 소스 코드의 파일을 **소스 파일**이라고 합니다.

TypeScript는 어떤 프로그래밍 언어일까?

TypeScript는 Microsoft에서 개발한 프로그래밍 언어로, JavaScript를 확장하여 웹 개발에 널리 사용되고 있습니다. JavaScript는 기억해야 할 규칙이 적어 초보자도 쉽게 익힐 수 있다는 장점이 있지만, 버그나 오류가 발생하기 쉽다는 단점도 있습니다. TypeScript는 JavaScript의 코드를 그대로 실행하면서도, 타입을 정의함으로써 코드의 품질과 안전성을 향상시킬 수 있습니다(그림 1-3). 이로 인해 외워야 할 규칙이 많아지지만, 개발의 효율성과 안정성이 높아집니다(타입에 대한 자세한 설명은 2장에서 다룹니다).

또한 TypeScript를 익히면 JavaScript를 따로 배울 필요가 없습니다. 이 책은 JavaScript에 대한 사전 지식이 없는 분들도 쉽게 읽을 수 있도록 구성되어 있습니다. 그러면 TypeScript를 사용하면 어떤 프로그램(애플리케이션)을 만들 수 있을까요?

▼ 그림 1-3 TypeScript와 JavaScript 차이

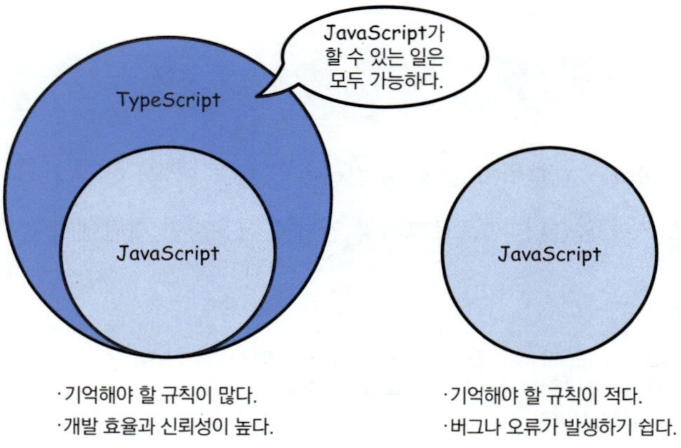

TypeScript는 JavaScript와 마찬가지로 웹 애플리케이션을 만들 수 있을 뿐만 아니라 모바일 앱, 데스크톱 앱, 게임, 각종 도구, 라이브러리 등 다양한 애플리케이션을 만들 수 있습니다.

- **웹 애플리케이션**
  Angular[2], React[3], Vue.js[4]와 같은 인기 프레임워크를 사용하여 웹 애플리케이션을 만들 수 있습니다.
- **모바일 애플리케이션**
  React Native, Ionic 등의 프레임워크를 사용하여 iOS, Android 애플리케이션을 만들 수 있습니다.
- **데스크톱 애플리케이션**
  Electron이라는 프레임워크를 사용하면 웹 개발 기술을 사용하여 Windows 및 macOS용 애플리케이션을 만들 수 있습니다.
- **게임**
  Pixi.js나 Phaser와 같은 2D 게임 엔진, Three.js나 Babylon.js와 같은 3D 게임 엔진을 사용하여 게임을 만들 수 있습니다.
- **각종 도구 및 라이브러리**
  Node.js나 npm 등을 사용하여 각종 도구를 만들 수 있습니다.

이처럼 TypeScript는 다양한 애플리케이션 개발에 사용할 수 있으며, 개발 효율성과 코드 품질을 향상시킬 수 있습니다.

트랜스파일이란 무엇일까?

TypeScript는 앞서 설명한 바와 같이 JavaScript를 확장한 언어입니다. 하지만 JavaScript가 동작하는 환경이라고 해서 TypeScript 프로그램이 바로 동작하는 것은 아닙니다. TypeScript로 작성한 소스 코드는 **트랜스파일**Transpile[5]이라는 처리를 통해 JavaScript 소스 코드로 변환하여 JavaScript 환경에서 동작할 수 있도록 합니다.

---

2 옮긴이_ Gemini(Google의 대화형 AI 사이트), Battle.net(블리자드 엔터테인먼트의 웹 사이트)을 구축하는 데 사용되었습니다.

3 옮긴이_ Facebook, Instagram, Netflix(프런트엔드 일부)를 구축하는 데 사용되었습니다.

4 옮긴이_ Alibaba(중국의 대형 전자상거래 플랫폼), Kakao(카카오 공식 홈페이지)를 구축하는 데 사용되었습니다.

5 옮긴이_ 한 언어로 작성된 소스 코드를 비슷한 수준의 추상화를 가진 다른 언어로 변환하는 것이 트랜스파일입니다. 예를 들어, 높은 버전의 JavaScript 코드를, IE(Internet Explorer) 호환성을 위해 낮은 버전의 JavaScript로 변환하는 Babel도 이 범주에 속합니다. TypeScript를 JavaScript로 컴파일하는 것도 엄밀히 따지면 트랜스파일링입니다. 자세한 내용은 다음 사이트를 참고하세요.
- http://bit.ly/49VEflw

트랜스파일과 비교되는 단어로 **컴파일**Compile이 있습니다. 컴파일은 C언어 등의 프로그램을 컴퓨터가 이해할 수 있는 기계어로 변환하는 것을 말합니다(그림 1-4).

TypeScript를 트랜스파일하여 생성한 JavaScript는 기계어로 컴파일할 필요가 없습니다. JavaScript는 **인터프리터**Interpreter[6]라는 프로그램에 의해 소스 코드를 한 줄씩 읽어 그때마다 실행되기 때문입니다.

▼ **그림 1-4** 트랜스파일과 컴파일 이미지

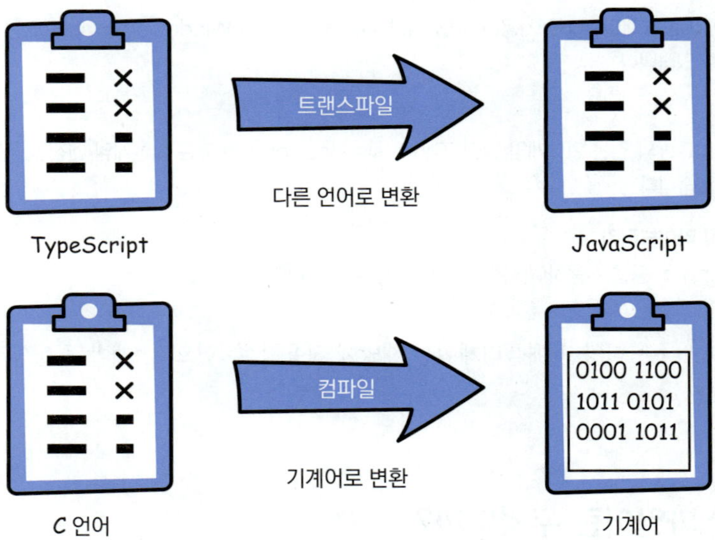

반면 컴파일은 컴퓨터가 이해할 수 있는 기계어 프로그램을 일괄적으로 읽어 실행합니다. 인터프리터로 실행할 수 있는 프로그래밍 언어의 코드는 기계어로 미리 번역해 둘 필요가 없습니다. 따라서 프로그램을 수정하면 바로 실행할 수 있다는 편리함이 있습니다. 반면 한 줄씩 해석하므로 컴파일 언어에 비해 실행 속도가 느리고, 오류 발생 시 원인 파악이 어렵다는 단점이 있습니다.

---

6 옮긴이_ 사람이 알아보기 쉬운 프로그래밍 언어로 작성한 코드를 한 줄씩 즉시 기계어로 번역하는 번역기라고 생각하면 됩니다. 예를 들어, 인터프리터에서는 `print('hello')`라는 코드를 작성한 다음 Enter를 치는 순간 컴퓨터 기계어로 번역된다고 보면 됩니다. 이처럼 인터프리터는 즉각적인 번역에 특화된 번역기로 번역 속도가 빠릅니다. 하지만 단점으로는 한 줄을 작성하고 Enter를 칠 때마다 새롭게 번역하므로, 프로그램을 매번 실행하기에는 느립니다. 자세한 내용은 다음 사이트를 참고하기 바랍니다.

- http://bit.ly/49VEflw

컴파일의 경우, 기계어로 변환하는 시점에서 오류 검사가 이루어지기 때문에 실행 전에 오류를 수정할 수 있습니다. 또한 소스 코드를 일괄로 불러오므로 실행 속도가 빠르고 메모리 효율이 높다는 장점이 있습니다.

이렇게 비교하면 인터프리터 언어가 컴파일 언어보다 열등한 것처럼 생각할 수도 있습니다. 하지만 TypeScript는 (나중에 설명할) 정적 타입 지정, 클래스 기반 객체지향 등의 기능을 제공함으로써 코드의 품질과 유지보수성을 높이고 버그와 오류를 줄일 수 있습니다. 또한 (컴파일 언어와 비슷하게) 트랜스파일 시 오류를 검사하므로 실행 전에 버그를 줄일 수 있습니다. 그리고 JavaScript와 호환되어 기존 JavaScript 라이브러리 및 프레임워크를 이용할 수 있다는 장점이 있습니다.

COLUMN | 계속 진화하는 TypeScript[7]

TypeScript는 2012년 Microsoft가 발표한 이후 몇 달에 한 번씩 새로운 버전이 출시되고 있습니다. 계속 진화하므로 앱 개발 도중에 버전이 올라갈 수도 있습니다. 하지만 항상 최신 버전을 따라갈 필요는 없습니다.

TypeScript 버전이 올라갔을 때 어떤 기능이 추가되었는지, 어떤 버그가 수정되었는지에 주의를 기울여, 필요에 따라 버전을 올리는 것이 좋습니다.

TypeScript에 대한 정보는 다음 사이트에서 얻을 수 있습니다.

- https://www.typescriptlang.org/

'Typescript Release Note'라는 키워드로 정보를 검색해봅시다. 릴리스 내용을 확인할 수 있습니다. 이 책이 출간된 이후에도 TypeScript는 계속 진화하겠지만, 기본을 잘 익혀두면 여러분 스스로 최신 TypeScript를 따라잡을 수 있을 것입니다.

---

7 옮긴이_ 번역 시점(2024년 10월)을 기준으로 현재 TypeScript의 최신 버전은 5.6입니다 타입스크립트 5.6은 코드 안정성을 높이는 새로운 기능을 도입했습니다. Nullish 및 Truthy 체크 제한, Iterator 헬퍼 메서드, 엄격한 내장 Iterator 체크 등이 포함되어 있습니다. 자세한 내용은 다음 사이트를 참고하기 바랍니다.

- https://careerly.co.kr/comments/109495

1.2

개발 환경 구축

keyword 개발 환경, Node.js, Visual Studio Code

개발 환경이란 무엇일까?

TypeScript를 사용하여 프로그램을 작성하려면 개발 환경이 필요합니다. **개발 환경**이란 프로그램을 작성하기 위해 필요한 도구나 실행을 위한 환경을 말합니다. 다음은 TypeScript에 필요한 개발 환경입니다.

■ Node.js

앞서 설명한 바와 같이 TypeScript는 JavaScript를 확장하여 개발된 언어입니다. Node.js는 JavaScript를 실행하기 위해 가장 많이 쓰이는 플랫폼이며, TypeScript는 트랜스파일하여 JavaScript로 변환할 수 있습니다. 그래서 TypeScript 개발 환경을 구축할 때도 Node.js를 주로 설치합니다.

■ Visual Studio Code

TypeScript 프로그램은 텍스트 편집기로도 작성할 수 있습니다. 하지만 전용 편집기를 사용하면 TypeScript의 키워드를 자동으로 완성하거나 오류를 감지하기 때문에 개발 효율을 높일 수 있습니다. 이 책에서는 개발용 편집기로 Visual Studio Code를 사용하여 설명합니다.

MEMO

서버 사이드는 클라이언트[Client](사용자가 사용하는 애플리케이션)와는 대조적으로 네트워크 내에서 데이터나 서비스를 제공하기 위한 컴퓨터 측의 처리를 말합니다. 예를 들어, 웹 애플리케이션을 개발할 때 웹 서버는 클라이언트(사용자가 사용하는 브라우저 등)로부터 요청[Request]을 받습니다. 그런 다음 데이터베이스에서 정보를 가져와 필요한 처리를 실행한 뒤 클라이언트에게 응답[Response]을 반환합니다.

Node.js 설치하기

이제 Node.js를 다운로드하여 설치해봅시다. Node.js 공식 사이트 https://nodejs.org/en/download에 접속합니다(그림 1-5).

▼ 그림 1-5 Node.js 다운로드

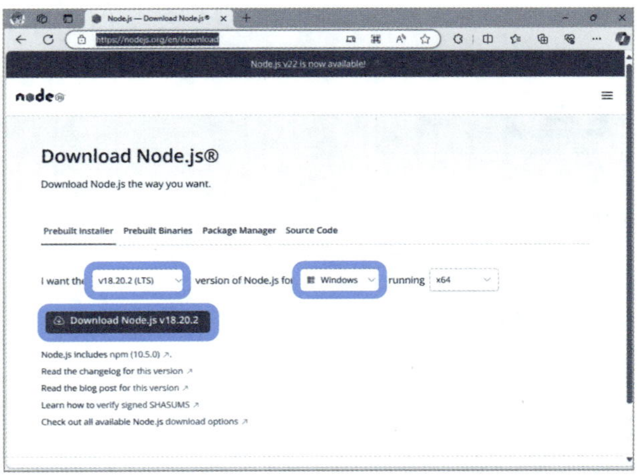

'LTS[Long Term Support][8] 버전'과 '최신 버전[Current]' 두 가지 중에서 LTS 버전을 선택합니다. Windows를 사용하는 사람은 'Windows'를, macOS를 사용하는 사람은 'macOS'를 선택하여 다운로

8 옮긴이_ 장기 지원 버전이라는 의미입니다. 이 버전은 일반적인 경우보다 장기간에 걸쳐 지원하도록 특별히 고안된 소프트웨어 버전입니다. 이 버전은 특히 리눅스를 비롯한 오픈소스 프로젝트에서 많이 적용되고 있습니다. 자세한 내용은 다음 사이트를 참고하기 바랍니다.

- https://bit.ly/4f4Omyp

드합니다. 다운로드가 완료되면 실행하여 설치를 진행합니다.

'Welcome to the Node.js Setup Wizard' 대화 상자에서 [Next] 버튼을 클릭하여 다음 단계로 넘어갑니다(그림 1-6). 다음으로 'End-User License Agreement(라이선스 계약)' 대화 상자가 표시되면 잘 읽어보고 [I accept the terms in the License Agreement]에 체크하여 [Next] 버튼을 클릭합니다(그림 1-7).

▼ 그림 1-6 Welcome to the Node.js Setup Wizard

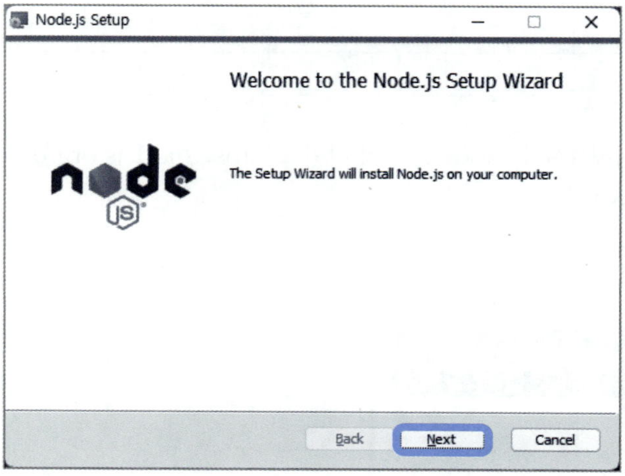

▼ 그림 1-7 End-User License Agreement

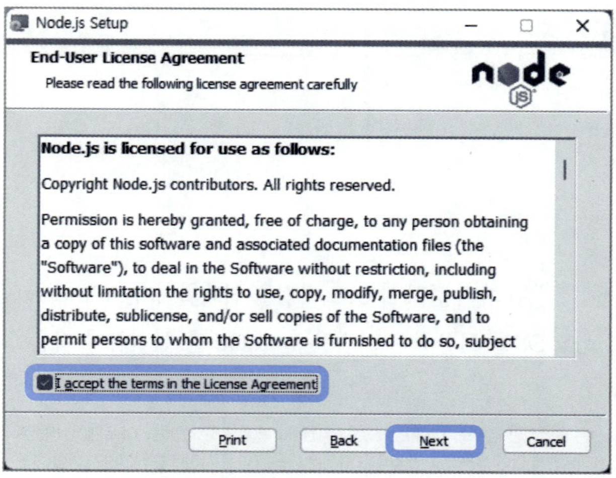

'Destination Folder' 대화 상자가 나타나면 설치할 폴더를 선택합니다. 특별한 이유가 없다면 그대로 [Next] 버튼을 클릭합니다(그림 1-8).

▼ 그림 1-8 Destination Folder

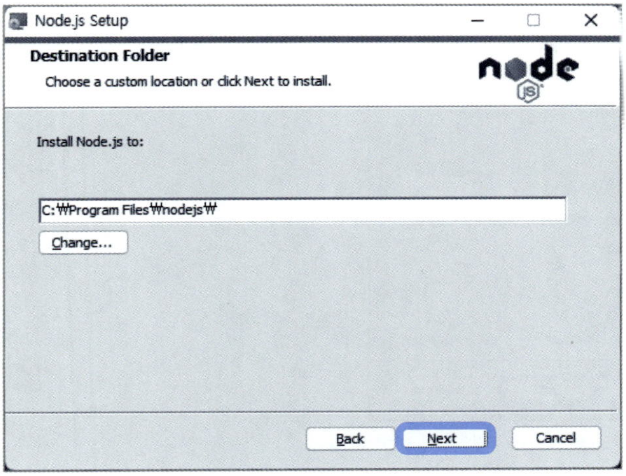

'Custom Setup' 대화 상자에서는 설치 옵션을 변경할 수 있습니다. 옵션을 변경하지 않고 [Next] 버튼을 클릭합니다(그림 1-9).

▼ 그림 1-9 Custom Setup

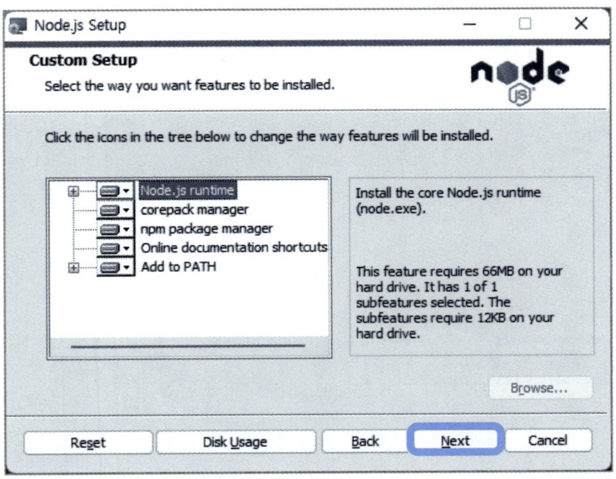

'Tools for Native Modules' 대화 상자에서 그대로 [Next] 버튼을 클릭합니다(그림 1–10).

▼ 그림 1-10 Tools for Native Modules

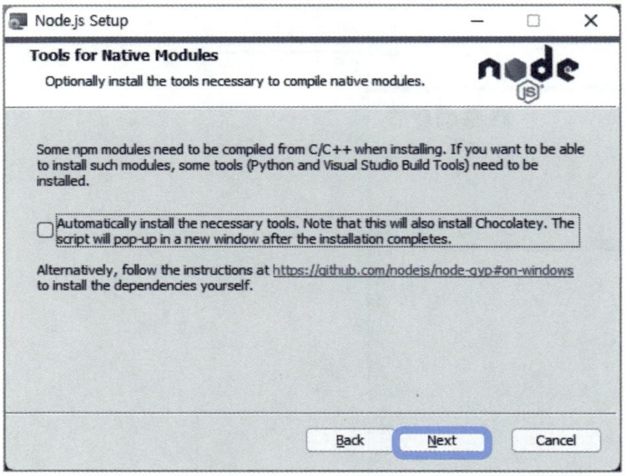

'Ready to install Node.js' 대화 상자에서 [Install] 버튼을 클릭합니다(그림 1–11).

▼ 그림 1-11 Ready to install Node.js

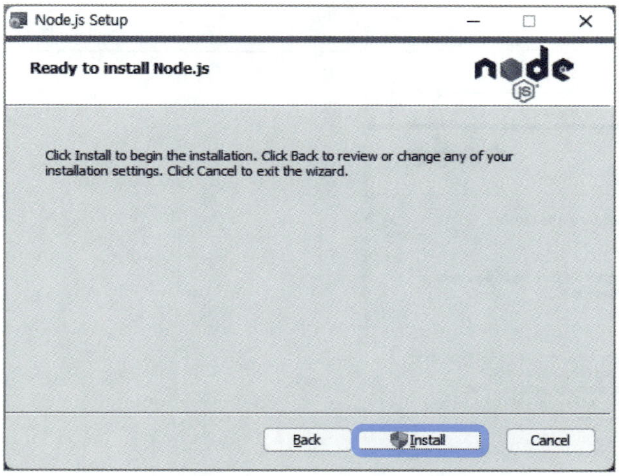

'사용자 계정 컨트롤' 대화 상자가 나타나면 [예] 버튼을 클릭합니다(그림 1-12). 설치가 시작되면 완료될 때까지 기다립니다.

▼ 그림 1-12 사용자 계정 컨트롤

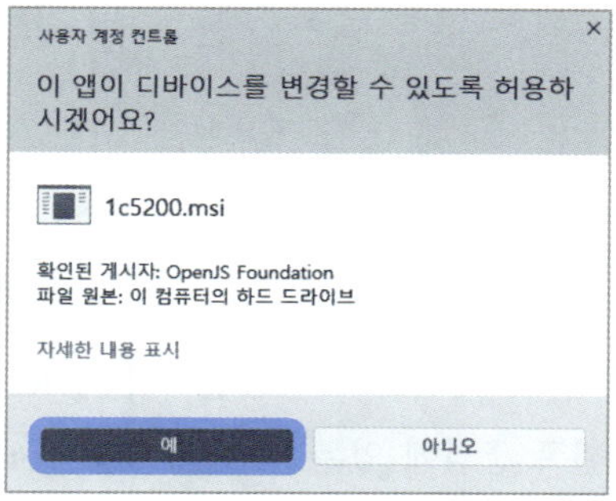

설치가 성공적으로 완료되면 'Completed the Node.js Setup Wizard' 대화 상자가 표시됩니다. [Finish] 버튼을 클릭하여 완료합니다(그림 1-13).

▼ 그림 1-13 Completed the Node.js Setup Wizard

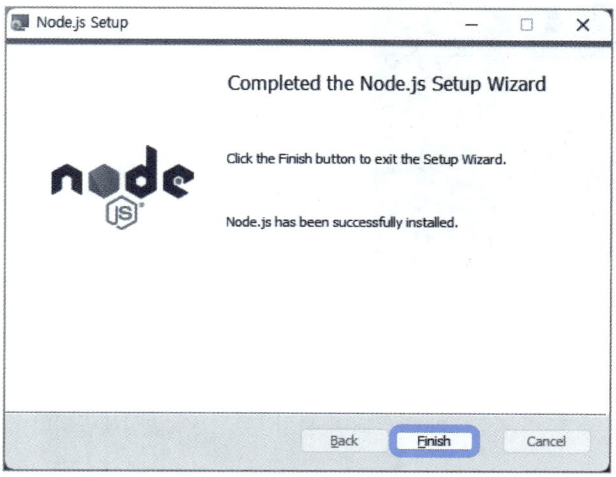

설치가 완료되면 명령 프롬프트(Windows) 또는 터미널(Mac)을 열어 아래처럼 'node -v'를 입력하여 Node.js의 버전을 확인합니다. 올바르게 설치되었다면 버전 번호가 표시됩니다.

```
C:\> node -v
v18.20.2
```

Visual Studio Code 설치하기

다음으로 Visual Studio Code를 설치합니다. 먼저 공식 사이트에 접속합니다. URL은 https://code.visualstudio.com/입니다. 페이지 왼쪽 중앙에 있는 [Download for Windows Stable Build]를 클릭합니다(그림 1-14).

▼ 그림 1-14 Visual Studio Code 공식 사이트

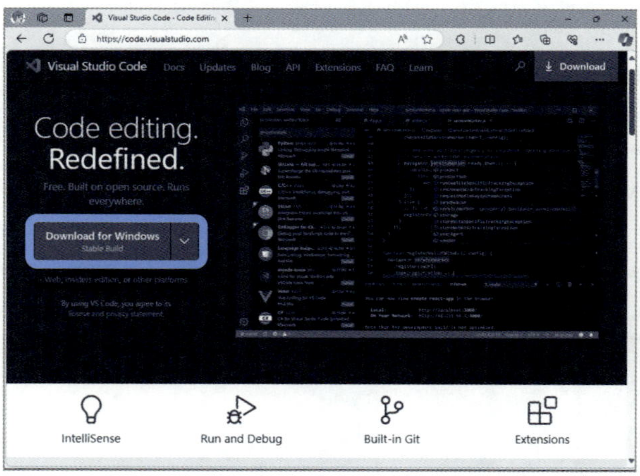

자동으로 설치 프로그램을 다운로드한 후 다운로드가 완료되면 설치 프로그램을 실행합니다.

설치 프로그램이 실행되면 '사용권 계약' 대화 상자가 나타납니다. 내용을 확인하고 '동의합니다'에 체크하여 [다음] 버튼을 클릭합니다.

다음으로 '설치 위치 선택' 대화 상자가 표시됩니다. 기본값은 그대로 두고 [다음] 버튼을 클릭합니다(그림 1-15).

▼ 그림 1-15 설치 위치 선택

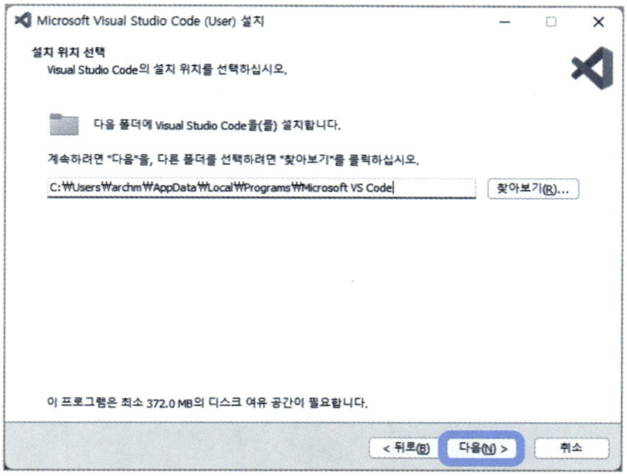

이어서 시작 메뉴 폴더 선택 대화 상자가 나타납니다. 기본값은 그대로 두고 [다음] 버튼을 클릭합니다.

다음으로 설치 옵션을 지정합니다(그림 1-16). 탐색기에서 Visual Studio Code로 파일을 열려면 '"Code(으)로 열기" 작업을 Windows 탐색기 파일의 상황에 맞는 메뉴에 추가'와 '"Code(으)로 열기" 작업을 Windows 탐색기 디렉터리의 상황에 맞는 메뉴에 추가'를 체크합니다. 해당 기능이 필요 없다면 기본값을 그대로 두고 [다음] 버튼을 클릭합니다.

이것으로 설치 준비가 완료되었습니다. [설치] 버튼을 클릭하여 설치를 시작합니다.

▼ 그림 1-16 추가 작업 선택

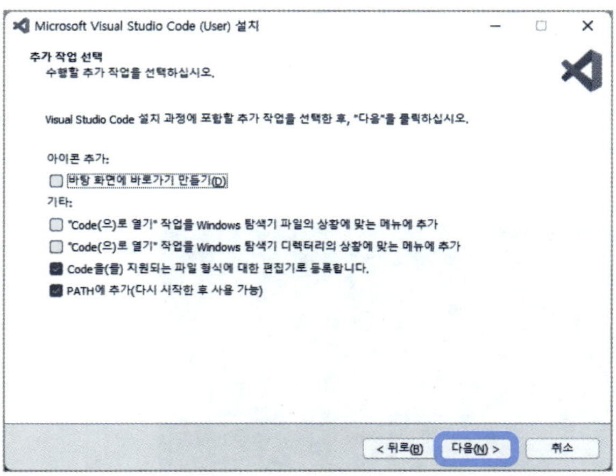

설치가 시작되므로 완료될 때까지 기다립니다. 마지막으로 [종료] 버튼을 클릭하여 설치를 완료합니다(그림 1-17).

▼ 그림 1-17 Visual Studio Code 설치 마법사 완료

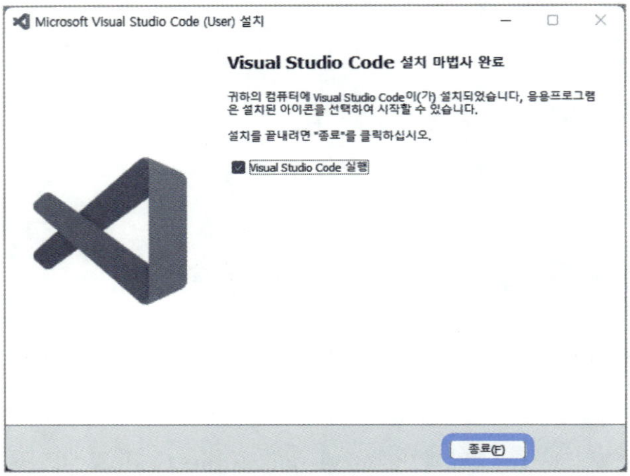

■ 한글화

Visual Studio Code는 영어 환경으로 되어 있으므로, 먼저 한글 환경으로 설정해야 합니다.

Visual Studio Code를 실행한 후, 화면 왼쪽 사이드 바에 있는 [Extensions] 버튼을 클릭합니다. 다음으로 검색창에 '한국어'를 입력하고 Enter 를 누릅니다. 목록에서 'Korean Language Pack for Visual Studio Code'를 찾아 선택하고 [Install] 버튼을 클릭합니다. 설치가 완료된 후 오른쪽 하단에 나타나는 'Change Language and Restart'를 클릭해 Visual Studio Code를 다시 시작하면 한글로 표시됩니다(그림 1-18).

▼ 그림 1-18 Visual Studio Code의 한글화

> **COLUMN | 한글로 표시되지 않은 경우**
>
> 프로그램을 다시 시작해도 한글로 표시되지 않는 경우에는 명령 팔레트에서 한국어로 설정하면 됩니다. 명령 팔레트는 Windows의 경우 Ctrl + Shift + P(macOS에서는 Command + Shift + P)로 표시할 수 있습니다. 검색창에 'Configure Display Language'를 입력해 '한국어'를 선택하면 한글로 표시됩니다.

Visual Studio Code 각 부분의 명칭을 익히자

Visual Studio Code의 화면은 [그림 1-19]와 같이 여러 부분으로 구성되어 있습니다. 여기서는 Visual Studio Code의 각 부분의 이름을 알아보겠습니다.

▼ 그림 1-19 Visual Studio Code 구성

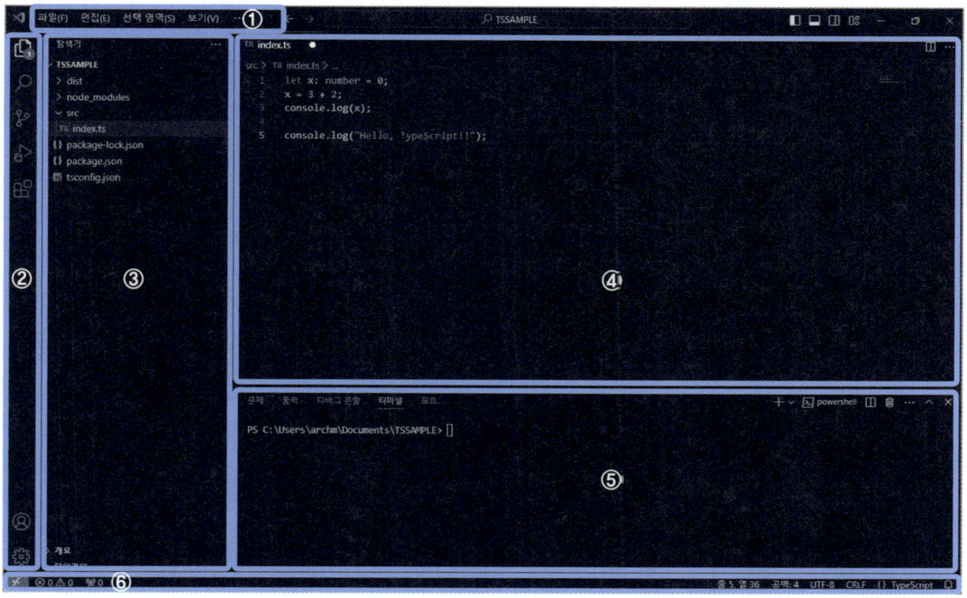

① **메뉴 모음:** Visual Studio Code 내 다양한 작업을 실행합니다.
② **액티비티 바:** 왼쪽에 있는 아이콘 열입니다. 탐색기, 검색, 확장 등을 전환할 수 있습니다.
③ **사이드 바:** 액티비티 바에서 선택한 기능의 내용을 표시하는 영역입니다. 파일 및 폴더 목록, 검색 결과 및 확장 프로그램의 상세 정보 등을 볼 수 있습니다.

④ **편집기(에디터):** 중앙에 있는 코드를 편집하는 영역입니다. 여러 파일을 탭으로 전환하거나 분할할 수 있습니다.
⑤ **패널:** 하단 영역으로, 터미널과 디버그 정보, 문제 및 출력 등을 표시합니다.
⑥ **가로 막대(상태 표시줄):** 하단 영역으로 파일 정보 및 편집기 설정, 알림 등을 표시합니다.

TypeScript 개발 준비하기

TypeScript 개발을 시작하려면 TypeScript 파일을 저장할 장소, 개발에 필요한 패키지라는 파일 모음을 관리하는 장소, 트랜스파일로 생성된 JavaScript 파일을 저장할 장소 등이 필요합니다. 이러한 것들을 하나로 묶은 환경을 프로젝트[project]라고 합니다. 이 절에서는 프로젝트 생성 방법을 설명합니다.

Windows의 경우 [시작] 메뉴에서 'Windows PowerShell'을 입력해 실행하고, Mac의 경우 Spotlight 검색에서 '터미널'을 입력하여 실행합니다.

여기서는 Windows에서 PowerShell을 사용하여 프로젝트를 생성하는 절차에 대해 설명합니다. Mac의 경우에도 비슷한 절차로 프로젝트를 생성할 수 있는데, 디렉터리 경로는 적절히 바꿔서 진행하기 바랍니다.

■ 프로젝트용 폴더 작성

먼저 원하는 위치에 프로젝트용 디렉터리(폴더)를 생성합니다.

'mkdir' 명령을 사용하여 C:\Work 아래에 'tsSample' 디렉터리를 생성합니다. 다음으로 'cd' 명령어를 사용하여 방금 만든 'C:\Work\tsSample' 디렉터리로 이동합니다. Mac의 경우 Users/사용자명/Documents/ 아래에 'tsSample'을 작성하세요.

```
PS C:\Users\사용자명> mkdir C:\Work\tsSample
PS C:\Users\사용자명> cd C:\Work\tsSample
PS C:\Work\tsSample>
```

■ package.json 파일 작성

다음으로 package.json 파일을 만듭니다. 이 파일은 프로젝트에 필요한 패키지(라이브러리, 모듈 등)를 관리하는 데 사용됩니다. 패키지는 다른 사람이 만든 프로그램 부품으로, 이를 조합하여 나만의 프로그램을 만들 수 있습니다. package.json 파일에는 어떤 패키지를 어떤 버전으로 사용할지 등이 기술되어 있습니다.

package.json을 생성하려면 다음 명령을 실행해야 합니다.

```
PS C:\Work\tsSample> npm init -yes
```

npm init은 package.json을 생성하는 명령어입니다. 그대로 실행하면 여러 가지 질문에 답해야 하므로, 옵션에 '-yes'를 지정하여 질문을 건너뛰어 파일을 생성합니다.

이제부터는 Visual Studio Code(이후에는 줄여서 VSCode로 표기합니다)를 사용하여 작업을 진행합니다.

먼저 VSCode를 실행합니다. 이어서 메뉴의 [파일] → [폴더 열기]를 선택하고 방금 만든 'C:\Work\tsSample'을 선택합니다.

왼쪽에서 package.json을 더블클릭하여 `"main": "index.js",`가 적혀 있는 줄 아래에 `"type": "module",`를 추가합니다.

```
"main": "index.js",
"type": "module",
```

그런 다음 메뉴의 [보기] → [터미널]을 선택합니다. 이제 VSCode 내에서 PowerShell(Mac의 경우 터미널)을 사용할 수 있습니다.

터미널에서 현재 디렉터리가 'C:\Work\tsSample'인 것을 확인하고 다음 명령을 실행합니다(그림 1-20).

```
PS C:\Work\tsSample> npm install --save-dev typescript @types/node
```

위 명령어를 실행하면 typescript와 @types/node 두 개의 패키지가 추가됩니다.

▼ 그림 1-20 터미널 표시

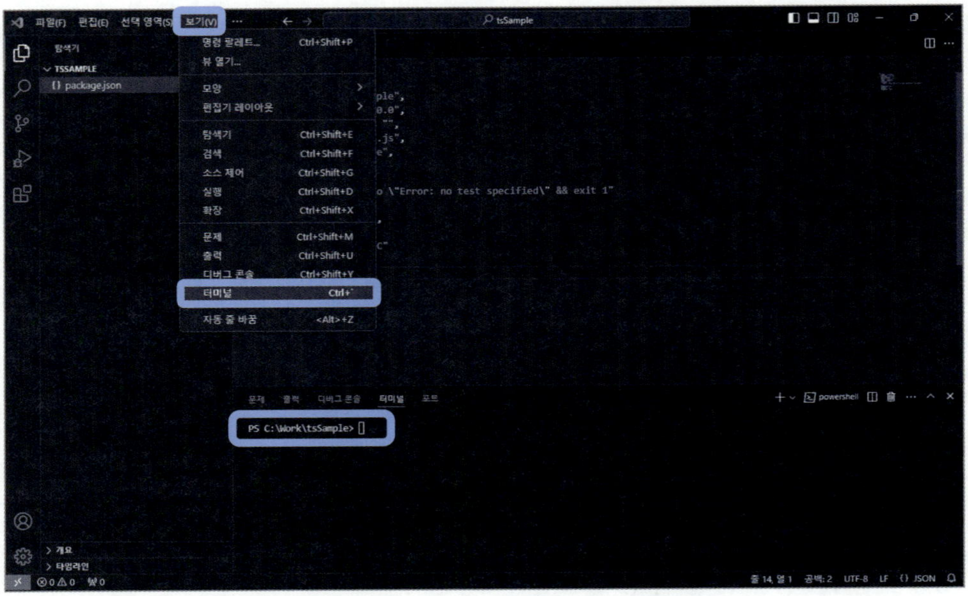

■ tsconfig.json 파일 작성하기

마지막으로 tsconfig.json 파일을 생성합니다.

TypeScript는 JavaScript로 변환(트랜스파일)하는데, 이때 사용할 옵션을 지정하는 파일이 tsconfig.json입니다. 이 파일을 통해 변환 과정에 필요한 파라미터를 설정하여 오류 검사의 정확도를 높이고, JavaScript로의 변환 규칙을 설정할 수 있습니다. 다시 말해 tsconfig.json 파일은 TypeScript 개발을 효율적으로 진행하기 위해 꼭 필요한 파일이며, 프로젝트 설정에 따라 개발 생산성을 향상시킬 수 있습니다.

tsconfig.json 파일을 생성하려면 다음 명령을 실행합니다.

```
PS C:\Work\tsSample> npx tsc --init
```

생성된 tsconfig.json은 약 100줄 정도입니다. 다음 5가지 옵션을 변경합니다.

■ 옵션 변경

첫 번째로 "target": "es2016",라고 적힌 줄을 찾아 다음처럼 "target": "es2020",로 변경합니다. target은 TypeScript가 JavaScript로 변환될 때 어떤 버전의 JavaScript를 출력할지를 지정하는 설정입니다. 버전이 높을수록 더 새로운 기능을 사용할 수 있습니다.

```
"target": "es2020",
```

두 번째로, "module": "commonjs",라고 적힌 줄을 찾습니다. 이 옵션은 트랜스파일로 출력되는 JavaScript가 모듈을 불러오는 방법을 결정하는 것으로, 작성하는 앱의 대상을 프런트엔드(사용자가 사용하는 애플리케이션)로 할 것인지 백엔드(39쪽의 '메모'에서 설명한 서버 사이드 참고)로 할 것인지에 따라 달라집니다.

이 책은 초보자를 대상으로 하므로 자세한 설명은 생략하고, 백엔드의 경우 'commonjs'를, 프런트엔드에서 사용할 경우 es2020, ESNext 등을 지정합니다.

이 책의 개발 범위는 프런트엔드를 대상으로 하므로, 다음처럼 'ESNext'로 바꿔주세요.

```
"module": "ESNext",
```

세 번째로 // "moduleResolution": "node10",이라고 적힌 줄을 찾습니다. 앞에 '//'가 있는 줄은 옵션을 사용하지 않도록 설정했음을 나타냅니다. 다음처럼 앞의 '//'를 삭제하여 옵션을 활성화하고, 'node10'을 'node'로 변경합니다.

moduleResolution은 npm 명령어로 설치한 모듈을 TypeScript가 인식할 수 있도록 하는 옵션으로, Node.js 개발의 경우 "node"를 지정하면 문제없습니다.

```
"moduleResolution": "node",
```

네 번째로 // "outDir": "./",라고 적힌 줄을 찾습니다. 앞의 '//'를 삭제하여 옵션을 활성화하고, '. /'를 '. /js'로 변경합니다.

outDir은 변환(트랜스파일)된 JavaScript 파일을 출력할 위치를 지정하는 옵션입니다. ./js 대신 임의의 디렉터리를 지정하는 것도 가능합니다.

```
"outDir": "./js",
```

마지막으로 tsconfig.json의 마지막 줄에 있는 } 앞에 다음과 같이 include 옵션을 추가합니다.[9] 이렇게 수정하면 src 디렉터리 아래에 배치된 TypeScript 파일이 변환(트랜스파일) 대상이 됩니다. 입력을 완료했으면 Ctrl + S를 눌러 파일을 저장합니다.

```
  ,"include": ["./src/**/*.ts"]
} ← 마지막 줄
```

9 옮긴이_ include 옵션은 compilerOptions 안에 추가하게 되면 오류가 발생하므로, compilerOptions의 외부에 위치하는지 확인하는 것이 좋습니다.

1.3

TypeScript 프로그램 작성

keyword 트랜스파일

TypeScript 파일 만들기

개발 환경을 만들었으니 이제 TypeScript 파일을 만들어 봅시다.

TypeScript 파일은 확장자가 *.ts인 파일입니다.

먼저 VSCode의 터미널에서 다음 명령어를 실행하여 TypeScript 파일을 넣을 src 디렉터리를 생성합니다. 터미널은 메뉴의 [보기] → [터미널]을 선택하여 표시합니다(그림 1-21).

▼ 그림 1-21 터미널의 디스플레이

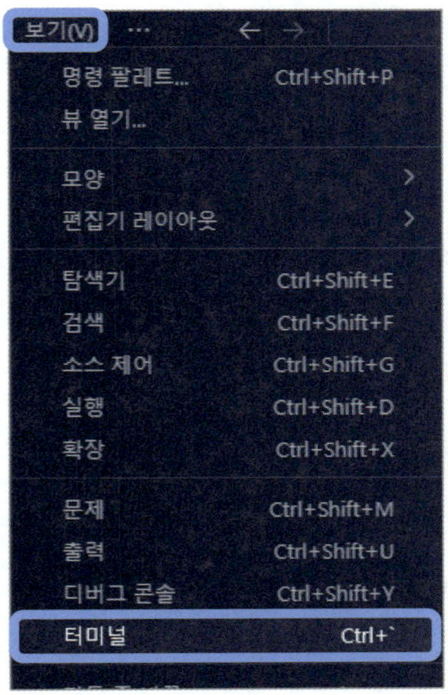

```
PS C:\Work\tsSample> mkdir src
```

VSCode 탐색기에서 방금 생성한 src 디렉터리를 마우스 오른쪽 버튼으로 클릭하여 '새 파일'을 선택하고 'index.ts'라는 파일을 생성합니다. 탐색기는 사이드 바에 있는 파일 아이콘을 클릭하여 표시합니다(그림 1-22).

▼ **그림 1-22** 탐색기 보기 및 파일 만들기

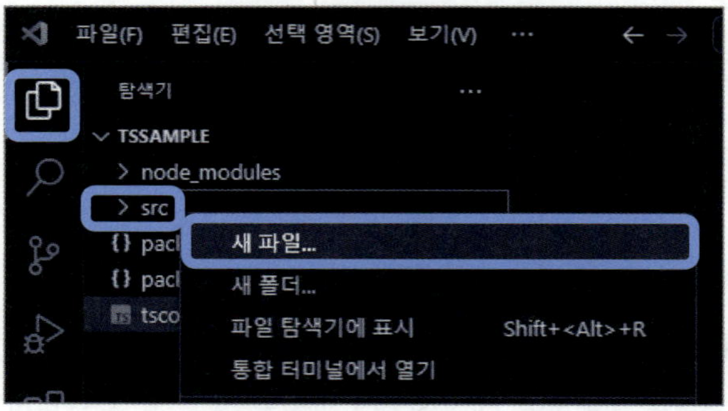

index.ts의 내용을 다음처럼 작성합니다. 코드를 작성한 후 Ctrl + s를 눌러 파일을 저장합니다.

```
console.log("Hello, TypeScript!!");
```

TypeScript 파일을 트랜스파일하여 실행하기

TypeScript 파일을 생성했으면 다음 명령어를 실행하여 트랜스파일을 해봅시다.

```
C:\Work\Sample> npx tsc
```

트랜스파일이 성공하면 ./js 디렉터리에 index.js라는 파일이 출력됩니다.

node 명령 뒤에 실행할 파일(여기서는 ./js/index.js)을 지정하여 실행합니다. 실행에 성공하면 "Hello, TypeScript!!"가 표시됩니다.

```
PS C:\Work\Sample> node ./js/index.js
Hello, TypeScript!!
```

이 책에서는 2장 이후부터 다양한 프로그램을 만들어 보면서 TypeScript를 학습합니다. 프로젝트 생성과 파일 작성 방법은 이후 장에서는 설명하지 않으므로, 이해가 되지 않으면 이번 장을 다시 읽어 보기 바랍니다.

COLUMN | 트랜스파일 옵션

TypeScript 파일을 트랜스파일하려면 `npx tsc` 명령을 실행합니다. 이미 tsconfig.json에 트랜스파일 옵션을 설정했으므로 `npx tsc`를 입력하기만 하면 정상적으로 트랜스파일이 실행됩니다. 그 외에도 JavaScript 파일로 변환할 때 다양한 옵션을 지정할 수 있습니다. [표 1-A]는 자주 사용되는 옵션입니다.

예를 들어 `npx tsc --noEmit`과 같이 사용합니다. 다음 사이트에서 많은 옵션을 확인할 수 있습니다.

- https://www.typescriptlang.org/docs/handbook/compiler-options.html

▼ 표 1-A 주요 트랜스파일 옵션

옵션	내용
--outFile	트랜스파일하여 생성할 JavaScript 파일의 이름을 지정합니다.
--outDir	트랜스파일된 JavaScript 파일을 출력할 디렉터리를 지정합니다.
--target	트랜스파일할 JavaScript 버전을 지정합니다.
--noEmit	JavaScript 파일을 생성하지 않고 오류 여부를 확인할 수 있습니다.

1.4

TypeScript의 기본 규칙

keyword 명령문, 주석

TypeScript 코드는 어디서 시작해서 어디서 끝나는가?

TypeScript 파일에는 컴퓨터가 실행하기를 원하는 명령을 여러 줄로 적습니다.

예를 들어, [리스트 1-1]은 3+2를 계산하여 결과를 표시하는 코드입니다. 사람과 마찬가지로 위에서부터 순서대로 한 줄씩 읽어 들여 실행합니다.

리스트 1-1 TypeScript 샘플 코드

```
let x : number = 0;
x = 3 + 2;
console.log(x);
```

명령문 작성의 기본 규칙을 알아보자

TypeScript 소스 코드를 작성할 때 지켜야 할 필수 규칙을 설명합니다.

■ 대소문자를 구분하자

TypeScript는 대문자와 소문자를 구분합니다. 예를 들어, Message와 message의 철자는 같지만 첫 글자의 대소문자 차이로 인해 전혀 다른 것으로 취급됩니다(그림 1-23).

▼ 그림 1-23 대문자와 소문자 예

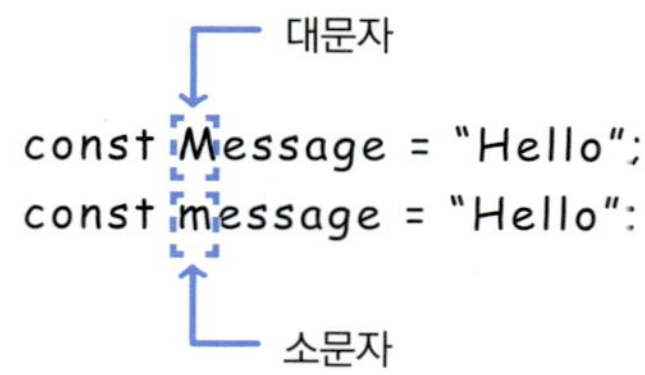

■ 문장의 끝에는 ;(세미콜론)을 붙이자

TypeScript는 명령문의 끝을 자동으로 판단합니다. 명령문은 여러 줄에 걸쳐 작성할 수 있으므로, ;(세미콜론)을 사용하여 어디까지가 명령문인지 명확히 표시하면 가독성이 향상됩니다.

세미콜론은 생략해도 되지만, 이 책에서는 명령문의 끝마다 세미콜론을 넣어 설명합니다.

▼ 그림 1-24 문장 끝의 예

■ 주석 작성 방법을 익히자

주석[comment]은 코드에 대한 설명문입니다(그림 1-25). 주석은 프로그램이 실행될 때는 무시되므로 프로그램의 동작에 영향을 미치지 않습니다.

주석을 작성하는 방법은 두 가지가 있습니다.

- **한 줄 주석:** 줄 앞에 '//'를 쓰면 해당 줄 전체를 주석으로 간주합니다.
- **여러 줄 주석:** 줄이 시작하는 부분에 '/*'를 작성하면 '*/'가 나타날 때까지를 주석으로 간주합니다. 따라서 '/*'에서 '*/' 사이에는 여러 줄을 입력할 수 있습니다.

▼ 그림 1-25 주석 사용의 예

```
// 한 줄 주석

/* 여기에는
   여러 줄 주석을
   입력할 수 있습니다.*/
```

■ **문자 출력 방법을 익히자**

이 책에서는 console.log라는 명령어로 콘솔에 실행 결과를 출력하는 예를 많이 사용합니다(그림 1-26).

▼ **그림 1-26** console.log 예

```
console.log("Hello");
```

COLUMN | Playground를 사용해보자

Playground라는 온라인 환경을 사용하면 자신의 PC에 개발 환경을 만들지 않고도 TypeScript 코드를 입력하여 실행할 수 있습니다. 11장까지는 Playground를 사용하여 학습할 수 있지만, 12장부터는 여러 파일을 다루므로 이 장에서 설명하는 개발 환경을 구축하는 것이 필수입니다. 필요에 따라 구분하여 사용하기 바랍니다.

다음 사이트에 접속하면 Playground를 이용할 수 있습니다.

- https://www.typescriptlang.org/play

Playground에 접속하면 왼쪽에는 코드 편집기, 오른쪽에는 실행 결과와 오류를 표시하는 패널이 있습니다. 코드를 입력한 후 코드 편집기 상단에 있는 'Run'을 클릭하면 해당 코드의 실행 결과가 오른쪽 패널에 표시됩니다.

로컬 환경[10]처럼 다양한 설정을 할 수 있습니다. 관심 있는 분은 [TS Config] 메뉴에서 원하는 대로 옵션을 바꿔 사용해보기 바랍니다.

▼ **그림 1-A** Playground

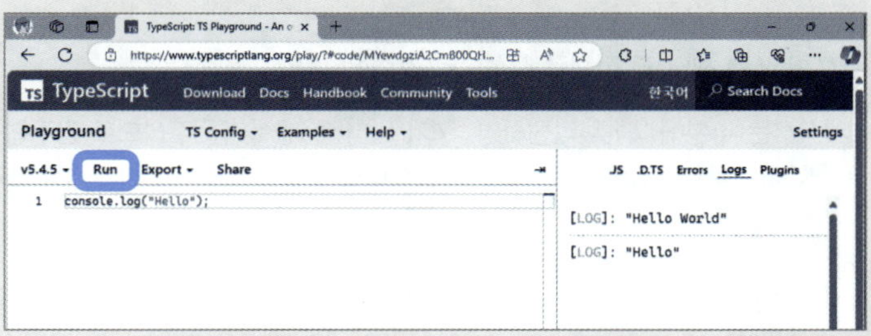

10 옮긴이_ 개발자가 직접 자신의 컴퓨터에서 코드를 작성하고 테스트하는 환경을 말합니다. 세부 내용은 다음 사이트를 참고하세요.

- https://f-lab.kr/insight/understanding-production-and-local-environment-settings

확인 문제

문제 1-1 프로젝트 만들기

'1.2절 TypeScript 개발 준비하기'를 참고하여 'typeScriptSample'이라는 폴더에 프로젝트를 작성해보세요.

문제 1-2 TypeScript 파일 만들기

'1.3절 TypeScript 파일 만들기'를 참고하여 'index.ts'라는 파일을 작성해보세요.

문제 1-3 트랜스파일 및 실행하기

'1.3절 TypeScript 파일을 트랜스파일하여 실행하기'를 참고하여 'index.ts' 파일에 다음 코드를 작성하여 트랜스파일(변환)한 후 실행해보세요.

```
console.log("Hello");
```

제 2 장

변수와 데이터 타입

2.1 변수

2.2 변수 선언과 값 대입

2.3 데이터 타입

2.4 타입 추론

2.5 열거 타입

2.6 튜플 타입

TypeScript를 배우기 시작할 때, 가장 먼저 알아야 할 것은 '변수와 데이터 타입'입니다. 변수는 일시적으로 값을 저장하는 상자 같은 것이며, 데이터 타입은 그 상자에 어떤 종류의 값이 들어갈 수 있는지를 결정합니다. 이 장에서는 TypeScript에서 변수를 어떻게 사용하고, 어떤 데이터 타입들이 자주 쓰이는지를 쉽게 설명하겠습니다. 변수와 데이터 타입의 기본을 이해하면, 복잡한 프로그램도 원활하게 작성할 수 있습니다.

2.1

변수

keyword 변수, 변수명, 변수 선언, 데이터 타입, 초기값

변수의 역할을 이해하자

우리가 앞으로 만들 프로그램에는 다양한 데이터가 필요합니다. 화면에 보여줄 메시지 데이터, 계산에 사용할 숫자 데이터, 사용자가 화면에 입력한 데이터 등이 그 예입니다. 이러한 데이터를 프로그램이 저장하고 필요할 때 꺼내 쓸 수 있는 곳(저장 공간)을 **변수**라고 합니다. 변수를 이해하려면 [그림 2-1]처럼 상자를 떠올리는 것이 도움이 됩니다.

POINT 변수는 데이터를 보관하고 꺼낼 수 있는 상자(저장 공간)와 같습니다.

프로그램은 대게 한 번만 실행하기 위해 만들지 않습니다. 대부분 여러 번 실행될 것을 가정하고 작성됩니다.

예를 들어, '2+3을 실행하라.'는 프로그램을 만들면 실행할 때마다 '2+3'만 계산합니다. 하지만 '상자 X+상자 Y를 실행하라.'고 지정하고 '상자 X'나 '상자 Y'의 값을 원하는 숫자로 변경하면, 매번 다른 계산을 실행할 수 있습니다(그림 2-2).

▼ 그림 2-1 변수 이미지

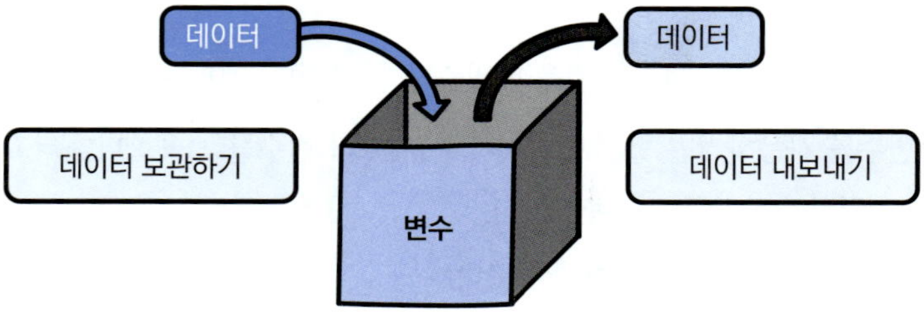

▼ 그림 2-2 상자(변수)를 사용한 계산 이미지

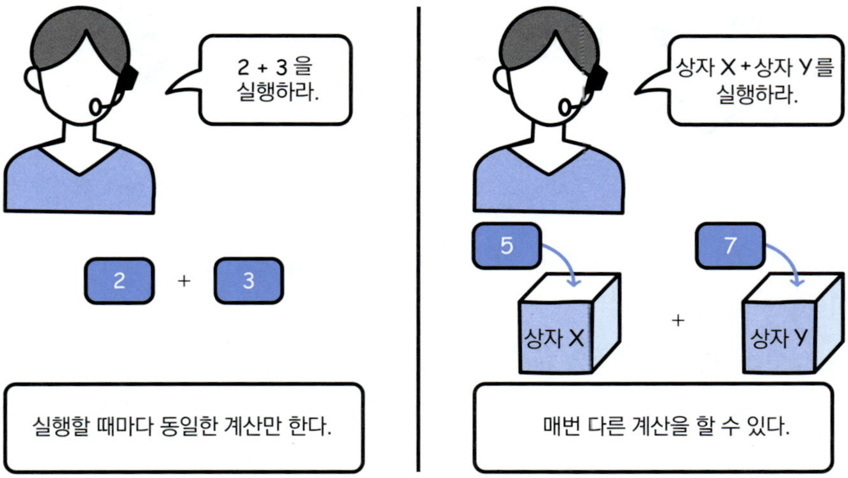

이러한 '상자'는 내용물이 바뀔 수 있으므로 변수라고 부릅니다. 프로그램에서는 여러 변수를 사용할 수 있고, 각각에 이름을 붙여 구분할 수 있습니다. 변수에 붙이는 이름을 **변수명**이라고 합니다.

POINT

- 변수를 사용하면 여러 번 재사용할 수 있는 프로그램을 만들 수 있습니다.
- 변수는 변수명을 붙여 구분하면 얼마든지 사용할 수 있습니다.

변수는 어떻게 사용하나?

변수는 데이터를 저장하는 공간이라는 것을 배웠습니다. 그렇다면 변수를 어떻게 사용할까요? 프로그램에서 변수를 사용하려면 먼저 컴퓨터에 '이제부터 변수를 사용합니다'라고 알려야 합니다. 이를 **변수 선언**이라고 합니다(그림 2-3).

변수를 선언할 때는 변수명과 타입을 정해야 합니다.

▼ 그림 2-3 변수 선언

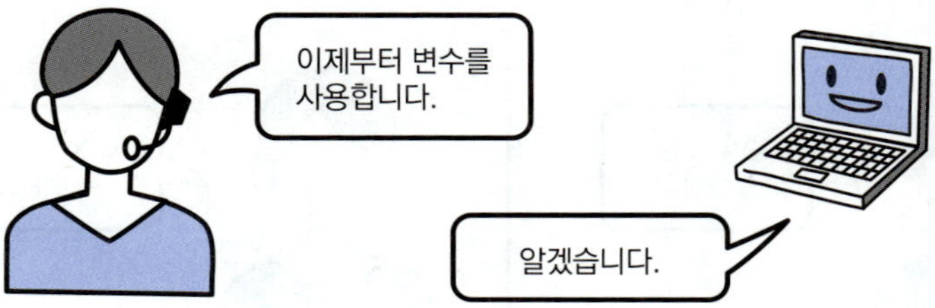

프로그램에서는 여러 변수를 사용하며, 각 변수에 구분하기 쉬운 이름을 붙입니다. 변수명은 어떤 데이터를 저장하는지 알 수 있도록 짓는 것이 좋습니다.

예를 들어, 나이를 저장하는 변수는 age, 메시지를 저장하는 변수는 message나 msg 등으로 이름을 지을 수 있습니다. byunsu1(변수1)이나 byunsu2(변수2)와 같은 이름은 어떤 데이터가 저장되어 있는지 알기 어려우므로 사용하지 않는 것이 좋습니다.

또한 변수에 저장되는 데이터의 종류를 나타내는 **데이터 타입**이라는 개념이 있습니다. 데이터 타입에는 숫자[number], 문자열[string], 날짜[date] 등이 있습니다. [그림 2-4]는 변수와 데이터 타입의 이미지를 보여줍니다. 변수 age에는 '숫자'라는 팻말이 서 있습니다. 이는 'age는 숫자만 저장할 수 있는 변수'라는 것을 나타냅니다. 따라서 '15'와 같은 숫자는 저장할 수 있지만, 'Hello'라는 문자열은 저장할 수 없습니다.

마찬가지로 msg 변수의 경우에는 문자열을, birthday는 날짜를 저장할 수 있는 변수라는 것을 알 수 있습니다. 이처럼 변수는 어떤 종류의 데이터를 저장할 수 있는지 결정해 사용하므로, 다른 종류의 데이터가 잘못 저장되는 일이 없어서 안전하게 사용할 수 있습니다.

▼ 그림 2-4 변수와 데이터 타입 이미지

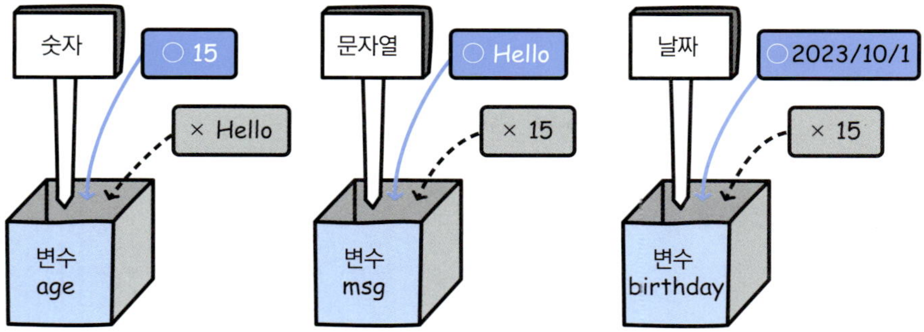

변수를 선언할 때는 변수명과 데이터 타입을 결정합니다. 그리고 변수 선언과 동시에 초기값을 설정할 수도 있습니다.

초기값은 변수에 미리 지정된 값으로, 잘못 사용해도 오류가 발생하지 않는 값을 설정해 둡니다.

예를 들어, number 타입의 변수를 초기화해보겠습니다. num이라는 변수를 0으로 초기화하면 덧셈이나 뺄셈에 영향을 주지 않습니다. 즉, num+3은 '3'이 되고, num−5는 '−5'가 되어 계산 결과에 영향을 미치지 않습니다.

하지만 곱셈이나 나눗셈의 경우는 어떨까요? 3×num과 같은 곱셈의 경우, 계산 결과는 항상 0이 되고, 나눗셈의 경우 3÷num처럼 0으로 나누면 오류가 발생합니다. 따라서 초기값은 계산 결과에 영향을 미칠 수 있으므로, number 타입의 초기값으로 반드시 0이 좋은 것은 아닙니다. 이를 잘 검토한 뒤 결정해야 합니다.

다음으로 string 타입의 변수를 생각해보겠습니다. 일반적인 초기값은 빈 문자열(" ")입니다. 빈 문자열은 글자 수가 0인 문자열로, 출력해도 아무런 영향을 미치지 않습니다. 그러나 사람의 이름을 저장하는 변수의 경우, 초기값으로 빈 문자열을 설정하는 것은 적절하지 않을 수 있습니다. 차라리 "no name"이라는 값으로 초기화하면 이름이 아직 설정되지 않았음을 명시할 수 있습니다.

이처럼 초기값 설정은 프로그램 오류를 줄이는 데 중요하므로 신중하게 결정해야 합니다.

2.2 변수 선언과 값 대입

keyword 변수, 상수, 선언, let, const, 초기값, 초기화, 대입

변수 선언하기

이번 절에서는 간단한 코드를 작성하면서 변수 사용법을 배워보겠습니다.

변수를 사용하려면 컴퓨터에게 '이제부터 변수를 사용하겠다'고 알려주는 것이 필요한데, 이를 **변수 선언**이라고 합니다. 변수를 선언하려면 **let** 키워드를 사용합니다. let은 나중에 데이터를 변경할 수 있는 변수를 선언하는 데 사용됩니다.

상수를 선언하려면 **const** 키워드를 사용합니다. const는 한 번 저장한 데이터를 변경할 수 없는 상수를 선언하는 데 사용됩니다.

먼저 [구문 2-1]의 let 키워드를 이용한 변수 선언에 대해 살펴보겠습니다.

구문 **2-1** let 키워드로 변수 선언하기

```
let 변수명:타입 = 초기값;
```

예를 들어, 변수명은 age, 타입은 number, 초기값은 0으로 선언하려면 [리스트 2-1]처럼 선언합니다(여기서 타입은 저장할 데이터의 종류를 의미하며, number는 '숫자'를 입력할 수 있는 변수로 만들겠다는 의미입니다).

리스트 **2-1** let에 의한 변수 선언 예

```
// 변수 age 선언
let age:number = 0;
```

[리스트 2-1]을 그림으로 표현하면 [그림 2-5]와 같습니다. "데이터 타입은 number이고, 초기값으로 0을 설정한 age라는 변수를 사용합니다"라고 선언하고 있습니다. 이렇게 선언하면 age라는 이름의 상자(변수)가 생성되고, 데이터로는 '숫자만 넣을 수 있습니다'는 팻말이 서며, 첫 번째 값으로 '0'이 저장됩니다.

▼ 그림 2-5 let 변수 선언 이미지

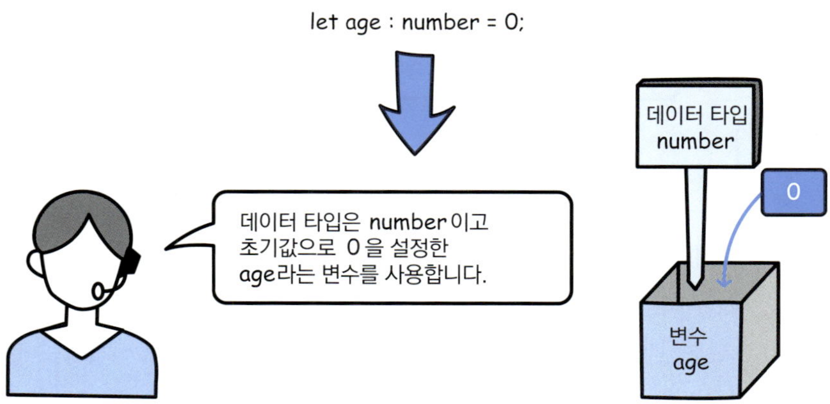

다음으로 [구문 2-2]의 const를 사용한 변수 선언 방법을 살펴봅시다.

구문 2-2 const 키워드로 변수 선언하기

```
const 상수명:데이터 타입 = 초기값;
```

let 키워드가 const 키워드로 바뀌었을 뿐이니 기억하기 쉽습니다.

이제 const 키워드로 변수를 선언하는 예를 살펴봅시다. 변수명은 pai, 데이터 타입은 number, 초기값으로 원주율을 나타내는 3.14를 넣어 선언하면 다음과 같습니다(리스트 2-2, 그림 2-6).

리스트 2-2 const 변수 선언 예

```
// 변수 pai 선언 및 초기화
const pai:number = 3.14;
```

▼ 그림 2-6 const 변수 선언의 이미지

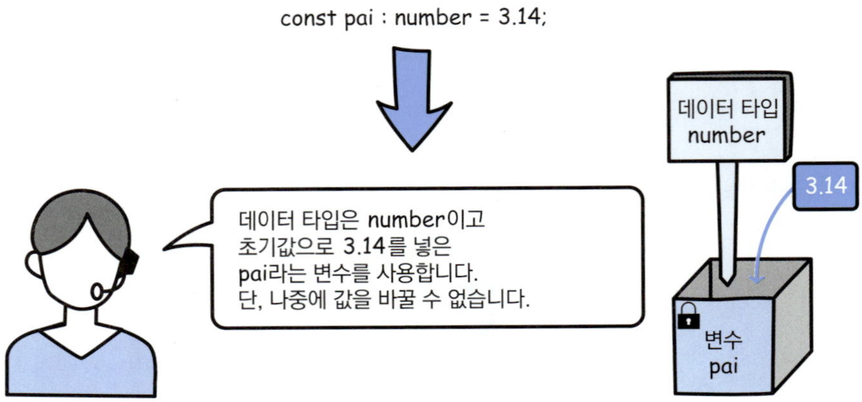

"데이터 타입은 number이고, 초기값으로 3.14를 넣은 pai라는 변수를 사용합니다"라고 선언하고 있습니다. 여기까지는 let 키워드를 사용한 변수 선언과 동일하지만, const 키워드를 사용한 변수 선언은 '나중에 재설정할 수 없다'는 점이 다릅니다. 또한 초기값을 생략할 수 없다는 점도 기억해두세요.

변수는 어디서 선언해야 할까?

변수는 사용하기 전에 반드시 선언해야 합니다. 선언하지 않은 변수를 사용하면 "그런 변수는 모릅니다!"라는 오류가 발생할 수 있습니다(그림 2-7).

▼ 그림 2-7 선언하지 않은 변수의 사용

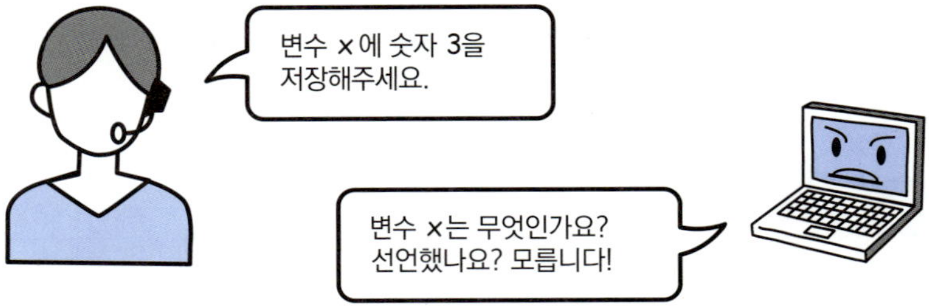

예를 살펴봅시다. [리스트 2-3]은 변수 x가 선언되기 전에 console.log에서 변수 x를 사용하고 있습니다. 이렇게 변수를 선언하기 전에 변수를 사용하면 `Cannot access 'x' before initialization`과 같은 오류가 발생합니다. 번역하면 '초기화하기 전에는 x를 사용할 수 없습니다'가 됩니다.

리스트 **2-3** 변수 선언 위치가 잘못된 예

```
01: console.log(x);
02: const x:number = 3;
```

[리스트 2-3]을 올바르게 다시 작성하려면 1행과 2행을 바꿔서 [리스트 2-4]와 같이 작성하면 됩니다. 1행에서 "이제부터 3에서 초기화한 변수 x를 사용합니다"라고 컴퓨터에게 알리고, 2행에서 "변수 x의 내용을 표시해 주세요"라고 명령하면 올바르게 처리됩니다.

리스트 **2-4** 변수 선언 위치가 잘 된 예

```
01: const x:number = 3;
02: console.log(x);
```

값 대입하기

지난 절에서는 변수 선언에 대해 배웠습니다. 변수 선언은 컴퓨터에게 "앞으로 변수를 사용합니다"라고 알리고, 데이터를 저장할 공간을 확보하는 과정입니다.

이제 변수 값을 필요에 따라 변경하는 방법을 알아봅니다. 변수를 새로운 값으로 바꾸는 것을 **대입**이라고 하며, [구문 2-3]처럼 '='의 왼쪽에 변수를, 오른쪽에 대입할 값을 적습니다.

구문 **2-3** 값 대입

```
변수 = 값;
```

예를 들어, 나이를 관리하는 변수 age를 선언하고 나중에 35를 대입하는 경우를 살펴봅시다(그림 2-8). 변수 age는 number 타입으로 선언되어 있고, 초기값으로 0이 설정되어 있습니다. 'age=35;'라고 작성하면 초기에 저장된 0이 35로 변경됩니다.

▼ 그림 2-8 대입 이미지

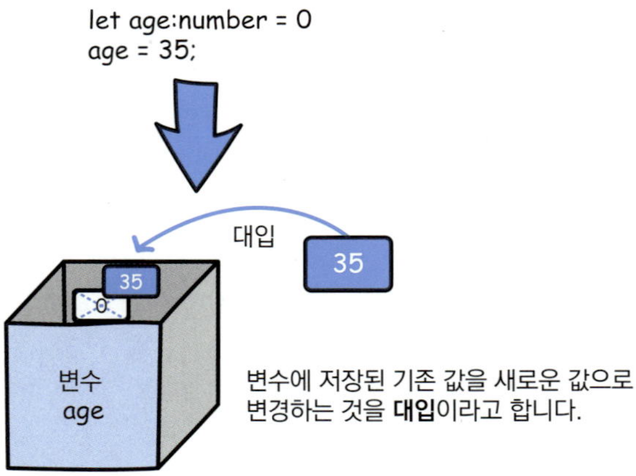

대입에 대해 이해했다면, 실제 코드를 작성하여 값을 대입하는 과정을 확인해봅시다(리스트 2-5).

리스트 2-5 값 대입의 예

```
let age:number = 0; // age 변수를 number 타입으로 선언하고 0으로 초기화한다.
age = 35;           // age 변수에 35를 대입한다.
console.log(age);   // 35가 출력된다.
```

다음으로 const 키워드를 사용하여 변수 age를 선언하고 값을 대입할 수 있는지 확인합니다. const 키워드로 대입하는 모습은 [그림 2-9]와 같습니다.

const 키워드로 변수를 선언하면 초기값을 설정하는 순간 상자(변수)에 뚜껑이 씌워져 잠기게 됩니다. 따라서 나중에 값을 다시 쓸 수 없습니다.

▼ 그림 2-9 const 키워드를 사용한 대입 이미지

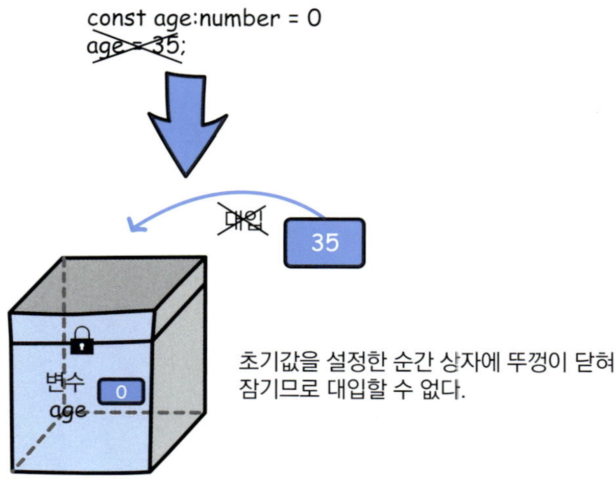

[그림 2-9]를 코드로 만들면 [리스트 2-6]과 같습니다. 1행에서 const로 선언한 변수 age에 2행처럼 값을 대입하려고 하면 `Cannot assign to 'age' because it is a constant.`라는 오류가 발생합니다. 'const'는 'Constant'의 약자로 '일정한', '불변의'라는 의미입니다. 따라서 const로 선언한 변수는 **상수**라고 불리며, 한 번 설정한 값을 변경할 수 없습니다. 이 점을 잘 기억해둡시다.

리스트 2-6 const 키워드를 사용한 값 대입의 예

```
01: const age:number = 0; // age 변수를 number 타입으로 선언하고 0으로 초기화한다.
02: age = 35;             // age 변수에 35를 대입할 수 없으므로 오류가 발생한다.
03: console.log(age);     // 2행에서 오류가 발생하여 실행할 수 없다.
```

COLUMN | let과 const 중 어떤 것을 사용해야 할까요?

프로그램에서 변수 값을 변경할 필요가 없을 때는 const를, 값이 변경될 가능성이 있을 때는 let을 사용하는 것이 좋습니다.

그렇다면 어떤 경우에 '변수를 변경한다' 혹은 '변수를 변경하지 않는다'로 결정할까요?

프로그램에 여러 번 다른 계산을 실행하려면 상자(변수)의 내용을 변경해야 합니다. 이런 경우에는 let으로 변수를 선언하면 나중에 값을 변경할 수 있어 목적을 달성할 수 있습니다.

반면에 const로 선언한 변수는 한번 값이 저장되면 변경할 수 없습니다. 예를 들어 원주율 3.14나 부가세를 포함한 금액을 구할 때의 1.1배(110%) 등은 나중에 변경하면 올바른 계산이 불가능하므로 const로 선언합니다.

변수 값이 나중에 변경될지 여부를 프로그램 작성 시점에 알 수 없는 경우에는 처음부터 const로 선언하는 것이 좋습니다. '값의 변경이 필요하다'는 것을 알게 된 시점에 let 키워드로 대체하면 되기 때문입니다.

이 책에서는 기본적으로 const로 변수를 선언하고, 필요에 따라 let으로 선언하는 방법을 기준으로 설명합니다.

변수명을 짓는 규칙을 알아보자

변수명은 임의로 지을 수 있지만, 아무 이름이나 지을 수 있는 것은 아닙니다. 변수명을 짓는 규칙에 대해 알아봅시다.

■ 사용 가능한 기호

변수명에 사용할 수 있는 기호는 **$**와 **_**가 있습니다. $, _는 변수명의 앞, 중간, 뒤 어디에나 위치할 수 있습니다.

예를 들어, tax 앞에 $를 붙인 '$tax'와 msg 앞에 _를 붙인 '_msg'는 변수명의 예입니다(리스트 2-7).

리스트 2-7 기호를 사용한 변수명의 예

```
const $tax:number = 3;
const _msg:string = "Hello";
```

■ 변수명의 맨 앞에는 숫자를 사용할 수 없다

0부터 9까지의 숫자도 변수명에 사용할 수 있지만, 이름의 맨 앞에는 붙일 수 없습니다. 변수명의 중간이나 끝에 숫자를 넣을 수는 있습니다(리스트 2-8).

리스트 2-8 숫자를 사용한 변수명의 예

```
const test1: number = 2; // 마지막의 숫자는 OK
const te2st: number = 1; // 중간의 숫자는 OK
const 3test: number = 0; // 맨 앞의 숫자는 NO
```

■ 대소문자를 구분한다

대소문자를 구분하므로 message, Message, MESSAGE는 모두 다른 변수로 간주됩니다(리스트 2-9).

리스트 2-9 철자가 같은 변수명의 예

```
const message: string = "Hello";
const Message: string = "Hello";
const MESSAGE: string = "Hello";
```

■ 예약어는 사용할 수 없다

예약어reserved word란 프로그래밍 언어에서 이미 특정한 역할이 정해진 단어를 말합니다. 예를 들어, 변수를 선언할 때 사용하는 'let'은 이미 특정한 역할이 정해져 있으므로 변수명으로 사용하면 오류가 발생합니다.

[리스트 2-10]에서 예약어 'let'은 변수명으로 사용할 수 없으므로 오류가 발생합니다.

리스트 2-10 예약어를 변수명으로 사용한 예

```
const let:number = 1; // 'let'를 변수명으로 사용해서 오류가 발생한다.
```

2.3

데이터 타입

keyword 데이터 타입, 타입 주석, 프리미티브 타입

데이터 타입이란 무엇일까?

변수에 저장되는 정보의 종류를 데이터 타입이라고 합니다. '숫자'나 '문자'와 같은 데이터 타입을 미리 지정하면, 잘못된 타입의 값이 저장되는 것을 방지할 수 있습니다. 예를 들어, 숫자 데이터 타입을 가진 변수 age에는 'Hello'와 같은 문자열을 넣을 수 없습니다(그림 2-10).[11]

▼ 그림 2-10 데이터 타입 이미지

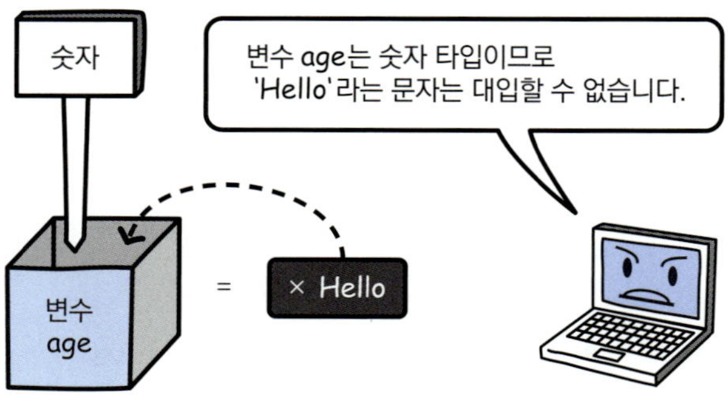

MEMO

변수를 선언할 때 데이터 타입을 지정하는 것을 '타입 주석(타입 어노테이션Type Annotation[12])'이라고 합니다.

---

11 옮긴이_ 데이터 타입이란 변수에 저장되는 값의 종류를 의미합니다. 즉, 어떤 종류의 데이터를 담을 수 있는지 미리 정의하는 것이죠. 데이터 타입을 명확하게 지정하면 코드의 안정성과 가독성을 높이고, 프로그램의 성능을 향상시킬 수 있습니다.

12 옮긴이_ Annotate는 '주석을 달다'라는 사전적인 뜻이 있습니다. TypeScript에서는 변수, 함수, 함수 반환값의 데이터 타입을 지정하기 위해 '타입 어노테이션'을 사용합니다. 즉, 타입에 주석을 달 수 있습니다.

프리미티브 타입

기본적인 데이터 타입을 프리미티브 타입(primitive type)이라고 부릅니다. 프리미티브 타입에는 number, bigint, string, boolean, undefined, null, symbol 등이 있습니다. 프리미티브 타입을 사용하는 변수는 [그림 2-11]처럼 하나의 값만 저장할 수 있습니다.

▼ 그림 2-11 프리미티브 타입의 이미지

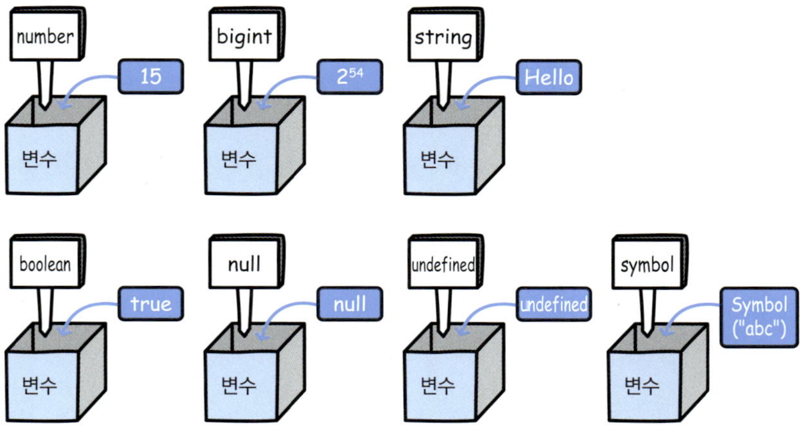

number 타입

number 타입은 '1', '-1'과 같은 정수와 '0.1', '3.14'와 같은 소수를 모두 포함하는 데이터 타입입니다. C언어나 Java와 같은 다른 프로그래밍 언어에서는 정수와 소수를 위한 별도의 데이터 타입이 있지만, TypeScript는 number 타입 하나로 처리합니다.

number 타입 변수에 저장할 수 있는 숫자 범위는 $-(2^{53}-1)$부터 $2^{53}-1$까지입니다. 숫자로 표현하면 -9007199254740991(마이너스 9007조1992억5474만991)부터 9007199254740991(9007조1992억5474만991)까지입니다.

number 타입의 사용법을 살펴보겠습니다. [리스트 2-11]에서는 변수 x1을 정수 3으로 초기화하고, 변수 x2를 소수 0.14로 초기화한 후 x1과 x2의 합을 계산하는 예를 보여줍니다(+ 기호 사용법은 '4장. 연산자'에서 설명합니다).

리스트 2-11 number 타입의 사용 예

```
const x1: number = 3;
const x2: number = 0.14;
console.log(x1+x2); // 3.14를 출력한다.
```

> **COLUMN | 소수점 계산에서 오차가 발생하는 경우**
>
> TypeScript의 소수점 계산은 때때로 오차가 발생합니다. 예를 들어 0.1은 유한한 값이지만, 2진수로 표현하면 0.00011001100…과 같이 소수점 이하가 무한하게 반복되는 순환 소수가 됩니다. 컴퓨터는 무한한 자릿수를 가진 숫자를 처리할 수 없으므로 일정 자릿수에서 반올림을 하게 되고, 이로 인해 오차가 발생합니다.
>
> 예를 들어 0.1+0.7의 계산 결과는 0.8이 되어야 하지만, 실제로는 0.7999999999999999999가 됩니다. 이런 오차를 피하는 방법으로는 10배로 계산한 후 마지막에 10으로 나누는 방법(예: 0.1x10÷10)이나 전용 라이브러리를 사용하는 방법이 있지만, 이 책에서는 다루지 않습니다.

■ N진수 값의 활용

number 타입은 우리가 흔히 사용하는 10진수 외에도 2진수, 8진수, 16진수 값을 저장할 수 있습니다.

[리스트 2-12]에서는 10진수 '10'을 각각 2진수(**0b**+2진수 값), 8진수(**0o**+8진수 값), 10진수, 16진수(**0x**+16진수 값)로 변환하여 초기화한 후, console.log를 사용하여 10진수 값으로 출력하는 예를 보여줍니다.

리스트 2-12 N진수 값을 대입하는 예

```
const binX: number = 0b1010; // 2진수 10
const octX: number = 0o012;  // 8진수 10
const decX: number = 10;     // 10진수 10
const hexX: number = 0x0a;   // 16진수 10

console.log(binX); // 10
console.log(octX); // 10
console.log(decX); // 10
console.log(hexX); // 10
```

■ 자릿수 구분 기호 사용

자릿수가 많은 숫자는 가독성을 높이기 위해 _ 기호를 사용하여 자릿수를 구분할 수 있습니다. [리스트 2-13]에서는 10,000,000(천만)을 숫자 구분 기호를 사용하여 초기화하는 예를 보여 줍니다.

리스트 2-13 자릿수 구분 기호 사용

```
const x1: number = 10000000;   // 천만
const x2: number = 10_000_000; // 천만

console.log(x1); // 10000000을 출력한다.
console.log(x2); // 10000000을 출력한다.
```

bigint 타입

bigint 타입은 number 타입이 처리할 수 없는 큰 정수를 다룰 수 있는 데이터 타입입니다. 단, 소수점은 처리할 수 없으므로 주의해야 합니다.

[리스트 2-14]는 bigint 타입의 사용 예입니다.

리스트 2-14 bigint 타입의 사용 예

```
const bignum1: bigint = 10n;
const bignum2: bigint = 9007199254740992n;

console.log(bignum1); // 10을 출력한다.
console.log(bignum2); // 9007199254740992n을 출력한다.
```

bigint 타입의 변수를 초기화하거나 값을 대입할 때는 숫자 뒤에 'n'을 붙입니다. 이렇게 하면 bigint 타입의 값임을 나타낼 수 있습니다. 'n'을 붙이지 않으면 number 타입으로 간주되어 Type 'number' is not assignable to type 'bigint'라는 오류가 발생합니다. 즉, 'number' 타입은 'bigint' 타입에 할당할 수 없다는 뜻입니다.

예를 들어 '10'과 '10n'은 같은 정수 '10'이지만, '10'은 number 타입, '10n'은 bigint 타입이므로 TypeScript에서는 이 둘을 다른 데이터로 간주합니다.

MEMO

실행 시 Type 'number' is not assignable to type 'bigint'라는 오류가 발생하거나 BigInt literals are not available when targeting lower than ES2020. 오류가 발생하면, TS Config의 Target을 2020 이상으로 설정해야 합니다.

string 타입

string 타입은 문자열을 처리하는 데이터 타입입니다.

[리스트 2-15]는 큰따옴표("), 작은따옴표('), 역따옴표(`)를 사용하여 'Hello'라는 문자열을 생성하고 변수를 초기화하는 예를 보여줍니다. console.log로 출력하면 모두 "Hello"로 출력됩니다.

리스트 2-15 string 타입의 사용 예

```
const msg1: string = "Hello";
const msg2: string = 'Hello';
const msg3: string = `Hello`;

console.log(msg1); // Hello를 출력한다.
console.log(msg2); // Hello를 출력한다.
console.log(msg3); // Hello를 출력한다.
```

COLUMN | TypeScript의 문자열 표기

TypeScript에서 문자열을 표현하려면 큰따옴표("), 작은따옴표('), 역따옴표(`) 중 하나로 문자열을 묶어야 합니다. 어떤 기호를 사용하여 문자열을 작성하든 결과는 동일한 타입이 됩니다.

다음으로 문자열에 따옴표를 포함하려면 어떻게 해야 할까요?

예를 들어 'Hello "HIRO" 님'와 같이 문자열에 따옴표를 포함하고 싶을 때 [리스트 2-16]처럼 작성하면 오류가 발생합니다. 문자열에 동일한 따옴표가 여러 개 있는 경우, 다음 따옴표가 문자열의 끝을 나타내는 것으로 인식되어 그 이후는 올바른 문자열로 인식되지 않기 때문입니다(그림 2-12).

리스트 2-16 문자열에 따옴표를 포함한 예(오류 발생)

```
const msg1: string = "Hello "HIRO" 님";
```

▼ **그림 2-12** 큰따옴표를 사용할 때의 문자열 인식의 이미지

따옴표(")가 포함된 문자열을 표현하려면 [리스트 2-17]처럼 문자열 전체를 다른 종류의 따옴표(')로 묶으면 됩니다. 이렇게 하면 중간에 나타나는 큰따옴표(")를 문자열의 일부로 인식할 수 있습니다(그림 2-13). 반대로 문자열에 작은따옴표(')를 포함하려면 문자열 전체를 큰따옴표(")로 묶으면 됩니다.

리스트 2-17 문자열에 따옴표를 포함하는 예

```
const msg: string = 'Hello "HIRO" 님';
```

▼ 그림 2-13 따옴표를 올바르게 인식시켰을 때의 이미지

또한 따옴표 앞에 역슬래시(\)를 붙여 \"이나 \'를 사용하면 큰따옴표(")나 작은따옴표(')를 바꿔 문자열을 묶을 필요가 없습니다. 이를 이스케이프 시퀀스escape sequence라고 합니다.

[리스트 2-18]은 이스케이프 시퀀스를 이용하여 따옴표가 포함된 문자열을 출력하는 예입니다.

리스트 2-18 이스케이프 시퀀스를 사용한 따옴표 사용 예

```
const msg1: string = "Hello \"HIRO\" 님";
const msg2: string = 'Hello \'HIRO\' 님';

console.log(msg1); // 'Hello "HIRO" 님'을 출력한다.
console.log(msg2); // 'Hello 'HIRO' 님'을 출력한다.
```

또 다른 따옴표인 역따옴표(`)는 큰따옴표(")나 작은따옴표(')와 달리 문자열 안에 수식이나 변수 값을 포함할 수 있습니다. 문자열에 수식이나 변수 값을 삽입하려면 '${수식}' 또는 '${변수}'와 같이 작성하면 됩니다. 삽입된 수식은 계산 결과를, 변수는 그 내용을 출력합니다.

[리스트 2-19]는 수식이나 변수를 문자열에 삽입한 예입니다.

리스트 2-19 수식이나 변수를 문자열에 삽입하는 예

```
const calc = `1 + 2 = ${1+2}`;
console.log(calc); // "1 + 2 = 3"

const user: string = "HIRO";
const msg: string = `Hello ${user} 님`;
console.log(msg); // "Hello HIRO 님"을 출력한다.
```

마지막으로 따옴표의 선택에 대해 설명하겠습니다. 이는 규정된 규칙이 아니라 필자의 견해입니다. 팀으로 개발할 경우에는 팀에서 정한 규칙을 따르는 것이 좋습니다.

- 단순한 문자열은 큰따옴표(")를 사용합니다. Java나 C언어 등에서도 문자열을 표현할 때는 큰따옴표(")를 사용합니다. 이에 맞춰서 큰따옴표(")를 사용하면 다른 언어에서도 위화감 없이 학습할 수 있습니다.
- 큰따옴표(")가 포함된 문자열의 경우 작은따옴표(')를 사용합니다. 역슬래시(\)를 사용해도 상관없지만, 평소 사용 빈도가 적은 역슬래시(\)보다 작은따옴표(')가 입력에 혼란을 주지 않습니다. 단, 큰따옴표(")와 작은따옴표(')가 모두 포함된 문자열을 사용하거나 특수한 문자열을 사용하는 경우에는 역슬래시(\)를 사용합시다.
- 문자열에 수식이나 변수를 포함할 때는 역따옴표(`)를 사용합니다. 큰따옴표(")나 작은따옴표(')로 둘러싸인 문자열 안에서는 수식이나 변수를 표현할 수 없기 때문입니다.

boolean 타입

boolean 타입은 참과 거짓, 즉 **true**와 **false** 두 가지 값을 처리할 수 있는 데이터 타입입니다. 프로그램에서 'Yes', 'No', '예', '아니요' 등의 표현을 할 때 boolean 타입이 사용됩니다.

[리스트 2-20]은 boolean 타입의 사용 예입니다. 변수 isYes는 'true'로 초기화하고, isNo는 'false'로 초기화하고 있습니다.

리스트 2-20 boolean 타입의 사용 예

```
const isYes: boolean = true;
const isNo: boolean = false;

console.log(isYes); // true를 출력한다.
console.log(isNo);  // false를 출력한다.
```

null 타입

null 타입은 '아무것도 없음'을 나타내는 데이터 타입입니다. 이는 변수에 숫자 0이나 빈 문자(길이가 0인 문자열)가 들어있는 것도 아니라 아무런 값도 저장되어 있지 않은 상태를 의미합니다. 단지 '변수'라는 그릇이 있는 상태입니다.

[리스트 2-21]은 null 타입 변수의 선언과 초기화의 예입니다.

리스트 2-21 null 타입 변수의 선언 및 초기화의 예

```
const x: null = null;

console.log(x);
```

null은 아무것도 없음을 나타냅니다. 그렇다면 null은 어떤 상황에서 사용될까요?

null은 의도적으로 '아무것도 없음'을 나타내는 데이터이므로, 데이터가 존재하는지 여부를 확인할 때 사용됩니다. 예를 들어, 어떤 변수가 null인지 확인하고, null이라면 데이터가 들어있지 않다고 판단할 수 있습니다.

undefined 타입

undefined 타입은 변수가 선언되었지만 값이 할당되지 않았음을 나타내는 데이터 타입입니다.

let 키워드로 변수를 선언하면서 [리스트 2-22]처럼 초기값을 넣지 않고 선언할 수도 있습니다(const 키워드는 초기값을 생략할 수 없습니다).

리스트 2-22 초기값을 대입하지 않는 예

```
let x:number;
```

이 경우, x라는 number 타입의 변수를 선언한 것이 됩니다만, 이처럼 값이 저장되지 않은 상태, 즉 '미정의' 상태가 undefined입니다.

[리스트 2-23]은 변수의 내용이 undefined(미정의)인 변수의 예입니다. 1행의 변수 x는 데이터 타입도 정해져 있지 않고, 초기값도 지정하지 않았으므로 undefined가 됩니다. 2행의 변수 y는 undefined 타입으로 선언하고 초기값으로 undefined를 대입했으므로 undefined가 됩니다. 3행의 변수 z는 number 타입이지만 초기값을 대입하지 않았으므로 undefined가 됩니다.

리스트 2-23 undefined 변수의 예

```
01: let x;
02: let y:undefined = undefined;
03: let z:number;
04:
05: console.log(x); // undefined가 출력된다.
06: console.log(y); // undefined가 출력된다.
07: console.log(z); // undefined가 출력된다.
```

[그림 2-14]를 통해 null과 undefined의 차이점[13]을 살펴보겠습니다. 왼쪽은 null 타입의 변수 '김철수 씨'입니다. 김철수 씨는 null이라는 값을 가진 사람으로, 직업(값)이 없음을 증명할 수 있습니다. 오른쪽은 undefined 타입의 '홍길동 씨'입니다. 홍길동 씨는 직업(값)이 정해지지 않은(미정의) 상태이기 때문에 값이 없는(null인) 상태조차 증명할 수 없습니다. 이처럼 null과 undefined는 명확한 차이가 있습니다.

▼ 그림 2-14 null과 undefined의 차이점

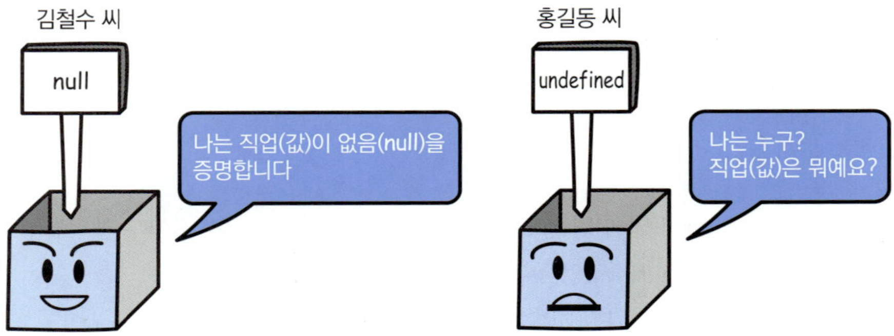

초보자에게 null과 undefined의 차이를 이해하는 것은 어려울 수 있습니다. 이 개념들은 자주 사용되지 않으므로 지금 당장 완벽하게 이해하지 못해도 괜찮습니다. 필요할 때 이 절을 다시 참고하기 바랍니다.

symbol 타입

symbol 타입은 프로그램 내에서 '값이 유일하다'는 것을 표현하는 데이터 타입입니다. TypeScript의 기반이 되는 JavaScript에서 옛날 방식으로 짠 코드를 실행할 수 있도록 하기 위해(기존 프로그램에 영향을 주지 않기 위해) 도입된 데이터 타입이며, 사용 빈도가 낮아 생략해도 괜찮습니다.

[리스트 2-24]는 symbol 타입의 사용 예를 보여줍니다.

13 옮긴이_ undefined은 변수를 선언하고 값을 할당하지 않은 상태, null은 변수를 선언하고 빈 값을 할당한 상태(빈 객체)입니다. 즉, undefined는 자료형이 없는 상태입니다.

리스트 2-24 symbol 타입의 사용 예

```
01: const x:symbol = Symbol("data");
02: const y:symbol = Symbol("data");
03:
04: console.log(x === y); // false가 출력된다.
05: console.log(x === x); // true가 출력된다.
```

변수 x와 y는 모두 Symbol("data")로 초기화되어 있습니다. 4행의 '===' 연산자(===는 동일함을 판단하는 기호입니다. 자세한 내용은 '4장. 연산자'에서 설명합니다)로 두 값이 같은지를 판단하고 있습니다. 만약 두 값이 같으면 true를, 그렇지 않으면 false를 출력합니다. 변수 x와 y는 같은 값을 가지고 있으므로 true가 출력될 것 같지만, 실제로는 false가 출력됩니다. 5행과 같이 해당 변수 자체와 비교했을 때만 같다고 판단되므로 true가 출력됩니다.

이처럼 symbol 타입은 유일성을 표현하는 데이터 타입으로 사용됩니다.

리터럴이란 무엇일까?

TypeScript 프로그램을 작성할 때 중요한 요소 중 하나는 리터럴literal[14]입니다.

리터럴은 소스 코드에서 변수에 대입할 수 있는 값 자체를 의미합니다. 대표적인 리터럴의 예를 살펴봅시다.

예를 들어 '-1', '3', '3.14' 등은 숫자 리터럴입니다. 따라서 프로그램에서 작성하는 숫자는 **숫자 리터럴**이 됩니다. [리스트 2-25]는 숫자 리터럴의 예입니다.

14 옮긴이_ 컴퓨터 과학 분야에서 리터럴이란 소스 코드의 고정된 값을 나타내는 표기법입니다. 거의 모든 프로그래밍 언어는 정수, 부동소수점 숫자, 문자열, boolean 자료형과 같은 기본적인 값에 대한 표기법이 있습니다. 어떤 언어는 열거 타입, 배열, 자료형, 객체에 대한 표기법도 있습니다. 리터럴과 대조적으로, 고정된 값을 가질 수 있는 변수나 변경되지 않는 상수가 있습니다.

리스트 2-25 숫자 리터럴의 예

```
const num1: number = -3;
const num2: number = 0;
const num3: number = 3.14;
const num4: number = 0b0010;
const num5: number = 0o10;
const num6: number = 0xff;
const num7: number = 1_000_000;
```

숫자 뒤에 'n'이 붙는 것은 **bigint 리터럴**입니다. bigint 예는 [리스트 2-26]에 있습니다.

리스트 2-26 bigint 리터럴의 예

```
const bigno: bigint = 100n;
```

다음으로 큰따옴표("), 작은따옴표('), 역따옴표(`)로 둘러싸인 문자열 자체가 **문자열 리터럴**입니다. 문자열 리터럴의 예는 [리스트 2-27]과 같습니다.

리스트 2-27 문자열 리터럴의 예

```
const msg1 = "Hello,";
const msg2 = "TypeScript";
const msg3 = `${msg1}${msg2}`;
```

'true'와 'false' 값 자체가 **참-거짓 리터럴**입니다. [리스트 2-28]은 참-거짓 리터럴의 예입니다.

리스트 2-28 참-거짓 리터럴의 예

```
const isOK: boolean = true;
const inNG: boolean = false;
```

2.4

타입 추론

keyword 타입 추론

타입 추론이란 무엇일까?

지금까지 배운 변수 선언 방법은 데이터 타입을 지정하는 것이었습니다.

하지만 TypeScript에는 [구문 2-4]처럼 **타입 추론**type inference[15]에 의한 변수 선언 방법도 있습니다.

▼ 그림 2-15 타입 추론의 이미지

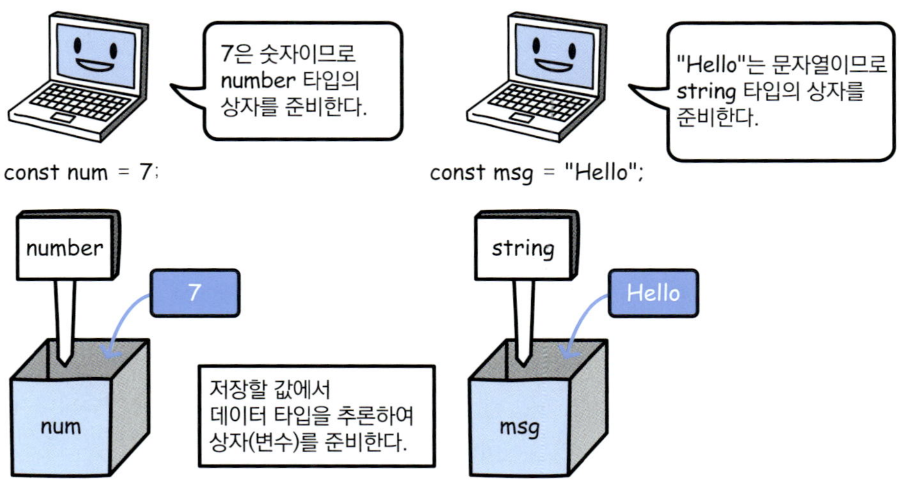

15 옮긴이_ 타입이 정의되어 있지 않은 변수의 타입을 자동으로 추론하는 TypeScript의 기능입니다. 타입 추론 덕에 모든 변수에 일일이 타입을 정의하지 않아도 되는 편리함이 생겼습니다.

지금까지의 선언 방식과 달리 데이터 타입을 지정하지 않고, 초기값을 대입하면 그 데이터에서 자동으로 데이터 타입이 결정됩니다. 이처럼 데이터에서 타입을 추측하여 결정하므로 타입 추론이라고 합니다(그림 2-15).

구문 **2-4** 타입 추론

```
const 변수명 = 초기값;
```

[리스트 2-29]는 타입 추론의 예입니다.

리스트 **2-29** 타입 추론의 예

```
01: const num = 7;
02: const msg = "Hello";
03:
04: console.log(num);           // 7을 출력한다.
05: console.log(typeof(num)); // "number"를 출력한다.
06: console.log(msg);           // "Hello"를 출력한다.
07: console.log(typeof(msg)); // "string"을 출력한다.
```

1행에서는 num 변수에 7을 대입하고 있습니다. 7은 정수이므로 타입 추론에 의해 num은 number 타입이 됩니다.

2행에서는 msg 변수에 "Hello"를 대입하고 있습니다. "Hello"는 문자열이므로 타입 추론에 의해 string 타입이 됩니다.

4행에서는 num 변수에 저장된 7을 출력하고 있습니다.

5행에서는 'typeof(변수명)'을 사용하여 해당 변수의 데이터 타입을 확인하고 있습니다. num 변수에는 숫자 7이 대입되어 있으므로, 데이터 타입 "number"가 출력됩니다.

6행에서는 msg 변수에 저장된 "Hello"를 출력하고 있습니다.

7행에서는 msg 변수의 데이터 타입을 확인하고 있으므로 "string"이 출력됩니다.

2.5

열거 타입

keyword 열거 타입, enum

열거 타입이란 무엇일까?

지금까지 숫자(number) 타입, 문자열(string) 타입 등 다양한 데이터 타입을 배웠습니다. 이 절에서는 **열거 타입**enumeration type[16]이라는 특별한 데이터 타입을 알아보겠습니다.

'열거'는 하나씩 세어보거나 나열하는 것을 의미합니다. TypeScript에서 '열거'는 어떤 것일까요? 우리 일상에서 예를 들어 생각해봅시다.

요일을 표현할 때 일요일, 월요일, 화요일, 수요일, 목요일, 금요일, 토요일과 같이 7가지로 나타냅니다. 또한 조선 왕조라면 태조, 정종, 태종, 세종, 문종, 단종, 세조로 표현합니다.

이처럼 요일이나 조선 왕조처럼 정해진 값들을 다룰 때 열거 타입을 사용합니다.

열거 타입으로 나타내려면 일요일부터 토요일까지 또는 태조부터 세조까지 그룹화하여 이름을 붙이고, 그 안에 각각의 값을 정의합니다(그림 2-16).

16 옮긴이_ TypeScript는 enum 열거형 데이터 타입을 지원합니다. 멤버라 불리는 명명된 값의 집합을 이루는 자료형으로 기억하기 어려운 숫자 대신 친숙한 이름으로 접근/사용하기 위해 활용할 수 있습니다.

▼ **그림 2-16** 열거 타입의 이미지

열거 타입의 구문 익히기

열거 타입은 지금까지 배운 number형이나 string형과는 달리, 우리가 직접 만들 수 있는 데이터 타입입니다. [구문 2-5]처럼 **enum** 키워드를 사용하여 열거 타입을 정의하고, 중괄호 {} 안에는 열거 타입의 값들을 나열합니다. 이 값들을 **멤버**라고 부릅니다.

구문 2-5 열거 타입의 정의

```
enum 열거 타입명 {
    값1,
    :
    값n
}
```

[리스트 2-30]은 요일을 열거 타입으로 정의하는 예입니다. 열거 타입명은 Weekday로, 일요일부터 토요일까지의 요일을 영단어로 나열하여 쉼표로 구분합니다.

리스트 2-30 열거 타입의 정의

```
enum Weekday {
    Sunday,
    Monday,
    Tuesday,
    Wednesday,
    Thursday,
    Friday,
    Saturday
}
```

열거 타입을 정의하는 방법을 배웠으니 이제 사용 방법을 살펴봅시다.

열거 타입의 변수를 사용할 때는 [구문 2-6]을 참고합니다. 변수명 뒤에 직접 만든 열거 타입명을 지정하여, 해당 변수에 임의의 열거 타입 값(열거 타입에서 정의한 값)을 대입할 수 있습니다.

구문 2-6 열거형 변수 선언

```
const 변수명: 열거 타입명 = 열거 타입명.값;
```

방금 만든 요일(Weekday)의 열거 타입을 사용하는 예는 [리스트 2-31]과 같습니다.

리스트 2-31 열거 타입의 사용 예

```
enum Weekday {
    Sunday,
    Monday,
    Tuesday,
    Wednesday,
    Thursday,
    Friday,
    Saturday
}
```

```
10:
11: // 열거 타입 변수를 선언하고 초기화한다.
12: const wd: Weekday = Weekday.Thursday;
13: console.log(wd); // 4를 출력한다.
```

1~9행에서는 열거 타입을 정의하고, 12행에서는 변수를 선언하고 초기화하고 있습니다. 이때 변수명으로는 wd, 데이터 타입은 Weekday를 지정하고 있습니다. 또한 초기값은 '열거 타입명.값' 형식으로 'Weekday.Thursday'를 대입하고 있는데, 13행에서 값을 확인해보면 'Thursday'가 아니라 '4'가 출력됩니다. 열거 타입의 멤버는 위에서부터 0으로 시작하는 번호가 할당되기 때문입니다. 따라서 Sunday는 0, Monday는 1로 할당되며, Thursday는 4로 할당되어 '4'가 출력됩니다.

숫자 열거 타입

열거 타입 멤버는 기본적으로 위에서부터 0부터 시작하여 연속된 번호가 할당됩니다. 만약 열거 타입 멤버에 0이 아닌 다른 숫자를 할당하고 싶다면, 각 멤버 뒤에 '=값'을 추가하면 됩니다. 이렇게 숫자를 지정하여 정의한 열거 타입을 '숫자 열거 타입'이라고 부릅니다.

[리스트 2-32]에서는 Sunday에 1, Tuesday에 2와 같이 임의의 값을 할당하며, 11행에서 Weekday.Thursday를 대입한 wd 변수를 console.log로 확인하면 '16'이 출력됩니다.

리스트 2-32 열거된 값에 임의의 숫자를 할당하는 예

```
01: enum Weekday {
02:     Sunday = 1,
03:     Monday = 2,
04:     Tuesday = 4,
05:     Wednesday = 8,
06:     Thursday = 16,
07:     Friday = 32,
08:     Saturday = 64
```

```
}

const wd: Weekday = Weekday.Thursday;
console.log(wd); // 16을 출력한다.
```

문자열 열거 타입

TypeScript의 열거 타입 멤버에 문자열도 할당할 수 있는데, 이를 '문자열 열거 타입'이라고 합니다. [리스트 2-33]에서는 Sunday부터 Saturday까지의 멤버에 각 요일의 단축형을 할당하고 있는데, 11행에서 Weekday.Thursday를 대입한 wd 변수를 console.log로 확인하면 'Thu.'가 출력됩니다.

리스트 2-33 열거 값에 임의의 문자열을 할당하는 예

```
01: enum Weekday {
02:     Sunday = "Sun.",
03:     Monday = "Mon.",
04:     Tuesday = "Tue.",
05:     Wednesday = "Wed.",
06:     Thursday = "Thu.",
07:     Friday = "Fri.",
08:     Saturday = "Sat"
09: }
10:
11: const wd: Weekday = Weekday.Thursday;
12: console.log(wd); // Thu.을 출력한다.
```

2.6

튜플 타입

keyword 튜플 타입

튜플 타입이란 무엇일까?

튜플tuple[17]이라는 새로운 단어가 등장했습니다. 튜플은 무엇을 의미할까요?

튜플은 여러 데이터 타입을 하나의 변수에 할당할 수 있는 구조를 의미합니다. 기존에는 하나의 변수에 하나의 데이터 타입과 하나의 값만 할당할 수 있었지만, 튜플을 사용하면 여러 데이터 타입을 가진 값을 하나의 변수로 관리할 수 있습니다.

예를 들어, 어떤 사람의 이름, 나이, 키, 몸무게를 가진 변수를 만든다고 합시다. 지금까지 배운 지식으로 표현하면 이름, 나이, 키, 몸무게에 해당하는 네 가지 변수가 필요합니다(리스트 2-34).

리스트 2-34 여러 데이터를 관리하는 예

```
const username: string = "HIRO"; // 이름
const age: number = 35;          // 나이
const height: number = 175.2;    // 키
const weight: number = 65.3;     // 몸무게
```

17 옮긴이_ 튜플 타입은 JavaScript에서는 지원하지 않는 데이터 타입입니다. 하지만 TypeScript에서는 배열 타입을 보다 특수한 형태로 사용할 수 있는 튜플 타입을 지원합니다. 튜플에 명시적으로 지정된 형식에 따라 아이템 순서를 설정해야 되고, 추가되는 아이템 또한 튜플에 명시된 타입만 사용할 수 있습니다.

물론, 네 가지 변수를 준비해서 데이터를 관리해도 좋지만, 변수들 간의 연관성이 없기 때문에 누구의 나이인지, 몸무게인지 등은 프로그래머만 알 수 있습니다.

튜플 타입을 사용하면 여러 데이터를 하나로 묶어 관리할 수 있습니다.

튜플 타입을 선언해보자

튜플 타입은 [구문 2-7]처럼 선언합니다.

구문 2-7 튜플 타입의 변수 선언 및 초기화

```
const 변수명:[데이터 타입1, ... 데이터 타입n] = [값1, ... 값n];
```

변수명 뒤에 `[데이터 타입1, ... 데이터 타입n]` 형식으로 각 데이터 타입을 쉼표(,)로 구분하여 작성하고, '=' 오른쪽에는 대입할 값을 [ ] 안에 쉼표로 구분하여 작성합니다.

[그림 2-17]은 튜플 타입의 이미지를 보여줍니다. 튜플 타입은 이 그림처럼 하나의 상자에 칸막이로 구분된 여러 개의 방이 있는 이미지입니다. 각 방은 데이터 타입을 정해, 저장되는 데이터의 종류(데이터 타입)를 한정합니다.

▼ **그림 2-17** 튜플 타입의 이미지

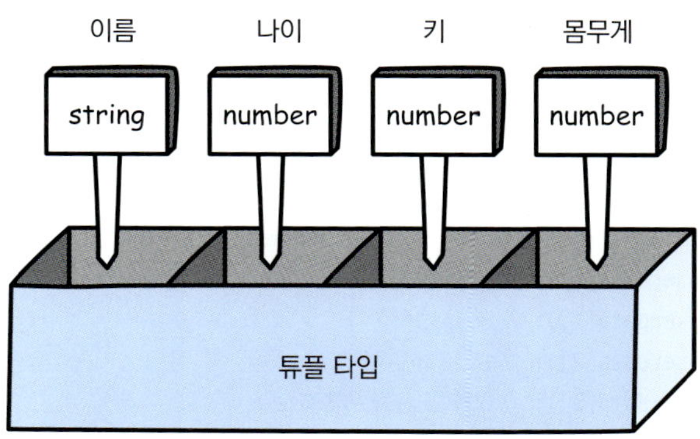

예를 들어, 이름과 나이를 관리하는 변수를 튜플 타입으로 표현하면 [리스트 2-35]와 같습니다. userdata라는 변수에 string 타입과 number 타입의 데이터를 할당할 수 있고, 초기값으로 'HIRO', '35', '175.2', '65.3'을 대입하고 있습니다.

리스트 2-35 튜플 타입 사용 예

```
const userdata: [string, number, number, number] = ["HIRO", 35, 175.2, 65.3];
```

데이터를 가져오자

다음으로 데이터를 가져오는 방법을 알아보겠습니다. 튜플 타입은 하나의 상자에 칸막이로 구분된 여러 개의 방이 있다고 설명했습니다. 이 방의 번호를 인덱스index[18]라고 합니다. 인덱스는 0부터 계산하며, 안에 들어있는 데이터를 확인할 때는 [구문 2-8]과 같이 튜플 타입 변수 뒤에 [ ]를 붙여서 방 번호인 인덱스를 지정합니다.

구문 2-8 튜플 타입 변수에서 데이터 가져오기

```
튜플 타입 변수[인덱스];
```

[리스트 2-35]에서 선언한 userdata 변수에서 데이터를 가져와서 표시하는 예는 [리스트 2-36]과 같습니다.

리스트 2-36 튜플 타입 변수에서 값을 가져오는 예

```
const userdata: [string, number, number, number] = ["HIRO", 35, 175.2, 65.3];
console.log(userdata[0]); // HIRO를 출력한다.
console.log(userdata[1]); // 35를 출력한다.
console.log(userdata[2]); // 175.2를 출력한다.
console.log(userdata[3]); // 65.3을 출력한다.
```

18 옮긴이_ 색인, 조회할 때 원하는 행을 빠르게 찾을 수 있게 준비해둔 데이터입니다.

확인 문제

문제 2-1

number 타입의 age라는 변수를 선언하고 자신의 나이로 초기화하세요. 또한 name이라는 변수를 선언하고 자신의 이름으로 초기화하세요.

문제 2-2

[문제 2-1]에서 생성한 변수 name을 사용하여 "안녕하세요, ○○씨."라고 출력해보세요.

문제 2-3

string 타입과 number 타입을 가진 튜플 타입의 변수를 선언하고, 자신의 이름과 나이를 초기값으로 대입하세요. 변수의 이름은 userdata로 합니다. 그런 다음, 자신의 이름과 나이를 꺼내 출력해보세요.

문제 2-4

열거 타입으로 우리 나라 역사를 정의하세요. 열거 타입명은 KoreanEra로 하고, 'Dangun', 'Gojoseon', 'Silla', 'Goryeo', 'Joseon', 'RepublicOfKorea'의 값을 갖도록 합니다.

다음으로 열거 타입 변수 currentEra를 선언하여 RepublicOfKorea 값으로 초기화하세요. 마지막으로 currentEra의 값을 출력해보세요.

제 3 장

배열

2장에서는 변수, 상수, 튜플 타입 등 데이터를 저장하는 방법을 배웠습니다. 이 외에도 TypeScript에는 여러 데이터를 저장할 수 있는 배열이라는 변수 타입이 있습니다. 배열은 튜플 타입처럼 여러 값을 저장할 수 있습니다. 이번 장에서는 배열에 대해 자세히 알아보겠습니다.

3.1

배열

keyword 배열, 인덱스

하나의 변수에 여러 데이터를 저장하자

프로그램이 커질수록 처리해야 하는 데이터 양도 증가합니다.

지금까지 배운 변수는 하나의 데이터만 저장할 수 있으므로, 많은 데이터를 다루는 프로그램에서는 많은 변수를 준비해야 합니다.

예를 들어, 학교에서 학생 40명의 국어 점수를 집계하여 평균 점수를 구하려면, 각 학생의 점수를 관리하기 위해 40개의 변수를 준비해야 합니다. [리스트 3-1]은 korean01~korean40까지 40개의 변수를 선언하는 예입니다.[19]

리스트 3-1 40개의 변수를 선언하는 예

```
const korean01: number = 0;
const korean02: number = 0;
// 생략
const korean40: number = 0;
```

[리스트 3-1]에서 선언한 변수에 각 학생의 점수를 대입하려면 [리스트 3-2]처럼 하나씩 대입하는 처리를 작성해야 합니다.

19 옮긴이_ 예를 들어, 학생들의 성적을 관리하는 프로그램을 만든다고 합시다. 학생이 40명이라면, 각 학생의 국어 점수를 저장하기 위해 별도의 상자(변수) 40개가 필요합니다. 학생 수가 100명으로 늘어나면 상자도 100개가 필요하고, 과목이 늘어나면 더 많은 상자가 필요하겠죠. 이렇게 상자(변수)를 너무 많이 만들면 관리하기가 어렵고, 실수를 할 가능성도 커집니다. 이런 문제를 해결하기 위해 서랍장 같은 것을 사용하면 좋겠죠? 서랍장 하나에 여러 개의 서랍을 만들어 각 서랍에 다른 학생의 점수를 넣어두면 됩니다. 컴퓨터에서는 이러한 서랍장을 배열이라고 합니다.

리스트 3-2 점수를 대입하는 예

```
korean01 = 70;
korean02 = 80;
// 생략
korean40 = 60;
```

이처럼 하나의 변수에는 하나의 값만 저장할 수 있지만 2장에서 배운 튜플 타입을 사용하면 여러 개의 데이터를 하나의 변수에 담을 수 있으므로, 변수 선언은 한 번만 하면 됩니다.

실제로 튜플 타입을 사용하여 40명의 국어 점수를 관리하는 변수를 선언해봅시다(리스트 3-3). 점수가 모두 숫자 타입임을 알고 있어도, 'number, number, ...'라고 40개나 써야 합니다. 만약 100명이나 1000명의 학생들의 점수를 저장하는 튜플 타입을 선언하려면 어떻게 해야 할까요? 'number'를 100번이나 1000번을 써야 하므로 현실적이지 않습니다.

리스트 3-3 40명의 데이터를 담을 변수를 튜플 타입으로 준ㅂ 하는 예

```
const korean:[number, number, number, 이하 생략] = [0, 0, 0, 이하 생략];
```

이런 경우 '하나의 변수로 많은 데이터를 저장하고 싶다', '데이터 타입은 하나만 사용하고 싶다'라는 요구를 충족시키는 **배열**을 사용합니다. [그림 3-1]을 통해 튜플 타입과 배열이 어떻게 다른지 살펴봅시다.

▼ 그림 3-1 튜플 타입 변수와 배열 변수의 차이점

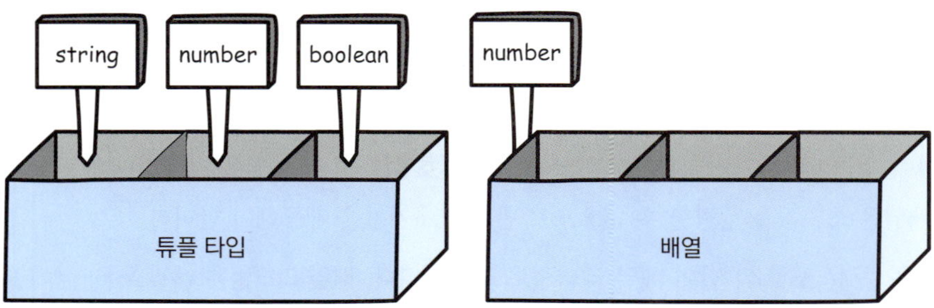

튜플 타입과 배열은 하나의 상자 안을 칸막이로 구분하여 여러 개의 데이터를 저장할 수 있다는 점은 동일합니다.

다만, 튜플 타입은 방마다 데이터 타입을 부여하는 반면, 배열의 경우에는 상자 전체(모든 방)의 데이터 타입을 하나로 통일할 수 있다는 특징이 있습니다.

[그림 3-2]를 통해 배열을 자세히 살펴보겠습니다.

배열의 각 방에 들어가는 값을 요소라고 합니다. 또한 튜플 타입과 마찬가지로 각 방에는 **인덱스**라는 번호가 붙습니다. 이 번호는 0부터 시작하므로 마지막 방의 번호는 '요소 수-1'이 됩니다.

▼ **그림 3-2** 배열 변수의 이미지

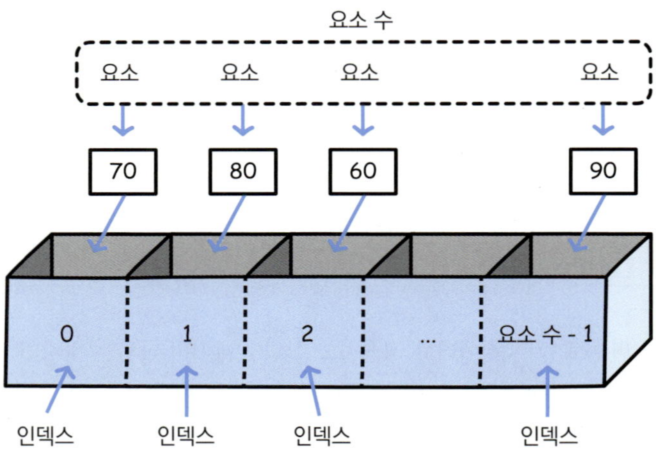

배열을 선언해보자

배열도 다른 변수와 마찬가지로 선언해야 합니다. 배열은 [구문 3-1]과 같이 const 또는 let을 사용하여 선언합니다. 또한 데이터 타입 뒤에 **대괄호 [ ]**를 붙여 배열을 나타냅니다. const로 선언된 배열은 초기값을 생략할 수 없으므로 반드시 초기값을 제공해야 합니다.

초기값은 [구문 3-2]와 같이 배열 리터럴로 작성합니다. **배열 리터럴**은 대괄호 [ ] 안에 데이터를 쉼표(,)로 구분하여 작성합니다.

구문 3-1 배열 선언

```
const 변수명: 데이터 타입[] = 배열 리터럴;
  또는
let 변수명: 데이터 타입[] = 배열 리터럴;
```

구문 3-2 배열 리터럴

```
[값1, 값2, ... 값n]
```

배열의 예는 [리스트 3-4]에서 볼 수 있습니다.

이 예에서는 10명의 국어 점수를 저장하는 korean 변수를 선언하고 있습니다. korean이라는 변수명 뒤에 괄호로 묶은 number[ ]를 붙였기 때문에, 이 변수는 숫자를 저장할 수 있는 배열임을 알 수 있습니다. '='의 오른쪽에는 배열 리터럴로 초기값을 적고 있습니다. 이미지로 표현하면 [그림 3-3]과 같습니다.

리스트 3-4 배열의 예

```
const korean: number[] = [75, 90, 80, 100, 65, 30, 78, 98, 35, 54];
```

▼ 그림 3-3 [리스트 3-4]의 이미지

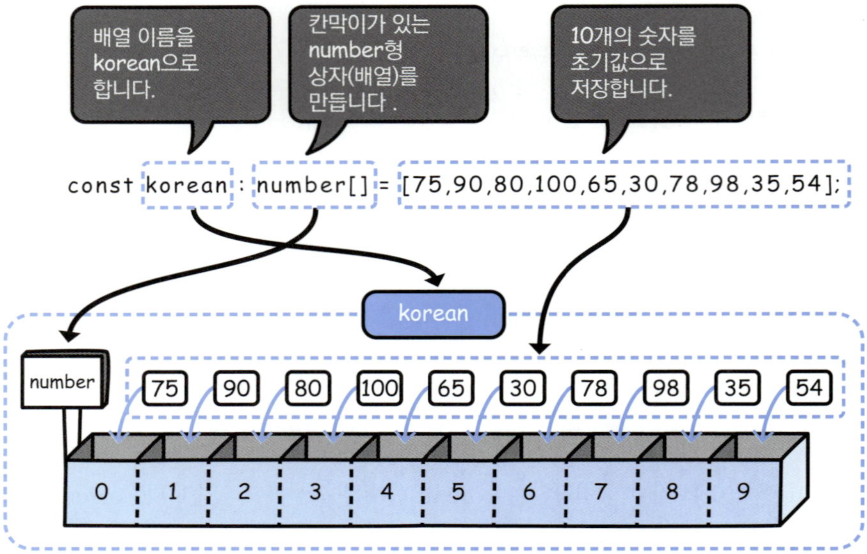

배열에서 데이터 가져오기

다음으로 배열에서 데이터를 어떻게 가져오는지 알아보겠습니다. 이미 설명했듯이 배열의 각 방에는 인덱스라는 방 번호가 붙어 있습니다. 따라서 배열에서 데이터를 가져오려면 [구문 3-3]처럼 원하는 데이터가 있는 방의 인덱스를 지정하면 됩니다.

구문 3-3 배열에서 데이터 가져오기

```
배열[인덱스]
```

[리스트 3-4]에서 선언한 korean 변수에서 데이터를 가져와서 출력하는 예는 [리스트 3-5]와 같습니다.

이 예에서는 첫 번째(인덱스가 0인 방) 데이터, 다섯 번째(인덱스가 4인 방) 데이터, 마지막(인덱스가 9인 방) 데이터를 가져와 출력합니다. 이미지로 표현하면 [그림 3-4]와 같습니다.

리스트 3-5 배열에서 값을 가져오는 예

```
const korean: number[] = [75, 90, 80, 100, 65, 30, 78, 98, 35, 54];

console.log(korean[0]); // 첫 번째 '75'를 가져온다.
console.log(korean[4]); // 다섯 번째 데이터 '65'를 가져온다.
console.log(korean[9]); // 마지막 데이터 '54'를 가져온다.
```

▼ 그림 3-4 [리스트 3-5]의 이미지

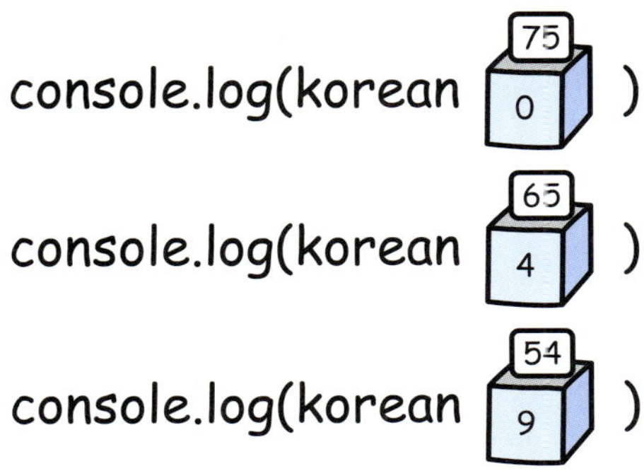

배열에 값을 대입하는 방법은 무엇일까?

배열을 선언하고 초기화하는 방법을 배웠으니, 이제 임의의 값을 대입해봅시다.

[구문 3-4]처럼 값을 대입할 수 있습니다.

구문 3-4 배열에 값 대입하기

```
배열[인덱스] = 대입할 값;
```

[리스트 3-6]은 string 타입의 배열에 값을 대입하는 예입니다.

이 예에서는 userName이라는 배열을 선언하고, 모든 요소를 '이름없음'이라는 문자열로 초기화합니다. 그리고 userName[0]에는 '빌'을, userName[1]에는 '스티브'를, userName[2]에는 '일론'을 대입하고 있습니다. 따라서 초기값으로 입력된 '이름없음'을 대입한 값으로 덮어쓰게 됩니다.

마지막으로 'console.log(userName);'으로 배열에 들어 있는 값을 확인합니다. 이 예와 같이 인덱스를 지정하지 않고, 단순히 배열명만 입력한 경우에는 배열 리터럴 형식으로 값을 출력합니다.

배열에 값을 대입하는 이미지는 [그림 3-5]와 같습니다.

리스트 3-6 배열에 값을 대입하는 예

```
const userName: string[] = ["이름없음", "이름없음", "이름없음"];

userName[0] = "빌";
userName[1] = "스티브";
userName[2] = "일론";

console.log(userName); // ["빌", "스티브", "일론"]을 출력한다.
```

▼ **그림 3-5** 배열에 값을 대입하는 이미지

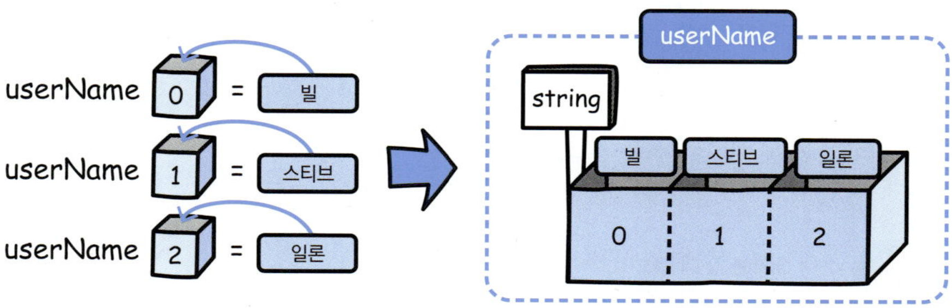

배열에 값을 대입하는 방법을 이해하자

TypeScript에서 const로 선언된 변수에는 값을 변경할 수 없다는 것은 이미 배운 내용입니다. 그러나 [리스트 3-6]을 보면 const로 선언한 배열에 값을 대입하고 있습니다.

배열에 값을 대입하는 방법은 두 가지입니다.

① 배열 자체를 다른 배열로 변경하는 방법

② 배열의 특정 요소만 변경하는 방법

const로 배열을 선언하면 배열 자체를 다른 배열로 바꿀 수는 없지만, 특정 요소는 바꿀 수 있으므로 [리스트 3-6]은 문제없이 작동합니다.

예를 들어, [리스트 3-7]처럼 myArray 배열을 const로 선언하면, 특정 요소를 바꾸는 것은 가능하지만, [리스트 3-8]처럼 다른 배열로 바꾸려고 하면 오류가 발생합니다. 배열 자체를 다른 배열로 변경해야 할 때는 [리스트 3-9]처럼 let으로 선언하면 됩니다.

리스트 3-7 배열 요소를 바꾸는 예

```
const myArray: number[] = [1, 2, 3];
myArray[0] = 5; // 1을 5로 바꾼다.
```

리스트 3-8 const로 선언한 배열을 다른 배열로 바꾸는 예

```
const myArray: number[] = [1, 2, 3];
myArray = [4,5,6]; // 다른 배열로 바꿀 수 없다.
```

리스트 3-9 let으로 선언한 배열을 다른 배열로 바꾸는 예

```
let myArray: number[] = [1, 2, 3];
myArray = [4,5,6]; // 다른 배열로 바꿀 수 있다.
```

3.2

배열 조작

keyword 비파괴적, 파괴적, 메서드, push, slice

파괴적 조작과 비파괴적 조작

'파괴적destructive'과 '비파괴적non-destructive'이라는 용어가 등장했습니다. 일반적으로 '파괴적'이라는 단어는 파괴하여 망가뜨린다는 이미지가 있지만, 여기서 말하는 '파괴적'은 원래의 데이터가 변경되는 것을 의미합니다.[20]

그럼 '파괴적 조작'을 [그림 3-6]으로 확인해보겠습니다.

▼ 그림 3-6 파괴적 조작의 이미지

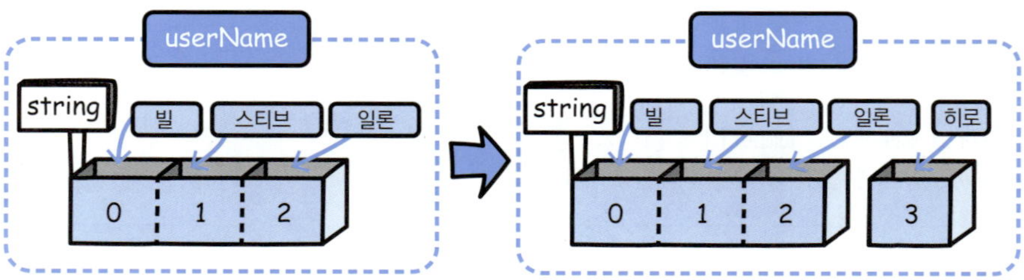

20 옮긴이_ 컴퓨터에서는 '파괴적'이라는 말이 조금 다른 의미로 사용됩니다. 컴퓨터에서 '파괴적'이라고 하면, 어떤 작업을 실행한 후에 원래의 데이터가 변경되거나 사라지는 것을 의미합니다. 반대로 '비파괴적'은 원래의 데이터를 변경하지 않고 새로운 데이터를 생성하거나 작업하는 것을 의미합니다.

userName이라는 배열을 선언하고 '빌', '스티브', '일론'으로 초기화하면 3개의 값을 가진 배열이 생성됩니다. 이 userName 배열에 새로운 칸막이를 추가하면 '3개의 값을 가진 배열'에서 '4개의 값을 가진 배열'로 바뀝니다. '빌', '스티브', '일론'이라는 3개의 데이터 자체는 변하지 않았지만, 데이터를 담을 수 있는 개수가 늘어났습니다. 즉, 원래의 상태가 변경된 것이므로 이는 '파괴적 조작'이 됩니다.

다음으로 [그림 3-7]을 통해 '비파괴적 조작'의 이미지를 살펴봅니다.

▼ 그림 3-7 비파괴적 조작 이미지

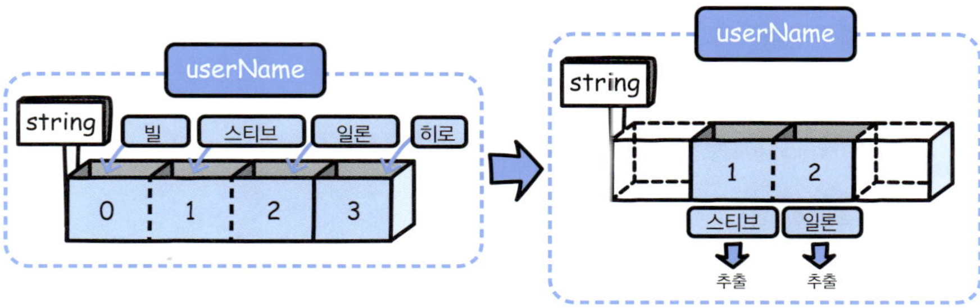

배열 userName에는 '빌', '스티브', '일론', '히로'라는 문자열이 저장되어 있습니다. 이 배열에서 인덱스가 1과 2인 요소만 추출하여 표시한다고 가정해 봅니다. 이 경우에는 배열의 내용을 참조(조회)하는 것일 뿐, 배열 자체를 변경하는 것은 아닙니다. 이처럼 원래의 데이터를 변경하지 않는 조작을 '비파괴적 조작'이라고 합니다.

다음 절에서는 실제로 배열에 데이터를 추가하는 프로그램과 그 내용을 참조하는 프로그램을 작성하는 방법에 대해 알아보겠습니다.

배열에 데이터 추가하기

배열에 데이터를 추가하는 방법에는 여러 가지가 있지만, 특히 자주 사용하는 방법은 **push**라는 메서드[method]를 이용하는 방법입니다.

MEMO

TypeScript에서는 '기능'을 메서드라고 합니다. '메서드'는 '8장. 클래스의 기본'에서 자세히 배워봅니다. 지금은 '기능을 메서드라고 하는구나'라고 이해하면 됩니다.

push 메서드는 배열의 마지막에 새로운 데이터를 추가합니다. 이는 배열의 요소 수를 증가시키므로 '파괴적 조작'으로 분류됩니다.

push 메서드는 [구문 3-5]처럼 배열명 뒤에 '.push(추가할 값)'를 붙이는 것으로, 배열의 끝에 데이터를 추가합니다.

구문 3-5 push 메서드

```
배열명.push(추가할 값);
```

'push' 앞의 마침표(.)는 한글의 '의'로 이해하면 됩니다. 예를 들어, '배열.push(A)'라면 '배열'의 마지막에 A를 추가한다'는 의미입니다.

이제 push 메서드를 사용하여 배열에 데이터를 추가해보겠습니다. 앞서 설명한 [그림 3-6]을 코드로 표현한 것이 [리스트 3-10]입니다.

1행에서는 userName 배열이 '빌', '스티브', '일론'으로 초기화되어 있습니다. push 메서드를 실행하면 userName이라는 상자 끝에 데이터를 하나 더 넣을 수 있는 공간을 만들어 '히로'를 추가(저장)합니다.

3행을 실행하면 ["빌", "스티브", "일론", "히로"]가 저장된 것을 확인할 수 있습니다.

리스트 3-10 push 메서드를 이용한 데이터 추가 예

```
01: const userName: string[] = ["빌", "스티브", "일론"];
02: userName.push("히로"); // "히로"를 추가한다.
03: console.log(userName); // ["빌", "스티브", "일론", "히로"]를 출력한다.
```

push 메서드는 한번에 여러 데이터를 추가할 수 있습니다. [리스트 3-11]은 push 메서드를 사용하여 여러 데이터를 추가하는 예로, push 메서드의 ( )안에 추가할 데이터를 쉼표로 구분하여 작성합니다.

리스트 3-11 push 메서드를 이용해서 여러 데이터를 추가하는 예

```
const userName: string[] = ["빌", "스티브", "일론"];
userName.push("히로", "리사", "윌"); // "히로", "리사", "윌"을 추가한다.
console.log(userName); // ["빌", "스티브", "일론", "히로", "리사", "윌"]을 출력한다.
```

이제 [구문 3-6]의 **unshift** 메서드를 사용하여 배열의 맨 앞에 데이터를 추가해봅시다. 사용 방법은 push 메서드와 같습니다. 이 메서드도 배열에 새로운 데이터를 추가하므로 '파괴적 조작'으로 분류됩니다.

구문 3-6 unshift 메서드

```
배열명.unshift(기록할 값);
```

배열의 맨 앞에 데이터를 추가하는 예는 [리스트 3-12]와 같습니다. [그림 3-8]을 보면서 코드를 확인합시다.

리스트 3-12 unshift 메서드를 이용한 데이터 추가의 예

```
01: let userName: string[] = ["빌", "스티브", "일론"];
02: userName.unshift("히로"); // "히로"를 추가한다.
03: console.log(userName);      // ["히로", "빌", "스티브", "일론"]을 출력한다.
```

1행을 실행하면 배열 userName에는 '빌', '스티브', '일론' 세 사람의 이름이 저장됩니다. 2행을 실행하면 userName이라는 상자(배열)의 맨 앞에 데이터를 하나 더 넣을 수 있는 공간을 만들어 '히로'를 추가(저장)합니다. 원래 있던 데이터는 오른쪽으로 한 칸씩 이동하므로 '빌' 이후의 데이터 인덱스도 0 → 1, 1 → 2, 2 → 3처럼 한 칸씩 이동합니다. 3행을 실행하면 ["히로", "빌", "스티브", "일론"]이 출력됩니다.

▼ 그림 3-8 unshift 메서드를 이용한 데이터 추가의 이미지

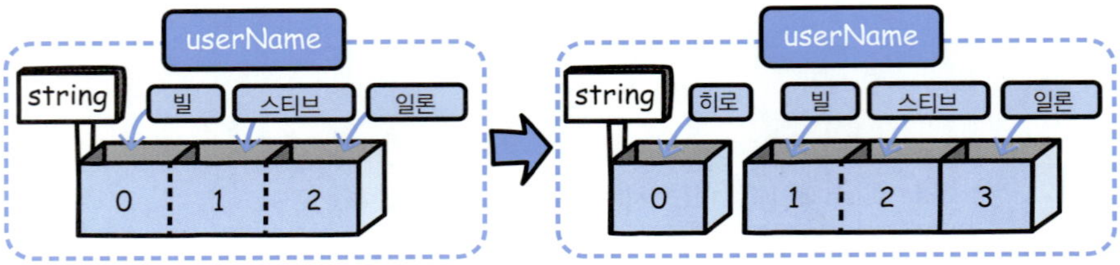

배열의 일부분을 추출해보자

slice 메서드를 사용하면 배열의 일부 데이터를 참조할 수 있습니다. slice 메서드는 원래의 데이터를 변경하지 않고 데이터를 참조하기 때문에 '비파괴적 조작'에 속하며, [구문 3-7]처럼 다양한 사용법이 있습니다.

구문 3-7 slice 메서드

```
배열명.slice(시작 인덱스);
배열명.slice(시작 인덱스, 추출 종료 위치);
```

[그림 3-9]에서 slice 메서드의 사용법을 확인해봅시다. 예를 들어 '빌', '스티브', '일론', '히로'라는 4개의 데이터가 저장된 배열 userName을 가정해봅시다.

[구문 3-7]의 **`배열명.slice(시작 인덱스)`**를 사용하면 지정한 시작 인덱스 이후의 데이터를 모두 가져옵니다. 따라서 `userName.slice(1)`은 인덱스 1 이후의 데이터인 '스티브', '일론', '히로'를 가져옵니다.

또한 **`배열명.slice(시작 인덱스, 추출 종료 위치)`**를 사용하려면 두 가지 조건을 지정해야 합니다. '시작 인덱스'는 어느 인덱스 위치에서 데이터를 조회할 것인지를 나타냅니다. '추출 종료 위치'에 '3'을 지정하면 처음부터 세 번째 위치까지 데이터를 가져옵니다. 인덱스는 0부터 계산하지만, '추출 종료 위치'는 1부터 계산하므로 주의해야 합니다. 따라서 `userName.slice(1, 3)`은 '스티브'와 '일론'을 가져옵니다.

이 설명에 대한 코드 예는 [리스트 3-13]과 같습니다.

▼ 그림 3-9 slice 메서드 이용 이미지

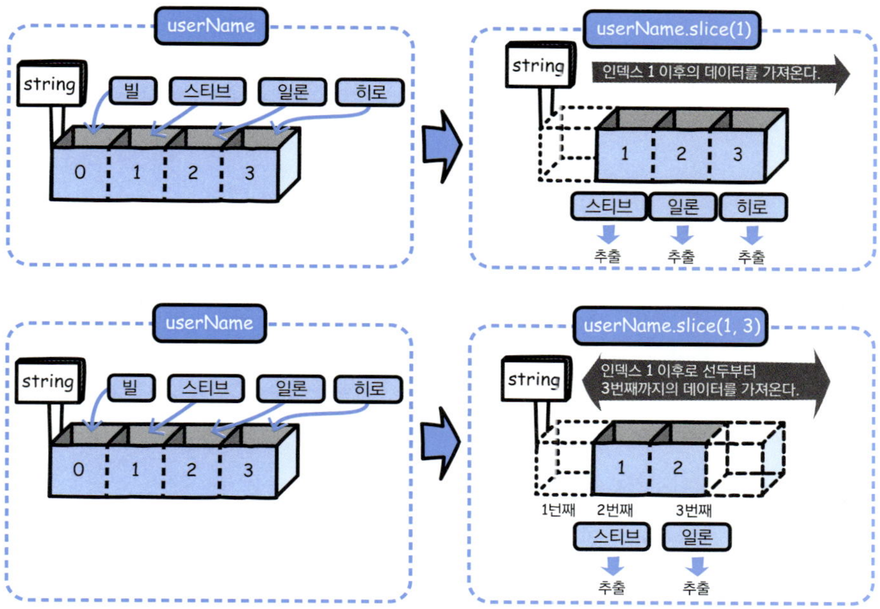

리스트 3-13 slice 메서드를 사용한 데이터 추출 예

```
let userName: string[] = ["빌", "스티브", "일론", "히로"];
console.log(userName.slice(1));      // ["스티브", "일론", "히로"]를 출력한다.
console.log(userName.slice(1, 3)); // ["스티브", "일론"]을 출력한다.
```

3.3 다차원 배열

keyword 다차원 배열

다차원 배열이란 무엇일까?

우리가 지금까지 배운 배열은 여러 개의 상자를 한 줄로 늘어놓은 형태로, 1차원 배열이라고 불립니다. 하지만 2차원 배열, 3차원 배열과 같은 다차원 배열도 존재합니다. 이번 절에서는 다차원 배열에 대해 알아보겠습니다.

먼저 2차원 배열의 이미지를 확인합시다. 1차원 배열은 가로 한 줄로 늘어선 반면, 2차원 배열은 [그림 3-10]처럼 세로 방향으로도 상자가 늘어선 모습입니다. 이는 물품 보관함이나 신발장을 생각하면 이해하기 쉽습니다.

학교의 신발장에서 '내 신발을 넣는 곳은 왼쪽에서 두 번째, 위에서 세 번째'와 같이 표현하듯이, 2차원 배열에서는 '○열 ○번째 데이터'와 같이 표현할 수 있습니다.

▼ 그림 3-10 2차원 배열의 이미지

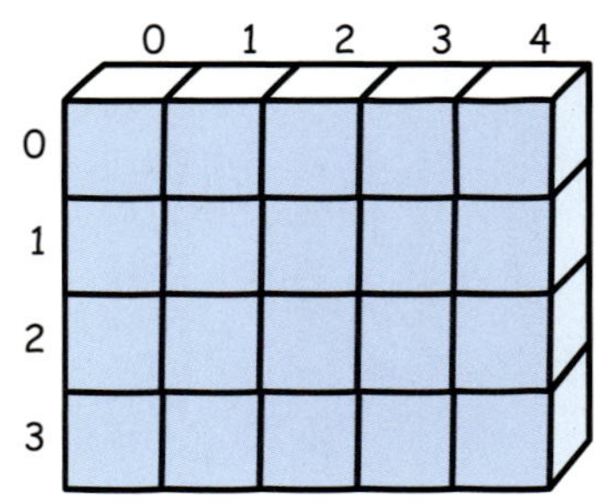

그렇다면 3차원 배열은 어떤 것일까요? 2차원 배열이 한 학급 분량의 신발장이라면 3차원 배열은 여러 학급 분량(예: 한 학년 분량)의 신발장이므로 가르, 세로 방향뿐만 아니라 깊이 방향의 데이터도 가지고 있는 이미지입니다(그림 3-11).

▼ 그림 3-11 3차원 배열의 이미지

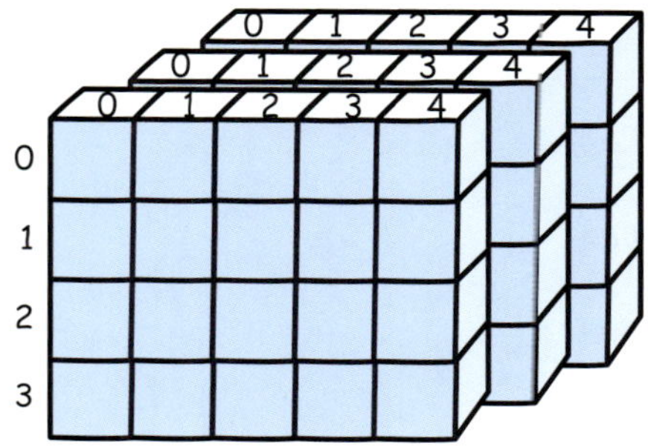

또한 4차원 배열을 이용하려는 경우에는 [그림 3-12]처럼 3차원 배열(한 학년 분량의 배열)이 여러 개 있는 것으로 생각하면 쉽게 이해할 수 있을 것입니다.

▼ 그림 3-12 4차원 배열의 이미지

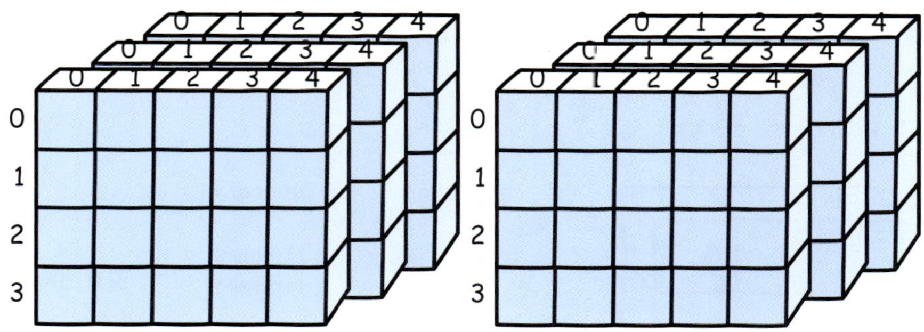

MEMO

다차원 배열의 개념은 1차원이 여러 개 모이면 2차원, 2차원이 여러 개 모이면 3차원과 같이, '○차원이 여러 개 모이면 ○+1차원 배열이 된다'는 것으로 기억합시다. 개발 현장에서 4차원 이상의 배열을 만드는 경우는 드뭅니다. 다차원 배열의 이미지를 잘 기억해둡시다.

다차원 배열을 선언해보자

다차원 배열을 이해했다면, [구문 3-8]로 2차원 배열을 선언해봅시다. 배열이 2차원임을 나타내기 위해 데이터 타입 뒤에 대괄호 [ ] 두 개를 붙입니다.

구문 3-8 2차원 배열의 선언

```
const 배열명: 데이터 타입[][] =
[
    [데이터, 데이터, 데이터, ...]
    // 생략
    [데이터, 데이터, 데이터, ...]
];
```

[그림 3-13], [리스트 3-14]는 2차원 배열을 선언하는 예입니다.

이 예에서는 2행 3열의 변수를 선언하고 있습니다. 1행에는 A, B, C의 신발이, 2행에는 D, E, F의 신발이 놓여 있습니다.

1차원 배열 ["A", "B", "C"]와 ["D", "E", "F"]를 쉼표로 구분하여 대괄호 [ ] 안에 써서 2차원 배열을 만들고 있습니다.

▼ 그림 3-13 2차원 배열 선언의 이미지

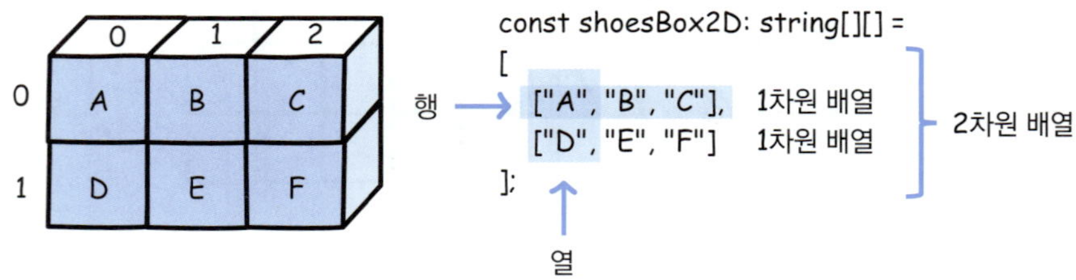

리스트 3-14 2차원 배열을 선언하는 예

```
const shoesBox2D: string[][] =
[
    ["A", "B", "C"],
    ["D", "E", "F"]
];
```

이어서 [구문 3-9]를 사용하여 3차원 배열을 선언해보겠습니다. 배열이 3차원임을 나타내기 위해 데이터 타입 뒤에 대괄호 [ ] 세 개를 써서 배열이 3차원임을 표시합니다.

구문 3-9 3차원 배열의 선언

```
const 배열명: 데이터 타입[][][] =
[
    [
        [데이터, 데이터, 데이터, ...],
        ...생략
        [데이터, 데이터, 데이터, 데이터, ...]
    ],
    [
        [데이터, 데이터, 데이터, ...],
        ...생략
        [데이터, 데이터, 데이터, 데이터, ...]
    ],
];
```

[그림 3-14], [리스트 3-15]는 3차원 배열을 선언하는 예입니다.

1차원 배열 ["A", "B", "C"]와 ["D", "E", "F"]를 조합한 2차원 배열과 1차원 배열 ["G", "H", "I"]와 ["J", "K", "L"]을 조합한 2차원 배열을 쉼표로 구분하여 대괄호 [ ] 안에 써서 3차원 배열을 만듭니다. 이렇게 다차원 배열을 만들 때는 1차원 배열을 조합하여 2차원 배열을 만들고, 2차원 배열을 조합하여 3차원 배열을 만드는 식으로 N차원 배열을 겹쳐서 고차원 배열을 만들 수 있습니다.

▼ 그림 3-14 3차원 배열을 선언하는 이미지

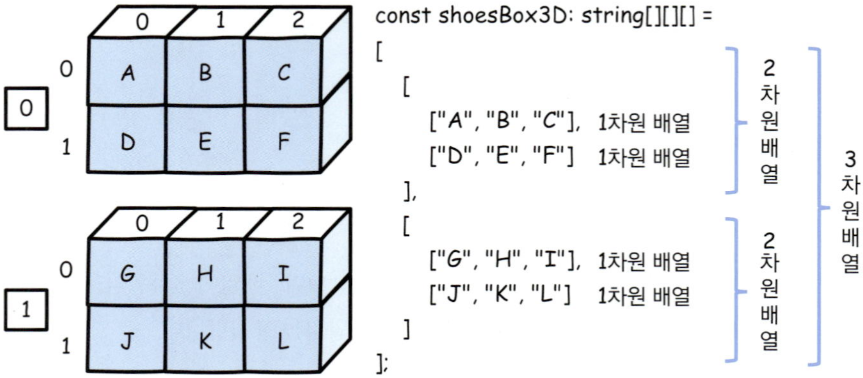

리스트 3-15 3차원 배열을 선언하는 예

```
const shoesBox3D: string[][][] =
[
    [
        ["A", "B", "C"],
        ["D", "E", "F"]
    ],
    [
        ["G", "H", "I"],
        ["J", "K", "L"]
    ]
];
```

다차원 배열의 값을 참조해보자

2차원, 3차원 등 다차원 배열의 값을 참조하는 방법을 알아보겠습니다.

먼저 2차원 배열의 값을 참조하는 방법을 살펴보겠습니다.

2차원 배열의 값을 참조하려면 [구문 3-10]을 사용합니다. 2차원 배열에 저장된 1차원 배열을 참조하거나, 2차원 배열의 개별 값을 참조할 수 있습니다.

구문 3-10 2차원 배열 참조

- 2차원 배열 내의 1차원 배열 참조
  배열명[행 인덱스]

- 2차원 배열 내 개별 값 참조
  배열명[행 인덱스][열 인덱스]

[그림 3-15]를 보면서 배열을 참조하는 방법을 살펴보겠습니다. 2차원 배열에 저장된 1차원 배열을 참조하려면 '배열명[행 인덱스]'를 사용합니다. 행 인덱스에는 0부터 시작하는 행 번호를 지정합니다. 첫 번째 행 ["A", "B", "C"]를 참조하려면 행 인덱스에 0을 지정하여 `shoesBox2D[0]`으로 참조할 수 있습니다. 개별 값을 조회하려면 "배열명[행 인덱스][열 인덱스]"를 사용합니다. "D"를 얻고 싶다면 행 인덱스가 '1'이고 열 인덱스가 '0'인 `shoesBox2D[1][0]`으로 참조할 수 있습니다.

[리스트 3-16]에서 2차원 배열의 값을 참조하는 예를 보여 줍니다. 2차원 배열 shoesBox2D에서 1차원 배열과 모든 개별 값을 하나씩 가져와 출력하고 있습니다.

▼ 그림 3-15 2차원 배열 참조의 이미지

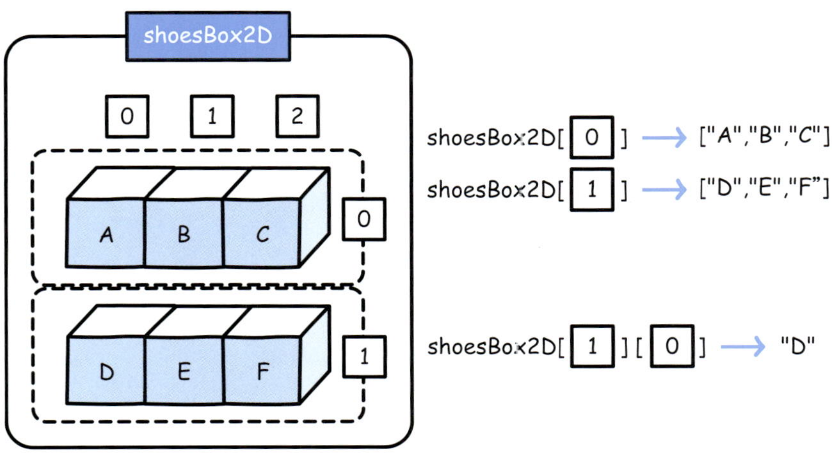

리스트 3-16 2차원 배열의 값을 참조하는 예

```
const shoesBox2D: string[][] =
[
    ["A", "B", "C"],
    ["D", "E", "F"]
];

console.log(shoesBox2D[0]); // ["A", "B", "C"]
console.log(shoesBox2D[1]); // ["D", "E", "F"]

console.log(shoesBox2D[0][0]); // "A"
console.log(shoesBox2D[0][1]); // "B"
console.log(shoesBox2D[0][2]); // "C"
console.log(shoesBox2D[1][0]); // "D"
console.log(shoesBox2D[1][1]); // "E"
console.log(shoesBox2D[1][2]); // "F"
```

다음으로 3차원 배열의 값을 참조하는 방법을 알아보겠습니다.

3차원 배열의 값을 참조하는 방법에는 [구문 3-11]과 같이 3차원 배열에 저장된 2차원 배열을 참조하는 방법, 3차원 배열에 저장된 1차원 배열을 참조하는 방법, 그리고 개별 값을 참조하는 방법이 있습니다.

구문 3-11 3차원 배열의 참조

- 3차원 배열 내 2차원 배열 참조
  배열명[2차원 인덱스]

- 3차원 배열 내 1차원 배열 참조
  배열명[2차원 인덱스][행 인덱스]

- 3차원 배열 내 값 참조
  배열명[2차원 인덱스][행 인덱스][열 인덱스]

[그림 3-16]은 앞 절에서 선언한 shoesBox3D를 이미지로 만든 것입니다. 이 그림을 보면서 3차원 배열의 참조 방법을 이해해봅시다.

이미 학습한 바와 같이 3차원 배열은 여러 개의 2차원 배열로 구성되어 있고, 2차원 배열은 1차원 배열로 이루어져 있습니다. 3차원 배열 안에 있는 2차원 배열에는 0부터 인덱스(이 책에서는 2차원 인덱스라고 부릅니다)가 부여되어 있습니다. [["A", "B", "C"]["D", "E", "F"]]는 2차원 인덱스가 0이고, [["G", "H", "I"]["J", "K", "L"]]은 2차원 인덱스가 1입니다. 따라서 `shoesBox3D[0]`을 사용하면 [["A", "B", "C"]["D", "E", "F"]]를 참조할 수 있습니다.

다음으로 3차원 배열 안에 있는 1차원 배열의 참조를 살펴보면, 2차원 인덱스가 0인 그룹에는 ["A", "B", "C"]와 ["D", "E", "F"]의 1차원 배열이 있고, 2차원 인덱스가 1인 그룹에는 ["G", "H", "I"]와 [""J", "K", "L"]의 1차원 배열이 있습니다. 따라서 ["D", "E", "F"]를 참조하려면 2차원 인덱스가 0이고 행 인덱스가 1인 `shoesBox3D[0][1]`을 지정합니다.

마지막으로 3차원 배열의 개별 값을 참조하는 방법을 살펴보겠습니다. 개별 값은 **배열명[2차원 인덱스][행 인덱스][열 인덱스]**로 참조할 수 있습니다. 따라서 "F"를 참조하고 싶다면 `shoesBox3D[0][1][2]`를 지정합니다.

[그림 3-16]의 3차원 배열 선언과 모든 값을 가져오는 예는 [리스트 3-17]에 나와 있습니다. [그림 3-16]을 보면서 코드를 작성하면 이해가 쉬울 것입니다.

▼ 그림 3-16 3차원 배열의 참조 이미지

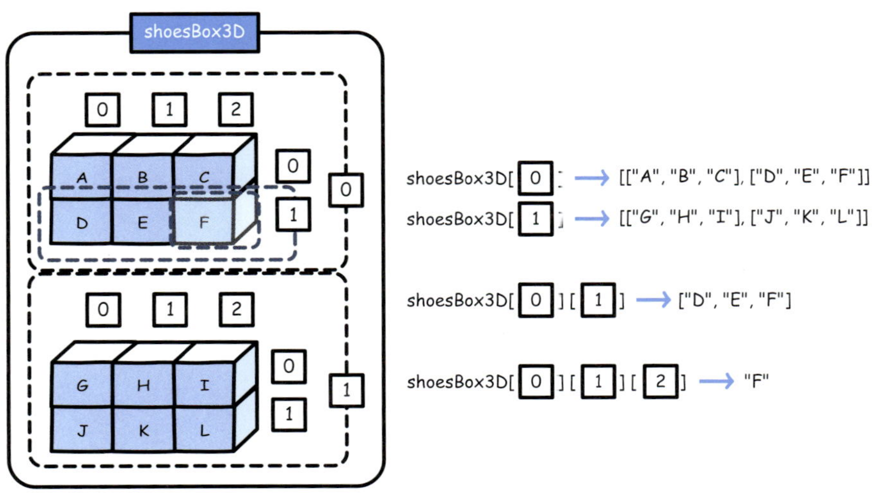

리스트 3-17 3차원 배열의 값을 참조하는 예

```
const shoesBox3D: string[][][] =
[
    [
        ["A", "B", "C"],
        ["D", "E", "F"]
    ],
    [
        ["G", "H", "I"],
        ["J", "K", "L"]
    ]
];

console.log(shoesBox3D[0]); // [["A", "B", "C"], ["D", "E", "F"]]
console.log(shoesBox3D[1]); // [["G", "H", "I"], ["J", "K", "L"]]

console.log(shoesBox3D[0][0]); // ["A", "B", "C"]]
console.log(shoesBox3D[0][1]); // ["D", "E", "F"]]

console.log(shoesBox3D[1][0]); // ["G", "H", "I"]
console.log(shoesBox3D[1][1]); // ["J", "K", "L"]]

console.log(shoesBox3D[0][0][0]); // "A"
console.log(shoesBox3D[0][0][1]); // "B"
console.log(shoesBox3D[0][0][2]); // "C"
console.log(shoesBox3D[0][1][0]); // "D"
console.log(shoesBox3D[0][1][1]); // "E"
console.log(shoesBox3D[0][1][2]); // "F"

console.log(shoesBox3D[1][0][0]); // "G"
console.log(shoesBox3D[1][0][1]); // "H"
console.log(shoesBox3D[1][0][2]); // "I"
console.log(shoesBox3D[1][1][0]); // "J"
console.log(shoesBox3D[1][1][1]); // "K"
console.log(shoesBox3D[1][1][2]); // "L"
```

다차원 배열 변수에 값을 대입해보자

[구문 3-12]처럼 배열의 인덱스를 지정하여 2차원 배열에 값을 대입할 수 있습니다.

구문 3-12 2차원 배열에 대입

- 2차원 배열 내 1차원 배열의 대입

```
배열명[행 인덱스] = 배열 리터럴
```

- 2차원 배열 내 값에 대입

```
배열명[행 인덱스][열 인덱스] = 값
```

[그림 3-17]을 보면서 값을 다시 쓰는(대입하는) 방법을 살펴봅시다.

▼ 그림 3-17 2차원 배열에 값을 대입하는 이미지

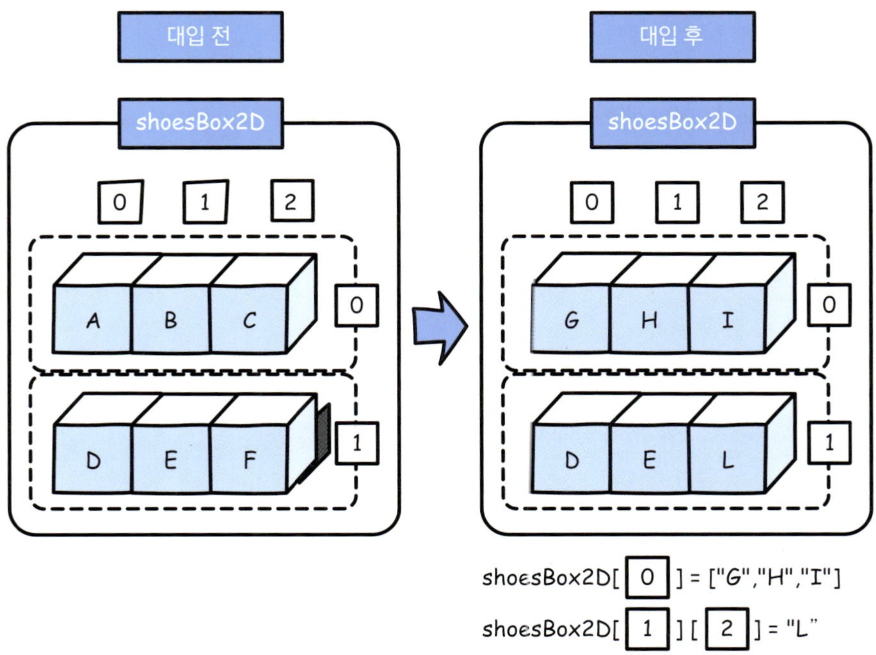

먼저 2차원 배열의 ["A", "B", "C"] 부분에 ["G", "H", "I"]를 대입하는 예는 [리스트 3-18]과 같습니다. ["A", "B", "C"] 부분은 행 인덱스가 0이므로 **shoesBox2D[0]**으로 표현할 수 있습니다. 이 **shoesBox2D[0]**의 오른쪽에 배열 리터럴 ["G", "H", "I"]을 적으면 대입할 수 있습니다(11행).

리스트 3-18 2차원 배열에 1차원 배열을 대입하는 예

```
01: const shoesBox2D: string[][] =
02: [
03:     ["A", "B", "C"],
04:     ["D", "E", "F"]
05: ];
06:
07: // 변경 전 값을 확인한다.
08: console.log(shoesBox2D[0]); // ["A", "B", "C"]
09:
10: // 대입한다.
11: shoesBox2D[0] = ["G", "H", "I"];
12:
13: // 변경된 값을 확인한다.
14: console.log(shoesBox2D[0]); // ["G", "H", "I"]
```

다음은 ["D", "E", "F"]의 "F"를 "L"로 바꾸는 예입니다.

"F" 부분의 행 인덱스는 1이고, 열 인덱스는 2입니다. 따라서 **shoesBox2D[1][2]**에 "L"을 대입하여 값을 바꿀 수 있습니다.

리스트 3-19 2차원 배열에 임의의 값을 대입하는 예

```
const shoesBox2D: string[][] =
[
    ["A", "B", "C"],
    ["D", "E", "F"]
];

```

```
// 변경 전 값을 확인한다.
console.log(shoesBox2D[1]); // ["D", "E", "F"]

// 대입한다.
shoesBox2D[1][2] = "L";

// 변경된 값을 확인한다.
console.log(shoesBox2D[1]); // ["D", "E", "L"]
```

이제 3차원 배열에 값을 대입하는 방법을 살펴보겠습니다. 3차원 배열에 값을 대입하는 방법에는 [구문 3-13]과 같이 세 가지 방법이 있습니다.

구문 3-13 3차원 배열에 대입

- 3차원 배열 내 2차원 배열의 대입

```
배열명[2차원 인덱스] = 2차원 배열 리터럴;
```

- 3차원 배열 내 1차원 배열의 대입

```
배열명[2차원 인덱스][행 인덱스] = 배열 리터럴;
```

- 3차원 배열 내 값에 대입

```
배열명[2차원 인덱스][행 인덱스][열 인덱스] = 값;
```

먼저 3차원 배열 내 2차원 배열 부분의 "A", "B", "C"와 "D", "E", "F" 부분을 다시 작성해봅시다(그림 3-18). 2차원 배열 부분의 재작성(대입)은 [구문 3-14]처럼 2차원 배열 리터럴을 지정합니다. 재작성할 부분은 2차원 인덱스가 0이므로 `shoesBox3D[0]`으로 표현할 수 있습니다. 2차원 배열 [["M", "N", "O"], ["P", "Q", "R"]]을 대입하려면 [리스트 3-20]의 16행처럼 지정하면 됩니다.

▼ 그림 3-18 3차원 배열에 값을 대입하는 이미지

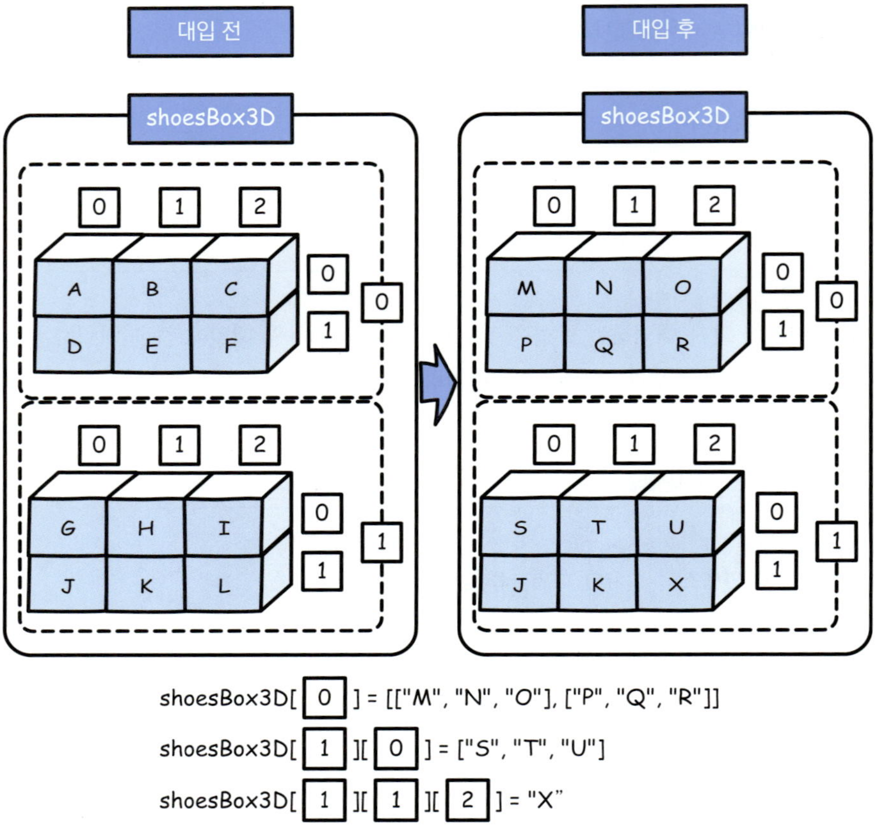

구문 3-14 2차원 배열 리터럴

```
[[값1, 값2, ... 값n], [값1, 값2, ... 값 n]]
```

리스트 3-20 3차원 배열 내에 2차원 배열을 대입하는 예

```
const shoesBox3D: string[][][] =
[
    [
        ["A", "B", "C"],
        ["D", "E", "F"]
    ],
    [
        ["G", "H", "I"],
        ["J", "K", "L"]
    ]
];
// 변경 전 값을 확인한다.
console.log(shoesBox3D[0]); // [["A", "B", "C"], ["D', "E", "F"]]

// 대입한다.
shoesBox3D[0] = [["M", "N", "O"], ["P", "Q", "R"]];

// 변경된 값을 확인한다.
console.log(shoesBox3D[0]); // [["M", "N", "O"], ["P", "Q", "R"]];
```

다음으로 3차원 배열 내의 1차원 배열 ["G", "H", "I"]에 ["S", "T", "U"]를 대입하려면 2차원 인덱스가 1, 행 인덱스가 0인 shoesBox3D[1][0]의 오른쪽에 배열 리터럴 ["S", "T", "U"]을 적으면 대입할 수 있습니다(리스트 3-21).

리스트 3-21 3차원 배열에 1차원 배열을 대입하는 예

```
const shoesBox3D: string[][][] =
[
    [
        ["A", "B", "C"],
        ["D", "E", "F"]
    ],
    [
        ["G", "H", "I"],
        ["J", "K", "L"]
    ]
```

```
];
// 변경 전 값을 확인한다.
console.log(shoesBox3D[1][0]); // ["G", "H", "I"]

// 대입한다.
shoesBox3D[1][0] = ["S", "T", "U"];

// 변경된 값을 확인한다.
console.log(shoesBox3D[1][0]); // ["S", "T", "U"]
```

마지막으로 "L"을 "X"로 바꾸는 예는 [리스트 3-22]와 같습니다.

"L" 부분은 2차원 인덱스가 1, 행 인덱스가 1, 열 인덱스가 2이므로 15행과 같이 shoesBox3D[1][1][2]에 "X"를 대입하여 값을 바꿀 수 있습니다.

리스트 3-22 3차원 배열에 임의의 값을 대입하는 예

```
01: const shoesBox3D: string[][][] =
02: [
03:     [
04:         ["A", "B", "C"],
05:         ["D", "E", "F"]
06:     ],
07:     [
08:         ["G", "H", "I"],
09:         ["J", "K", "L"]
10:     ]
11: ];
12: // 변경 전 값을 확인한다.
13: console.log(shoesBox3D[1][1][2]); // "L"
14:
15: shoesBox3D[1][1][2] = "X";
16:
17: // 변경된 값을 확인한다.
18: console.log(shoesBox3D[1][1][2]); // "X"
```

3.4

가변 배열

keyword 가변 배열

가변 배열이란 무엇일까?

가변 배열jagged array은 배열의 요소로 다른 배열을 갖는 배열을 의미합니다. 이는 다차원 배열의 한 종류로, 각 행에 서로 다른 수의 요소를 포함할 수 있습니다. 일반적으로 가변 배열은 각 행의 요소 수가 다를 때 사용됩니다.

예를 들어, 달력에서 1월부터 12월까지 각 달의 일수가 다르다는 것을 생각해보세요(그림 3-19). 이런 데이터를 배열로 표현하고 싶다면 가변 배열이 효과적입니다.

▼ 그림 3-19 달력의 예

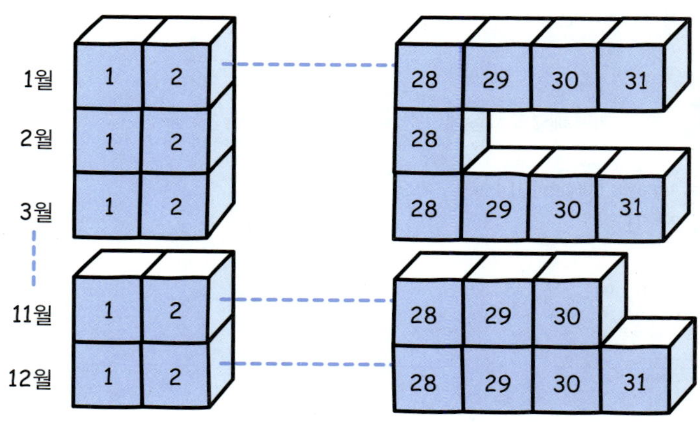

가변 배열을 선언해보자

가변 배열은 요소 수가 다른 1차원 배열이 여러 개 저장된 2차원 배열로 생각할 수 있습니다.

가변 배열을 선언하는 방법은 [구문 3-15]를 참조하면 됩니다. 2차원 배열과 마찬가지로 데이터 타입 뒤에 [ ][ ]를 쓰고, 초기값은 [ ] 안에 필요한 만큼의 배열 리터럴을 작성합니다. 배열 리터럴은 [구문 3-2]를 참고합니다.

구문 **3-15** 가변 배열의 선언

```
const 배열명: 데이터 타입[][] =
[
    배열 리터럴,
    // 생략
    배열 리터럴
]
```

[리스트 3-23]은 가변 배열의 선언 예를 보여줍니다. 배열 myArray는 [그림 3-20]과 같이 표현할 수 있습니다. myArray에는 세 개의 배열이 포함되어 있고, 각 배열은 서로 다른 수의 요소를 포함하고 있습니다. 예를 들어, 첫 번째 배열에는 세 개의 요소가 포함되어 있지만 두 번째 배열에는 두 개의 요소만 포함되어 있음을 알 수 있습니다.

리스트 **3-23** 가변 배열의 사용 예

```
const myArray: number[][] = [
    [1, 2, 3],
    [4, 5],
    [6, 7, 8, 9],
];
```

▼ 그림 3-20 가변 배열 이미지

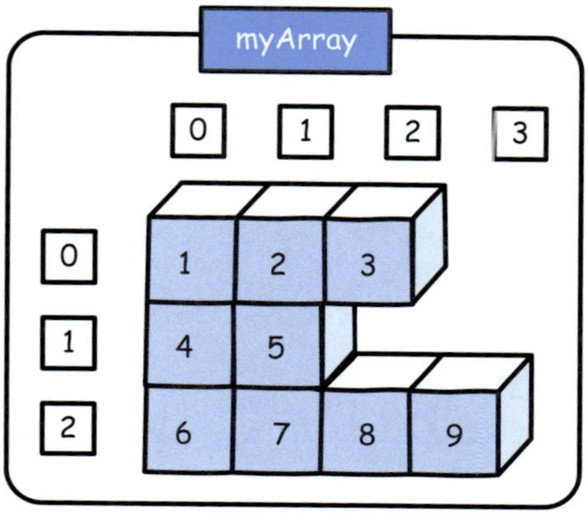

가변 배열의 값을 참조해보자

가변 배열의 값 참조는 2차원 배열과 동일합니다(구문 3-16).

구문 3-16 가변 배열 참조

- 가변 배열 내 1차원 배열의 참조
  배열명[행 인덱스]
- 가변 배열 내 값의 참조
  배열명[행 인덱스][열 인덱스]

앞서 선언한 가변 배열 myArray의 값을 참조하는 예는 [리스트 3-24]와 같습니다. 7행은 가변 배열의 두 번째 열(인덱스가 0)을 참조하므로 [4, 5]가 출력됩니다. 또한 8행에서는 행 인덱스가 2, 열 인덱스가 3인 값을 참조하므로 9가 출력됩니다.

리스트 **3-24** 가변 배열 참조 예

```
const myArray: number[][] = [
    [1, 2, 3],
    [4, 5],
    [6, 7, 8, 9]
];

console.log(myArray[1]);    // [4, 5]
console.log(myArray[2][3]); // 9
```

가변 배열 변수에 값을 대입해보자

가변 배열에 값을 대입하는 경우도 2차원 배열에 대입하는 경우와 동일합니다(구문 3-17).

구문 **3-17** 가변 배열에 값 대입

- 가변 배열 내 1차원 배열의 대입

```
배열명[행 인덱스] = 배열 리터럴
```

- 가변 배열 내 값에 대입

```
배열명[행 인덱스][열 인덱스] = 값
```

앞서 선언한 가변 배열 myArray에 값을 대입하는 예는 [리스트 3-25], [그림 3-21]과 같습니다. 이 예에서는 [4, 5]에 [10, 11]을 대입하고, 9에 12를 대입하고 있습니다.

리스트 3-25 가변 배열에 대입하는 예

```
const myArray: number[][] = [
    [1, 2, 3],
    [4, 5],
    [6, 7, 8, 9]
];

// 변경 전 값을 확인한다.
console.log(myArray[1]);    // [4, 5]
console.log(myArray[2][3]); // 9

// 재대입한다.
myArray[1] = [10, 11];
myArray[2][3] = 12;

// 변경된 값을 확인한다.
console.log(myArray[1]);    // [10, 11]
console.log(myArray[2][3]); // 12
```

▼ **그림 3-21** 가변 배열에 값을 대입하는 이미지

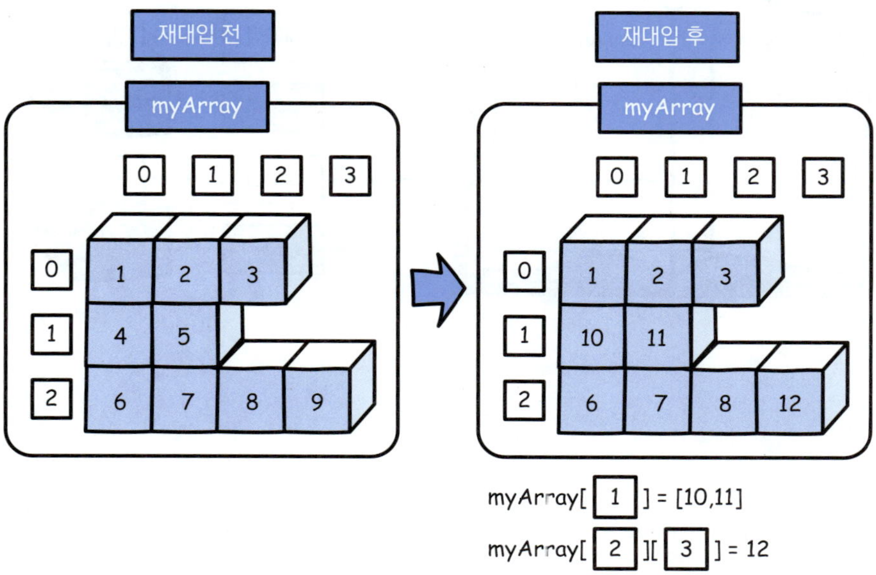

3.5 연관 배열

keyword 연관 배열, 키

연관 배열이란 무엇일까?

배열의 인덱스는 숫자로 표현되지만, 연관 배열associative array[21]은 인덱스 대신 문자열이나 다른 값을 사용하며 이를 **키**key라고 부릅니다. 키와 데이터를 쌍으로 관리하는 친숙한 예는 사전입니다. 사전에서 찾으려는 단어가 '키'이고, 그 단어에 대한 설명이 '데이터'입니다(그림 3-22).

▼ **그림 3-22** 연관 배열의 이미지

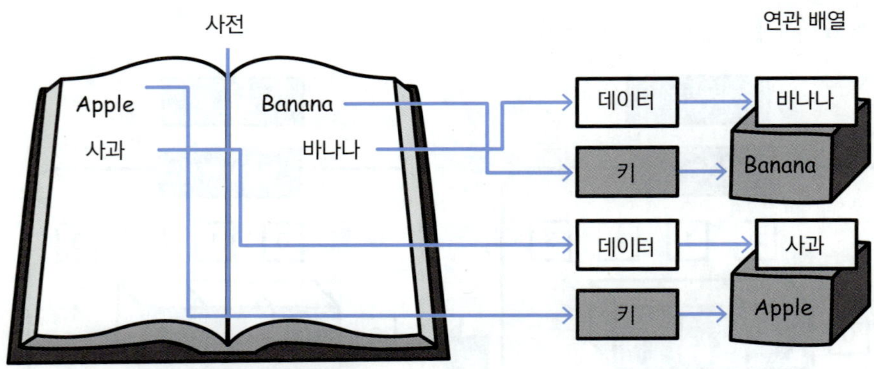

21 옮긴이_ 자료구조의 하나로, 키 하나와 값 하나가 연관되어 있으며 키를 통해 연관되는 값을 얻을 수 있습니다. 연상 배열, 결합형 배열, 맵(map), 사전(dictionary)이라고 부릅니다.

연관 배열을 선언해보자

연관 배열을 선언하려면 [구문 3-18]을 사용합니다. 사용 예는 [리스트 3-26]과 같습니다. 이 예에서는 fruits라는 연관 배열을 선언하고 초기값으로 과일 이름과 한글 번역을 대입합니다.

구문 3-18 연관 배열의 선언

```
const 연관 배열명: { [key: 키의 데이터 타입]: 요소의 데이터 타입 } =
{
    key1: 요소1,
    // 생략
    keyN: 요소N
};
```

리스트 3-26 연관 배열의 선언 예

```
const fruits: { [key: string]: string } = {
  Apple: "사과",
  Banana: "바나나",
  Orange: "오렌지",
};
```

연관 배열의 값을 참조해보자

연관 배열의 값을 참조하려면 [구문 3-19]를 사용합니다. 모든 값을 참조하려면 배열명을 쓰고, 특정 값을 참조하려면 배열명에 키를 지정합니다.

구문 3-19 연관 배열 참조

- 모든 값을 참조

  배열명

- 임의의 값을 참조

  배열명[키명]

[그림 3-23]과 [리스트 3-27]을 보면서 연관 배열의 참조 방법을 살펴봅시다. 'fruits'라고 쓰면 연관 배열의 모든 내용을 참조할 수 있습니다. 또한 fruits["Apple"]이라고 쓰면 '사과' 값을 참조할 수 있습니다.

▼ 그림 3-23 연관 배열의 참조 이미지

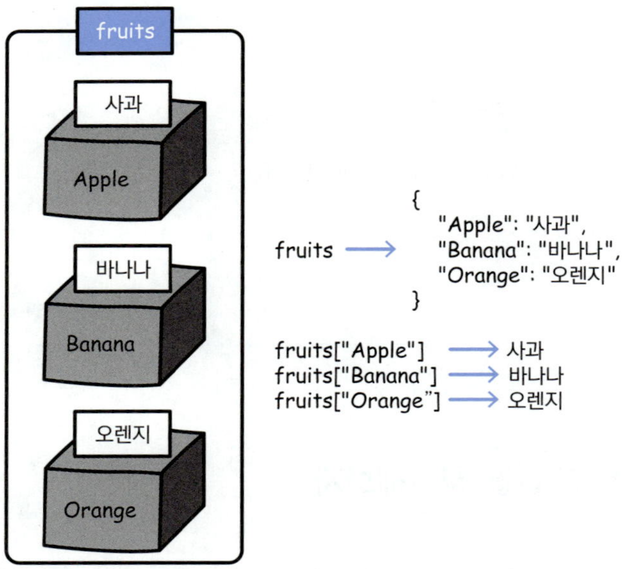

리스트 3-27 연관 배열의 참조 예

```
const fruits: { [key: string]: string } = {
  Apple: "사과",
  Banana: "바나나",
```

```
  Orange: "오렌지",
};

console.log(fruits); // {"Apple": "사과", "Banana": "바나나", "Orange": "오렌지"}
console.log(fruits["Apple"]);  // "사과"
console.log(fruits["Banana"]); // "바나나"
console.log(fruits["Orange"]); // "오렌지"
```

연관 배열 변수에 값을 대입해보자

연관 배열에 값을 대입하려면 [구문 3-20]을 사용합니다.

대입하는 예는 [리스트 3-28], [그림 3-24]와 같습니다. 이 예에서는 "Orange" 키에 "귤"을 대입합니다.

구문 **3-20** 연관 배열에 대입

```
배열명[키명] = 값
```

리스트 **3-28** 연관 배열에 값을 대입하는 예

```
const fruits: { [key: string]: string } = {
  Apple: "사과",
  Banana: "바나나",
  Orange: "오렌지",
};

// 변경 전 값을 확인한다.
console.log(fruits["Orange"]); // "오렌지"

// 대입한다.
fruits["Orange"] = "귤";

console.log(fruits["Orange"]); // "귤"
```

▼ 그림 3-24 연관 배열에 값을 대입하는 이미지

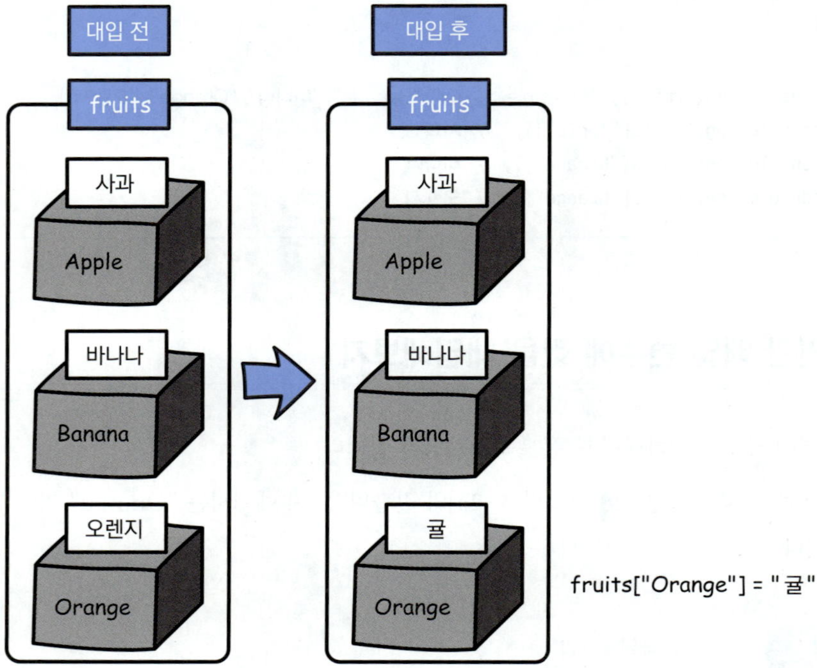

COLUMN | 연관 배열의 활용 사례

연관 배열의 예로 사전을 설명했습니다만, 다른 활용 사례로는 데이터베이스의 데이터나 애플리케이션의 설정 정보를 관리하는 경우 등이 있습니다.

예를 들어, 앱의 설정 정보에서 `Settings["DarkMode"] = "On";`과 같이 다크 모드[22]설정을 관리할 수 있고, 데이터베이스의 경우 `데이터["컬럼명"] = 값`과 같이 이용할 수 있습니다.

---

22 옮긴이_ 다크 모드(dark mode), 다크 테마(dark theme), 블랙 모드(black mode), 나이트 모드(night mode)는 밝은 색의 텍스트, 아이콘, 그래픽 사용자 인터페이스 요소들을 어두운 배경 위에 사용하는 컬러 스킴(color scheme)으로, 컴퓨터 사용자 인터페이스 디자인과 웹 디자인 면에서 자주 논의되는 모드입니다. 현대의 수많은 웹 사이트와 운영체제는 사용자에게 선택적 다크 모드를 제공하고 있습니다.

3.6

배열 조작의 응용

keyword concat, join, sort, reverse

배열을 조작하는 편리한 기능을 익히자

[표 3-1]처럼 배열 자체를 다루는 편리한 기능(메서드)이 있습니다. 이미 '3.2 배열 조작'에서 push, unshift, slice를 설명했으니, 이 절에서는 다른 데서드들을 살펴보겠습니다.

▼ 표 3-1 배열의 조작 기능

기능	설명
push	배열 끝에 요소를 추가합니다.
pop	배열 끝의 요소를 삭제하고 반환합니다.
shift	배열 처음의 요소를 삭제하고 반환합니다.
unshift	배열 처음에 요소를 추가합니다.
splice	배열의 특정 위치에서 요소를 삭제하거나 삽입합니다.
slice	배열의 일부분을 새 배열로 반환합니다.
concat	여러 배열을 연결하여 새 배열을 생성합니다.
join	배열의 모든 요소를 문자열로 연결하여 반환합니다.
reverse	배열의 요소를 역순으로 정렬합니다.
sort	배열의 요소를 지정된 순서대로 정렬합니다.
indexOf	특정 요소가 처음 나타난 위치의 인덱스를 반환합니다. 없으면 -1을 반환합니다.
include	특정 요소가 배열에 있는지 판단하여 true 또는 false를 반환합니다.
filter	배열의 요소를 필터링하여 새로운 배열을 성성합니다.
map	배열의 요소를 변환하여 새 배열을 생성합니다.
reduce	배열의 요소를 하나의 값으로 합칩니다.

배열의 데이터를 삭제해보자

배열 내의 데이터를 삭제하고 새로운 배열을 생성하는 방법으로 pop, shift, splice가 있습니다. 각각의 사용법을 알아봅시다.

pop 메서드와 shift 메서드의 사용법을 [그림 3-25]에 정리했습니다. 예를 들어 myArray라는 배열에 0, 1, 2, 3, 4라는 5개의 숫자가 저장되어 있을 때, pop을 실행하면 배열의 마지막 요소인 4가 제거되어 myArray는 0, 1, 2, 3이 됩니다. 그리고 shift를 실행하면 배열의 첫 번째 요소 0이 제거되어 myArray는 1, 2, 3이 됩니다.

▼ 그림 3-25 pop과 shift의 사용 이미지

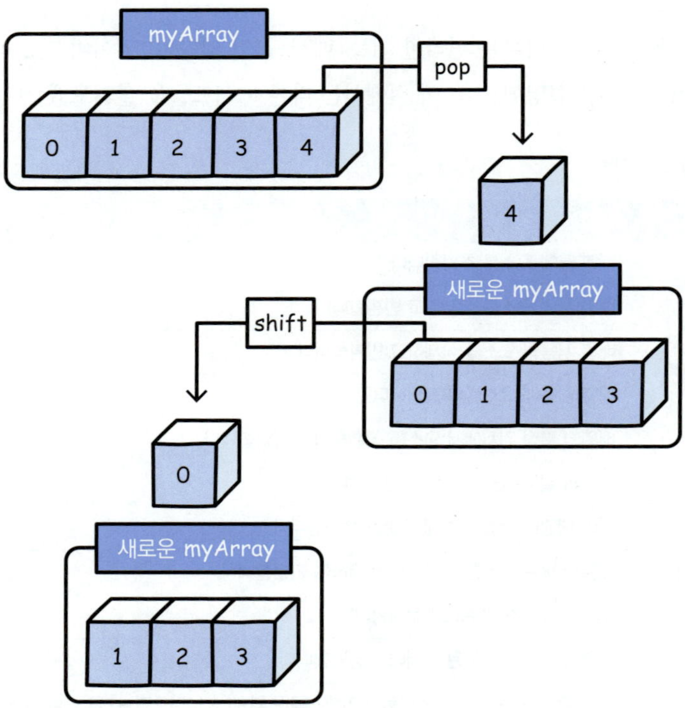

pop과 shift는 [구문 3-21], [구문 3-22]처럼 사용합니다. 코드 예는 [리스트 3-29]에 있습니다.

구문 **3-21** pop 메서드

```
변수 = 배열명.pop()
```

구문 **3-22** shift 메서드

```
변수 = 배열명.shift()
```

리스트 **3-29** pop 메서드와 shift 메서드 사용 예

```
const myArray: number[] = [0, 1, 2, 3, 4];

// 변경 전의 myArray
console.log(myArray); // [0, 1, 2, 3, 4];

// pop 실행
const lastElement = myArray.pop();
console.log(`pop으로 꺼낸 값은 ${lastElement} `); // pop으로 꺼낸 값은 4
console.log(myArray); // [0, 1, 2, 3];

const firstElement = myArray.shift();
console.log(`shift로 꺼낸 값은 ${firstElement} `); // shift로 꺼낸 값은 0
console.log(myArray); // [1, 2, 3]
```

이어서 splice 메서드의 사용법을 살펴봅시다.

splice 메서드는 [구문 3-23]처럼 배열의 특정 위치에서 값을 제거하거나 추가할 수 있는 편리한 메서드입니다.

값을 제거할 때는 '삭제 시작 위치'와 '삭제할 값의 수'를 지정합니다.

값을 추가할 때는 '삽입 시작 위치'와 '삽입할 데이터'를 지정합니다. 두 번째 인수가 0 이하일 경우, splice 메서드는 값을 추가하는 기능을 실행합니다.

구문 3-23 splice 메서드

- 값 삭제

```
변수 = 배열명.splice(삭제 시작 위치, 삭제할 값의 수);
```

- 값 추가

```
변수 = 배열명.splice(삽입 시작 위치, 0, 삽입할 데이터);
```

splice 메서드의 사용 예는 [리스트 3-30]에, 이미지는 [그림 3-26]에 나와 있습니다. 먼저 myArray라는 배열을 0, 1, 2, 3, 4, 5로 초기화하고 있습니다.

▼ 그림 3-26 splice 메서드 사용 이미지

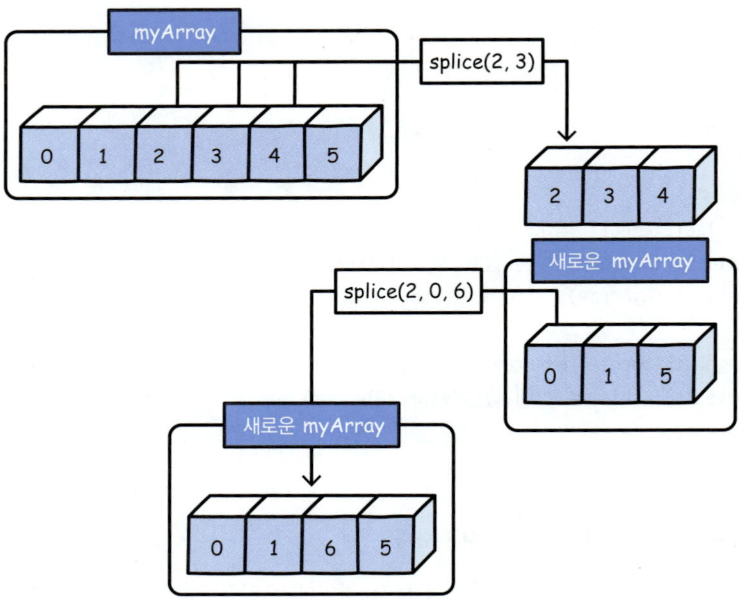

7행의 splice 메서드는 인수가 두 개밖에 없으므로 값 삭제 기능을 실행합니다.

삭제 시작 위치에 '2'를, 삭제 개수에 '3'을 지정하여 배열에서 2, 3, 4의 세 값이 삭제됩니다.

splice 메서드로 값을 삭제하면, 삭제한 값을 반환하므로 10행에는 [2, 3, 4]가 출력됩니다.

15행의 splice 메서드는 인수가 세 개이므로 값 삽입 기능을 실행합니다.

삽입 시작 위치에 '2', 삽입할 데이터로 '6'을 지정하여 배열의 내용은 [0, 1, 6, 5]가 됩니다.

리스트 3-30 splice 메서드의 사용 예

```
const myArray: number[] = [0, 1, 2, 3, 4, 5];

// 변경 전 배열을 표시한다.
console.log(myArray); // [0, 1, 2, 3, 4, 5];

// 인덱스 2의 위치에서 세 개의 요소를 삭제한다.
const deletedElements = myArray.splice(2, 3);

// 삭제한 요소를 출력한다.
console.log(deletedElements); // [2, 3, 4]
// 변경된 배열 표시
console.log(myArray); // [0, 1, 5]

// 인덱스 2의 위치에 '6'을 삽입한다.
myArray.splice(2, 0, 6);
// 변경된 배열을 표시한다.
console.log(myArray); // [0, 1, 6, 5];
```

배열의 값을 연결하여 새로운 배열이나 문자열을 만들자

두 개 이상의 배열을 연결하여 새로운 배열을 만들려면 concat 메서드를 사용하고, 배열의 모든 요소를 문자열로 연결하려면 join 메서드를 사용합니다.

먼저 concat 메서드 사용법을 살펴봅시다. concat 메서드는 [구문 3-24]를 사용해 ( ) 안에는 연결하고자 하는 배열을 쉼표로 구분해 지정합니다.

[그림 3-27]은 concat 메서드 사용 예로, array1, array2, array3이라는 배열에 각각 [1, 2, 3], [4, 5, 6], [7, 8, 9]가 저장되어 있습니다. array1의 concat 메서드의 ( ) 안에 array2와 array3를 적으면 [1, 2, 3, 4, 5, 6, 7, 8, 9]라는 새로운 배열이 생성됩니다. 코드 예는 [리스트 3-31]과 같습니다.

구문 3-24 concat 메서드

```
변수명 = 배열명.conncat(배열1, 배열2, 배열N)
```

▼ 그림 3-27 concat 메서드의 사용 이미지

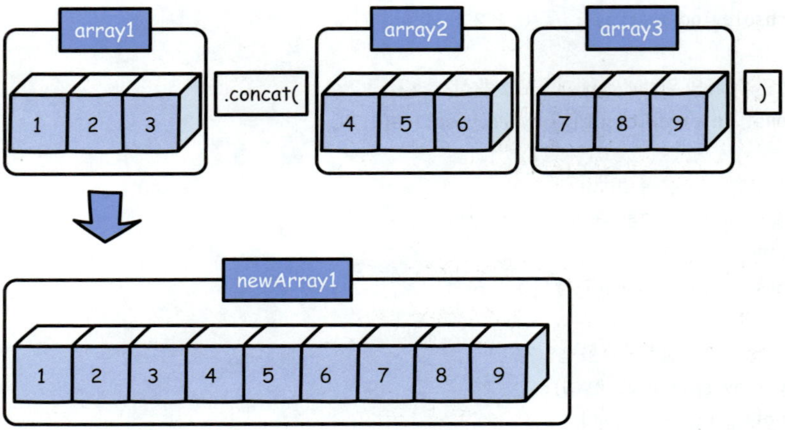

리스트 3-31 concat 메서드의 사용 예

```
const array1: number[] = [1, 2, 3];
const array2: number[] = [4, 5, 6];
const array3: number[] = [7, 8, 9];

const newArray = array1.concat(array2, array3);

console.log(newArray); // [1, 2, 3, 4, 5, 6, 7, 8, 9]
```

다음으로 join 메서드의 사용법을 살펴봅시다. join 메서드는 [구문 3-25]를 사용하며, ( ) 안에는 배열의 각 요소를 연결할 문자열을 지정합니다.

join 메서드의 사용 이미지는 [그림 3-28]에 정리했습니다. 배열 array에는 'H', 'E', 'L', 'L', 'O'가 저장되어 있습니다. join 메서드의 ( ) 안에 '–'를 써서, 모든 요소를 '–'로 연결하여 'H–E–L–L–O'라는 문자열을 생성합니다. 코드 예는 [리스트 3-32]와 같습니다.

구문 3-25 join 메서드

```
변수 = 배열명.join("연결 문자열")
```

▼ 그림 3-28 join 메서드 사용 이미지

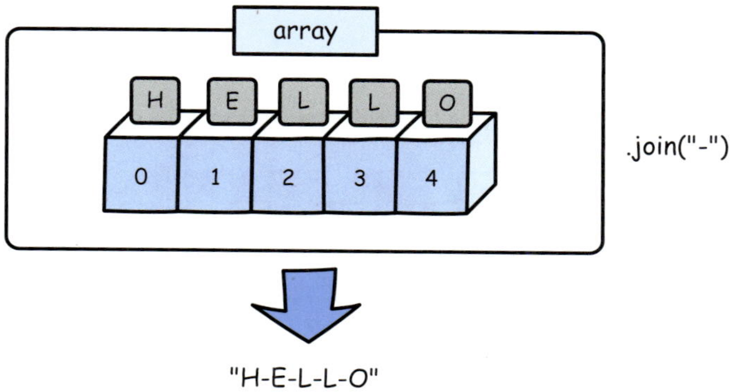

리스트 3-32 join 메서드의 사용 예

```
const array: string[] = ["H", "E", "L", "L", "O"];
const newArray = array.join("-");

console.log(newArray); // "H-E-L-L-O"
```

배열을 정렬해보자

배열을 지정된 순서대로 정렬하려면 sort 메서드를 사용하고, 배열의 요소를 역순으로 정렬하려면 reverse 메서드를 사용합니다.

sort 메서드는 [구문 3-26]처럼 사용합니다.

[그림 3-29]는 sort 메서드의 사용 이미지를 보여줍니다. array 안에 [4, 3, 1, 2, 5]가 저장되어 있을 때 sort()를 실행하면 오름차순(작은 것부터)으로 정렬되어, array가 [1, 2, 3, 4, 5]

로 정렬됩니다. 코드 예는 [리스트 3-33]과 같습니다.

구문 **3-26** sort 메서드

```
배열명.sort()
```

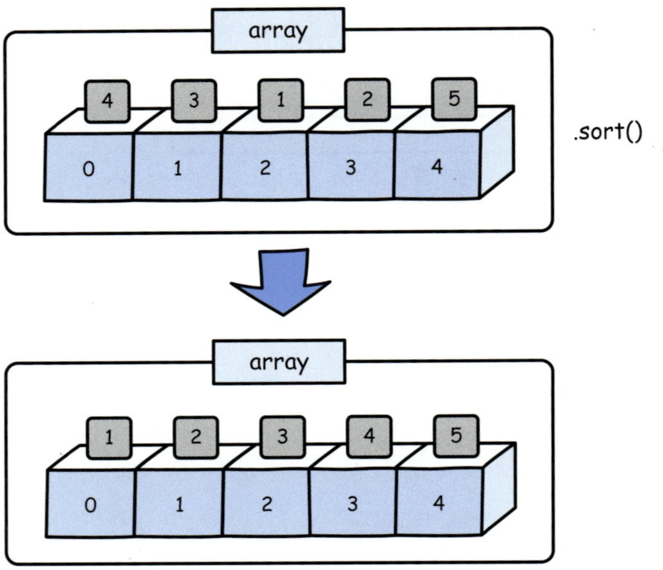

▼ 그림 3-29 sort 메서드의 사용 이미지

리스트 **3-33** sort 메서드의 사용 예

```
const array: number[] = [4, 3, 1, 2, 5];

array.sort();
console.log(array); // [1, 2, 3, 4 ,5]
```

마지막으로 reverse 메서드는 [구문 3-27]처럼 사용합니다.

reverse 메서드의 사용 예는 [리스트 3-34]에, 이미지는 [그림 3-30]에 나와 있습니다.

array 안에 ["A", "B", "C"]가 저장되어 있을 때 reverse()를 실행하면 ["C", "B", "A"]로 역순 정렬됩니다. 다시 실행하면 다시 역순으로 정렬되어 원래 배열 ["A", "B", "C"]로 재작성됩니다.

구문 3-27 reverse 메서드

```
배열명.reverse()
```

리스트 3-34 reverse 메서드의 사용 예

```
const array: string[] = ["A", "B", "C"];

array.reverse();
console.log(array); // ["C", "B", "A"]

array.reverse();
console.log(array); // ["A", "B", "C"]
```

▼ **그림 3-30** reverse 메서드의 사용 이미지

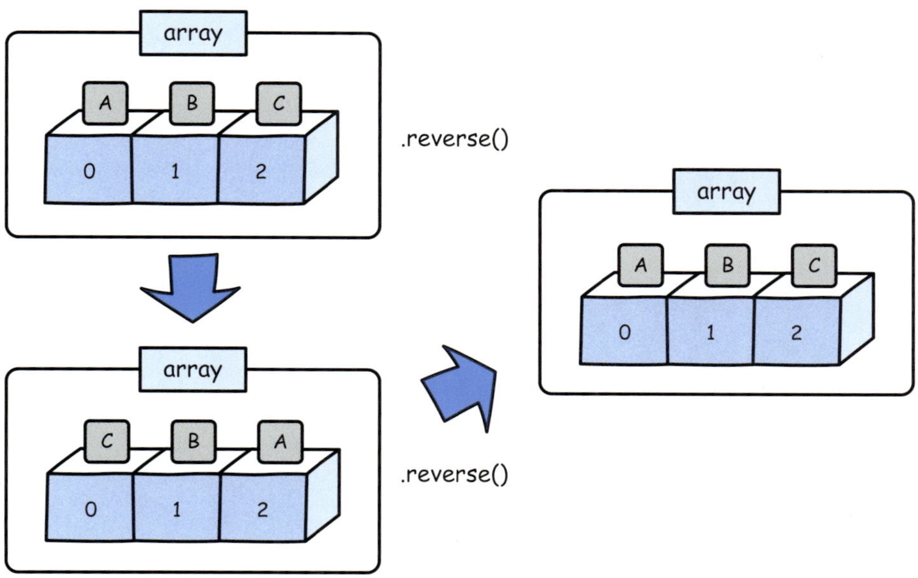

POINT

배열의 sort 메서드와 reverse 메서드는 둘 다 배열 요소의 순서를 바꾸는 기능이 있습니다. 하지만 sort 메서드는 작은 것부터 순서대로 정렬하는 반면, reverse 메서드는 현재 배열의 요소를 역순으로 정렬합니다. 이 두 메서드의 목적이 다르므로, 어떤 정렬 방식을 원하는지 잘 확인하여 적절한 메서드를 사용합시다.

COLUMN | VSCode에서 코드를 작성할 때 발생하는 오류 메시지

VSCode에서 여러 개의 TypeScript 파일을 작성하다 보면, 코드에 오류가 없는데도 변수나 함수에 빨간 줄이 표시되어 마우스를 가져다 대면 오류 메시지가 나타나는 경우가 있습니다.

예를 들어, 변수 x에 빨간 줄이 표시되고 "블록 범위 변수 'x'을(를) 다시 선언할 수 없습니다."라는 메시지가 표시될 수 있습니다(그림 3-A).

▼ 그림 3-A 오류 메시지

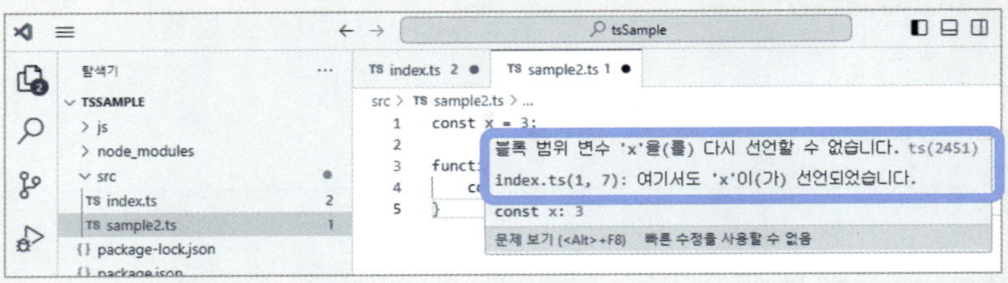

이는 다른 파일에서 동일한 이름의 변수가 선언되어 있기 때문입니다.

함수의 경우도 비슷합니다. 다른 파일에서 동일한 이름의 함수가 선언되어 있으면 '중복된 함수 구현입니다.'라는 메시지가 표시됩니다.

이런 오류 메시지를 피하려면 파일의 내용 전체를 중괄호 { }로 묶어, 선언한 변수나 함수의 범위를 블록 스코프[block-scope]로 제한하는 방법이 있습니다(블록 스코프에 대한 설명은 7장에서 확인할 수 있습니다).

```
// 다른 파일 내의 선언을 피하기 위해 첫 번째 줄부터 마지막 줄까지 { }로 묶는다.
{
  const x = 3;
  function SayHello() {
    console.log("Hello");
  }
}
```

확인 문제

문제 3-1

다음 요소를 가진 배열을 작성해 콘솔에 출력하세요.

```
1, 2, 3, 4, 5
```

문제 3-2

아래 배열에서 apple을 가져와 콘솔에 출력하세요.

```
const fruits = ['banana', 'orange', 'apple', 'grape'];
```

문제 3-3

다음 요소를 가진 2차원 배열을 생성하여 콘솔에 출력하세요.

```
1, 2, 3
4, 5, 6
```

제 4 장

연산자

4.1 연산자

4.2 산술 연산자

4.3 대입 연산자

4.4 비트 시프트 연산자

4.5 비교 연산자

4.6 논리 연산자

4.7 문자열 연결 연산자

연산자는 프로그램에서 숫자나 문자열 등의 값을 조작하는 데 사용되는 특별한 기호입니다. TypeScript나 JavaScript와 같은 프로그래밍 언어에서는 연산자를 사용하여 숫자를 더하거나 곱하고, 문자열을 합치고, 논리적인 연산을 할 수 있습니다. 이러한 연산자들은 프로그램을 효율적으로 만드는 데 중요하며, 제대로 사용하면 프로그램의 품질과 성능을 높일 수 있습니다. 이 장에서는 이 연산자들에 대해 배웁니다.

4.1 연산자

keyword 연산, 연산자, 피연산자, 식, 평가

연산자란 무엇일까?

연산이란 프로그램에서 데이터를 가공하는 과정을 말합니다. 프로그램에서는 여러 종류의 데이터 타입(숫자, 문자열, 진리값[1], 객체 등)을 사용하는데, 이러한 데이터 타입에 대해 연산을 실행하면 새로운 값을 만들거나 기존의 값을 바꿀 수 있습니다.

연산할 때 사용하는 기호를 **연산자**라고 합니다. 연산자는 숫자 더하기, 빼기, 곱하기, 나누기, 문자열 합치기, 비교(같은지, 큰지, 작은지) 등 다양한 연산을 할 수 있게 해줍니다.

이미 배운 연산자 중에는 '=' 기호를 쓴 대입 연산자가 있습니다. 이 대입 연산자 '='를 예로 들어 연산자가 어떻게 동작하는지 자세히 알아봅시다.

[그림 4-1]의 'x+y'에서 '+'는 연산자이고, x와 y는 **피연산자**입니다. 'x+y' 전체를 식이라고 부르며, 식에서 결과를 내는 것을 '식을 평가한다'고 합니다.[2]

1 옮긴이_ 진리값(truth value)은 논리학의 용어로, 어느 명제의 내용이 참인지 거짓인지를 나타내는 값입니다. 영어의 True와 False를 따라 T는 참, F는 거짓으로 나타내기도 합니다. 진위값, 논리값(logical value)이라고도 합니다.

2 옮긴이_ 연산이란 컴퓨터가 숫자를 더하거나, 글자를 합치거나, 비교하는 등의 작업을 실행하는 것을 의미합니다. 이는 마치 우리가 계산기를 사용하여 숫자를 더하거나 빼는 것과 유사합니다. 연산자는 이러한 연산을 실행할 때 사용되는 기호입니다. 예를 들어, 덧셈에 사용되는 '+' 기호나 곱셈에 사용되는 '×' 기호와 같은 것들이 있습니다. 컴퓨터에서는 이러한 연산자들을 활용하여 다양한 계산을 실행하게 됩니다. 연산자를 요리 레시피의 조리법에, 데이터를 요리 재료에 비유할 수 있습니다. 그리고 식은 연산자와 데이터를 조합한 전체 요리 레시피에 해당하며, 식을 평가하는 것은 요리를 완성하는 것, 즉 식을 계산하여 결과를 얻는 과정으로 이해할 수 있습니다.

▼ 그림 4-1 연산자와 피연산자

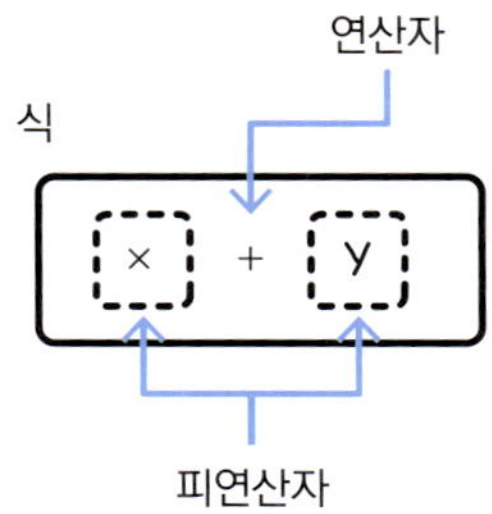

TypeScript는 JavaScript의 타입 체계를 확장한 언어이므로, JavaScript에서 사용하는 모든 연산자를 지원합니다.

[표 4-1]은 TypeScript에서 주로 사용하는 연산자의 예입니다.

▼ 표 4-1 TypeScript에서 주로 사용하는 연산자

연산자	설명
산술 연산자	더하기, 곱하기 등의 산술 연산을 실행합니다.
대입 연산자	변수에 값을 대입합니다.
비트 연산자	2진수로 표현된 숫자에 대해 비트 단위 연산을 실행합니다.
비교 연산자	두 값이 같은지, 큰지, 작은지 등을 비교합니다.
논리 연산자	참과 거짓의 값을 이용해 논리 연산을 실행합니다.
문자열 연결 연산자	여러 문자열을 합쳐 새로운 문자열을 만듭니다.

다음 절부터는 각 연산자의 사용법을 설명합니다.

4.2

산술 연산자

keyword 산술 연산자, 이항 연산자, 단항 연산자, 증가, 감소

산술 연산자란 무엇일까?

산술 연산자는 숫자를 계산할 때 사용하는 연산자로, 이항 연산자와 단항 연산자[3] 두 종류가 있습니다. 이항 연산자는 [그림 4-2]처럼 연산자 양쪽에 피연산자를 놓고 새로운 수식을 만드는 연산자입니다.

▼ 그림 4-2 산술 연산자 이미지

이항 연산자에는 [표 4-2]처럼 덧셈, 뺄셈, 곱셈, 나눗셈 등이 있습니다. 단항 연산자는 뒤에서 설명합니다.

▼ 표 4-2 이항 연산자

연산자	용도	TypeScript 예	일반적인 예	결과
+	더하기(덧셈)	2+3	2+3	5
–	빼기(뺄셈)	3–2	3–2	1
*	곱하기(곱셈)	2*3	2×3	6

3 옮긴이_ 단항 연산자는 –2, +3과 같이 피연산자가 한 개만 있을 때를 의미합니다. 이항 연산자는 피연산자가 두 개인 연산자를 의미하는데, 우리가 보통 2+3, 6*11, 35/5처럼 수식에서 쓰는 것이 이항 연산자입니다.

/	나누기(나눗셈)	6/2	6÷2	3
%	나머지(나누었을 때의 나머지 계산)	5%2	5÷2	1
**	제곱	2**3	2^3	8

이항 연산자의 구문을 익히자

■ 덧셈 연산자(+)

덧셈 연산자(+)는 두 수를 더하는 연산자입니다. [구문 4-1]을 사용합니다.

구문 4-1 덧셈 연산자(+)

```
값1 + 값2
```

덧셈 연산자의 사용 예는 [리스트 4-1]과 같습니다. 이 예에서는 5+3을 계산한 결과를 변수 x에 대입합니다.

리스트 4-1 덧셈 연산자(+) 사용 예

```
const x = 5 + 3;
```

■ 뺄셈 연산자(−)

뺄셈 연산자(−)는 앞의 수에서 뒤의 수를 빼는 연산자입니다. [구문 4-2]를 사용합니다.

구문 4-2 뺄셈 연산자(−)

```
값1 - 값2
```

뺄셈 연산자의 사용 예는 [리스트 4-2]와 같습니다. 이 예에서는 5-3을 계산한 결과를 변수 x에 대입합니다.

리스트 4-2 뺄셈 연산자(-) 사용 예

```
const x = 5 - 3;
```

■ 곱셈 연산자(*)

곱셈 연산자(*)는 두 수를 곱하는 연산자입니다. [구문 4-3]을 사용합니다.

구문 4-3 곱셈 연산자(*)

```
값1 * 값2
```

곱셈 연산자의 사용 예는 [리스트 4-3]과 같습니다. 이 예에서는 5×3을 계산한 결과를 변수 x에 대입합니다.

리스트 4-3 곱셈 연산자(*) 사용 예

```
const x = 5 * 3;
```

■ 나눗셈 연산자(/)

나눗셈 연산자(/)는 앞의 수를 뒤의 수로 나누는 연산자입니다. [구문 4-4]를 사용합니다.

구문 4-4 나눗셈 연산자(/)

```
값1 / 값2
```

나눗셈 연산자의 사용 예는 [리스트 4-4]와 같습니다. 이 예에서는 6÷2를 계산한 결과를 변수 x에 대입합니다.

리스트 4-4 나눗셈 연산자(/) 사용 예

```
const x = 6 / 2;
```

■ 나머지 연산자(%)

나머지 연산자(%)는 앞의 수를 뒤의 수로 나눈 후 남은 나머지를 구하는 연산자입니다. [구문 4-5]를 사용합니다.

구문 4-5 나머지 연산자(%)

```
값1 % 값2
```

[리스트 4-5]는 나머지 연산자의 사용 예입니다. 이 예에서는 5÷2를 계산하여 구한 나머지를 변수 x에 대입합니다.

리스트 4-5 나머지 연산자(%) 사용 예

```
const x = 5 % 2;
```

■ 제곱 연산자(**)

제곱 연산자(**)는 앞의 수를 뒤의 수만큼 제곱하는 연산자입니다. [구문 4-6]을 사용합니다.

구문 4-6 제곱 연산자(**)

```
값1 ** 값2
```

[리스트 4-6]은 제곱 연산자 사용 예입니다. 이 예에서는 2^3을 계산한 결과를 변수 x에 대입합니다.

리스트 4-6 제곱 연산자(**) 사용 예

```
const x = 2 ** 3;
```

이항 연산자를 사용해보자

[리스트 4-7]은 이항 연산자의 사용 예를 보여줍니다. 지금까지 배운 이항 연산자를 활용해 계산한 결과를 변수 x에 대입하고, 그 값을 출력하는 과정을 보여줍니다.

리스트 4-7 이항 연산자의 사용 예

```
let x: number = 0;

// 덧셈 연산자
x = 5 + 3;
console.log(x); // 8
// 뺄셈 연산자
x = 5 - 3;
console.log(x); // 2
// 곱셈 연산자
x = 5 * 3;
console.log(x); // 15
// 나눗셈 연산자
x = 6 / 2;
console.log(x); // 3
// 나머지 연산자
x = 5 % 2;
console.log(x); // 1
// 제곱 연산자
x = 2 ** 3;
console.log(x); // 8
```

단항 연산자란 무엇일까?

단항 연산자는 하나의 피연산자에 대해 연산을 실행하는 연산자로, [표 4-3]과 같은 연산자가 있습니다. '+'와 '-'는 이항 연산자로도 사용할 수 있지만, 단항 연산자로 사용할 때는 부호로 기능합니다. 다음 절에서는 '++'와 '--'에 대해 설명합니다.

▼ 표 4-3 단항 연산자

연산자	용도	TypeScript 예	일반 예	결과
+	수치를 양수 값으로 변환한다.	+3	+3	3
-	수치를 음수 값으로 변환한다.	-2	-2	-2
++	피연산자의 값을 1 증가시키는 연산자다. 전치와 후치, 두 가지 형식이 있다.	++x	없음	6(x가 5인 경우)
--	피연산자의 값을 1만큼 감소시키는 연산자다. 전치와 후치, 두 가지의 형식이 있다.	--x	없음	4(x가 5인 경우)

증가 연산자(++)

증가 연산자는 변수 값을 1만큼 증가시키는 역할을 합니다. 예를 들어, 변수 x에 5가 대입되었을 때 x++를 실행하면 x 값이 5에서 6으로 바뀝니다. 이것이 증가 연산자가 하는 일입니다.

증가 연산자는 '++' 기호를 사용합니다. [구문 4-7]처럼 '++'를 변수 앞에 쓰면 전치 증가라 하고, 변수 뒤에 쓰면 후치 증가라 합니다. 이 두 가지는 동작 방식이 조금 다릅니다.[4]

구문 4-7 증가 연산자

- 전치 증가

  ++변수

- 후치 증가

  변수++

4 옮긴이_ 전치 연산은 증가나 감소를 먼저 하고 코드를 실행합니다. 후치 연산은 코드를 실행하고 증가나 감소를 나중에 실행합니다.

증가 연산자의 예는 [리스트 4-8]과 같습니다.

리스트 4-8 전치 증가 및 후치 증가의 사용 예

```
// 전치 증가
let x = 5;
console.log(++x); // 6
console.log(x);   // 6

// 후치 증가
let y = 5;
console.log(y++); // 5
console.log(y);   // 6
```

이 예로 전치 증가와 후치 증가의 동작을 확인할 수 있습니다.

변수 x에 5가 저장되어 있을 때, ++x를 실행하면 x의 값이 바로 1 증가합니다. 그래서 console.log(++x);를 실행하면 x의 값이 1 증가하여 6이 되고, 이 값이 출력됩니다.

그 다음에 console.log(x);를 실행하면, x의 값은 이미 6이 저장되어 있으므로 6이 출력됩니다.

다음으로, 후치 증가에 대해 알아봅시다. 변수 y에 5가 저장되어 있을 때, y++를 실행하면 y의 현재 값(5)이 먼저 사용됩니다. 그래서 console.log(y++);를 실행하면 먼저 5가 출력되고, 그 다음에 y의 값이 1 증가합니다. 따라서 console.log(y);를 실행하면 6이 출력됩니다.

이 내용을 그림으로 표현하면 [그림 4-3]과 같습니다.

▼ 그림 4-3 증가 연산자의 이미지

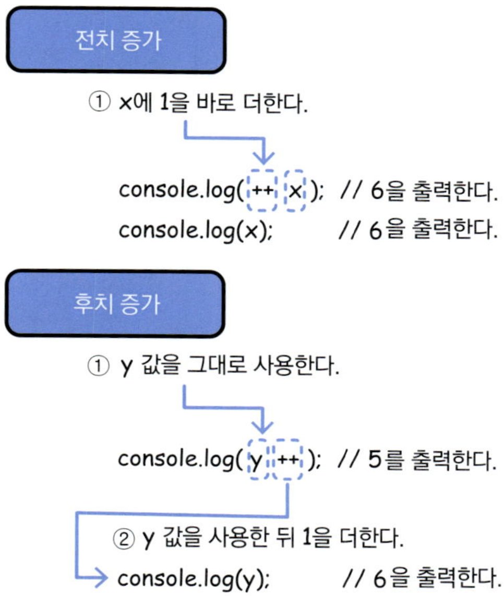

감소 연산자(--)

감소 연산자는 변수 값을 1 줄이는 기호입니다. 예를 들어, x라는 변수에 5가 저장되어 있다고 가정해봅시다. 이때 x--를 실행하면 x의 값이 5에서 4로 줄어듭니다. 이것이 감소 연산자의 작동 방식입니다.

감소 연산자는 '--' 기호를 사용하며, [구문 4-8]처럼 '--'를 변수 앞에 쓰느냐 뒤에 쓰느냐에 따라 동작이 달라집니다. '--'를 변수 앞에 쓰면 전치 감소, '--'를 변수 뒤에 쓰면 후치 감소라고 합니다.

구문 4-8 감소 연산자

● 전치 감소

```
--변수
```

● 후치 감소

```
변수--
```

감소 연산자의 예는 [리스트 4-9]와 같습니다.

리스트 4-9 전치 감소와 후치 감소의 사용 예

```
// 전치 감소
let x = 5;
console.log(--x); // 4
console.log(x);   // 4

// 후치 감소
let y = 5;
console.log(y--); // 5
console.log(y);   // 4
```

이 예에서는 전치 감소와 후치 감소의 동작을 확인할 수 있습니다.

변수 x에 5가 저장된 상태에서 `--x`를 실행하면 x의 값이 바로 1 감소합니다. 그래서 `console.log(--x);`를 실행하면 x 값이 1 감소하여 4가 되고, 이 값이 출력됩니다.

다음으로 `console.log(x);`를 실행하면, x의 값은 이미 4이므로 4가 출력됩니다.

다음으로 후치 감소를 살펴봅시다. 변수 y에 5가 저장된 상태에서 `y--`를 실행하면 y의 현재 값(5)이 먼저 사용됩니다. 그래서 `console.log(y--);`를 실행하면 먼저 5가 출력되고, 그 다음에 y 값이 1 줄어듭니다. 따라서 `console.log(y);`를 실행하면 4가 출력됩니다.

이 내용을 그림으로 표현하면 [그림 4-4]와 같습니다.

▼ **그림 4-4** 감소 연산자의 이미지

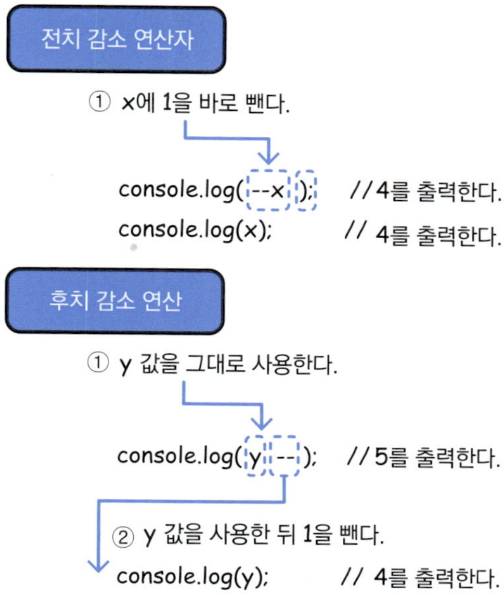

산술 연산자의 우선순위를 익히자

산술 연산자를 여러 개 사용하여 복잡한 계산을 표현할 수 있습니다. 산술 연산자에는 우선순위가 있고, 이 우선순위에 따라 식이 계산됩니다.

산술 연산자의 우선순위는 [표 4-4]와 같습니다.

▼ **표 4-4** 산술 연산자 우선순위

우선순위	산술 연산자
높음	**
↓	*, /, %
낮음	+, -

산술 연산자는 우선순위가 높은 것부터 순서대로 계산됩니다. 제곱 연산자(**)가 가장 우선되고, 그 다음에 곱셈 연산자(*), 나눗셈 연산자(/), 나머지 연산자(%), 덧셈 연산자(+)와 뺄

셈 연산자(−)가 차례로 적용됩니다.

연산자 우선순위를 확인하는 예는 [리스트 4−10]과 같습니다.

리스트 4-10 연산자 우선순위

```
01: let x: number = 0;
02:
03: x = 1 + 2 * 3 ** 2 - 8 / 4;
04: console.log(x); // 17
05: x = 1 + (2 * 3) ** 2 - 8 / 4;
06: console.log(x); // 35
```

[리스트 4−10]에서 3행의 계산 과정을 [그림 4−5]에 정리했습니다. 계산의 우선순위를 명확히 보여주기 위해 ()를 붙였습니다. 가장 안쪽의 ()부터 계산을 시작하여 최종 결과는 17이 됩니다.

[그림 4−6]은 [리스트 4−10]에서 5행의 계산 과정을 보여줍니다. 이전과 마찬가지로 우선순위를 명확히 보여주기 위해 ()를 붙였습니다. 가장 안쪽의 ()부터 계산을 진행하여 최종 결과는 35가 됩니다.

▼ **그림 4-5** 산술 연산자의 우선순위에 따른 계산 결과 ①

```
x=1+2*3**2-8/4
=1+(2*(3**2))-(8/4)
=1+(2*9)-2
=1+18-2
=19-2
=17
```

▼ **그림 4-6** 산술 연산자의 우선순위에 따른 계산 결과 ②

```
x=1+(2*3)**2-8/4
=1+((2*3)**2)-(8/4)
=1+(6**2)-2
=1+36-2
=37-2
=35
```

4.3 대입 연산자

keyword 단순 대입 연산자, 복합 대입 연산자

단순 대입 연산자란 무엇일까?

대입 연산자는 변수에 값을 할당하는 연산자입니다. 대입 연산자에는 **단순 대입 연산자**와 **복합 대입 연산자**가 있으며, '='는 단순 대입 연산자로 분류됩니다.

[리스트 4-11]은 대입 연산자의 사용 예를 보여줍니다.

리스트 4-11 대입 연산자 사용 예

```
01: let x = 10;
02: x = x + 5;
03: console.log(x); // 15
```

1행에서는 변수 x를 선언하고 10으로 초기화합니다.

2행에는 '='의 왼쪽과 오른쪽 모두에 x가 있습니다. 이 코드의 동작을 [그림 4-7]로 설명하면, 먼저 변수 x에 저장된 10을 꺼내어 '10+5'를 계산합니다. 그리고 계산 결과인 15를 변수 x에 다시 할당합니다. 따라서 원래 저장되어 있던 10은 사라지고 15가 남게 됩니다.

▼ 그림 4-7 x = x + 5의 이미지

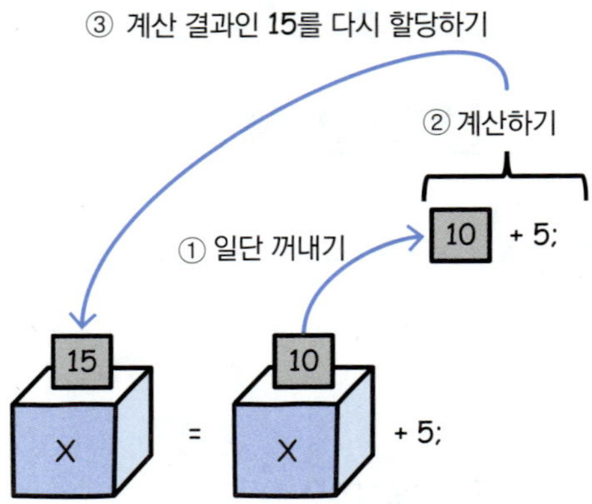

복합 대입 연산자란 무엇일까?

복합 대입 연산자는 산술 연산자와 대입 연산자를 결합한 연산자입니다. 대입 연산자 내에 산술 연산자가 포함되어 있어, 변수에 값을 할당하면서 동시에 연산도 실행할 수 있습니다. 복합 대입 연산자를 사용하면 코드를 간결하게 작성할 수 있습니다.

TypeScript에서 사용할 수 있는 복합 대입 연산자는 [표 4-5]와 같습니다.

▼ 표 4-5 복합 대입 연산자

연산자	용도	사용 예
+=	변수에 현재 값을 더하여 대입한다.	x += 5
-=	변수에 현재 값을 빼서 대입한다.	x -= 5
*=	변수에 현재 값을 곱하여 대입한다.	x *= 5
/=	변수에 현재 값으로 나누어 대입한다.	x /= 5
%=	변수에 현재 값으로 나눈 나머지를 대입한다.	x %= 5
**=	변수에 현재 값을 제곱하여 대입한다.	x **= 3

복합 대입 연산자의 구문을 익히자

■ 덧셈 대입 연산자(+=)

덧셈 대입 연산자(+=)는 왼쪽 변수에 오른쪽 값을 더한 결과를 왼쪽 변수에 다시 할당하는 연산자입니다. 덧셈 연산자(+=)는 [구문 4-9]를 사용합니다.

구문 **4-9** 덧셈 대입 연산자(+=)

```
변수 += 값
```

덧셈 대입 연산자의 사용 예는 [리스트 4-12]와 같습니다. 이 예에서는 5+3을 계산한 결과인 '8'을 변수 x에 할당하고 있습니다.

리스트 **4-12** 덧셈 대입 연산자(+=) 사용 예

```
let x = 5;
x += 3;
console.log(x); // 8
```

■ 뺄셈 대입 연산자(-=)

뺄셈 대입 연산자(-=)는 왼쪽 변수 값에서 오른쪽 값을 뺀 결과를 왼쪽 변수에 다시 할당하는 연산자입니다. 뺄셈 대입 연산자는 [구문 4-10]을 사용합니다.

구문 **4-10** 뺄셈 대입 연산자(-=)

```
변수 -= 값
```

[리스트 4-13]은 뺄셈 대입 연산자의 사용 예를 보여줍니다. 이 예에서는 10-3을 계산한 결과인 '7'을 변수 x에 할당하고 있습니다.

리스트 4-13 뺄셈 대입 연산자(-=) 사용 예

```
let x = 10;
x -= 3;
```

■ 곱셈 대입 연산자(*=)

곱셈 대입 연산자(*=)는 왼쪽 변수에 오른쪽 값을 곱한 결과를 왼쪽 변수에 다시 할당하는 연산자입니다. 곱셈 대입 연산자는 [구문 4-11]을 사용합니다.

구문 4-11 곱셈 대입 연산자(*=)

```
변수 *= 값
```

곱셈 대입 연산자의 사용 예는 [리스트 4-14]와 같습니다. 이 예에서는 3×4를 계산한 결과인 '12'를 변수 x에 할당하고 있습니다.

리스트 4-14 곱셈 대입 연산자(*=) 사용 예

```
let x = 3;
x *= 4;
```

■ 나눗셈 대입 연산자(/=)

나눗셈 대입 연산자(/=)는 왼쪽 변수를 오른쪽 값으로 나눈 결과를 왼쪽 변수에 다시 할당하는 연산자입니다. 나눗셈 연산자는 [구문 4-12]를 사용합니다.

구문 4-12 나눗셈 대입 연산자(/=)

```
변수 /= 값
```

[리스트 4-15]는 나눗셈 대입 연산자의 사용 예입니다. 이 예에서는 10÷2를 계산한 결과인 '5'를 변수 x에 할당하고 있습니다.

리스트 4-15 나눗셈 대입 연산자(/=) 사용 예

```
let x = 10;
x /= 2;
```

■ 나머지 대입 연산자(%=)

나머지 대입 연산자(%=)는 왼쪽 변수를 오른쪽 값으로 나눈 나머지를 왼쪽 변수에 다시 할당하는 연산자입니다. 나머지 대입 연산자는 [구문 4-13]을 사용합니다.

구문 4-13 나머지 대입 연산자(%=)

```
변수 %= 값
```

[리스트 4-16]은 나머지 대입 연산자의 사용 예입니다. 이 예에서는 7÷3을 계산하여 구한 나머지 '1'을 변수 x에 할당하고 있습니다.

리스트 4-16 나머지 대입 연산자(%=) 사용 예

```
let x = 7;
x %= 3;
```

■ 제곱 대입 연산자(**=)

제곱 대입 연산자(**=)는 왼쪽 변수를 오른쪽 값으로 제곱한 결과를 왼쪽 변수에 다시 할당하는 연산자입니다. 제곱 대입 연산자는 [구문 4-14]를 사용합니다.

구문 4-14 제곱 대입 연산자(**=)

```
변수 **= 값
```

[리스트 4-17]은 제곱 대입 연산자의 사용 예입니다. 이 예에서는 2^3을 계산한 결과인 '8'을 변수 x에 할당하고 있습니다.

리스트 4-17 제곱 대입 연산자(**=) 사용 예

```
let x = 2;
x **= 3;
```

복합 대입 연산자를 사용해보자

[리스트 4-18]은 복합 대입 연산자를 활용한 예입니다. 지금까지 배운 복합 대입 연산자를 이용해 계산 결과를 변수 x에 저장하고, 그 값을 출력하는 과정을 보여줍니다.

리스트 4-18 복합 대입 연산자 사용 예

```
let x: number = 0;

// 덧셈 대입 연산자(+=) 사용 예
x = 5;
console.log(x += 3); // 8
// 뺄셈 대입 연산자(-=) 사용 예
x = 10;
console.log(x -= 3); // 7
// 곱셈 대입 연산자(*=) 사용 예
x = 3;
console.log(x *= 4); // 12
```

```
// 나눗셈 대입 연산자(/=) 사용 예
x = 10;
console.log(x /= 2); // 5
// 나머지 대입 연산자(%=) 사용 예
x = 7;
console.log(x %= 3); // 1
// 제곱 대입 연산자(**=) 사용 예
x = 2;
console.log(x **= 3); // 8
```

4.4

비트 시프트 연산자

keyword 비트 시프트 연산자, 비트, 10진수, 2진수

2진수와 비트에 대해 알아보자

비트 시프트 연산자[5]를 이해하기 전에, 먼저 2진수와 비트에 대해 알아봅시다.

우리가 일상적으로 사용하는 '10단위로 한 자리씩 증가하는 숫자'를 10진수라고 합니다. 반면에, 0과 1 두 개의 숫자만 사용하여 표현하는 방식을 2진수라고 합니다. 비트는 2진수의 한 자리를 말합니다.

예를 들어, 10진수의 '13'은 2진수로는 '1101'로 표현됩니다(그림 4-8).

▼ 그림 4-8 10진수와 2진수 예

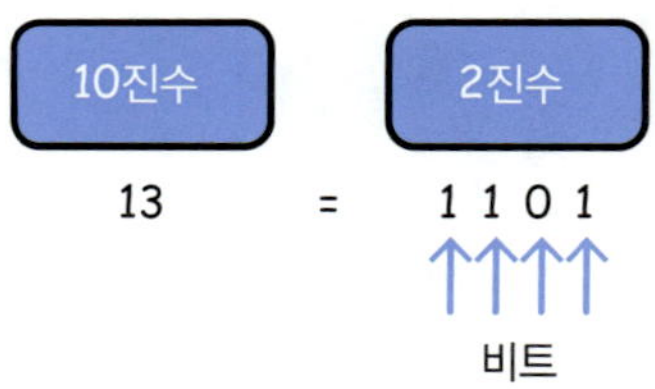

10진수를 2진수로 변환하려면, '10진수 수를 2로 나누어 몫과 나머지를 구하고, 계산한 몫을 다시 2로 나누어 몫과 나머지를 구한다'는 계산을 몫이 0이 될 때까지 반복하고, 각 계산에서 얻은 나머지를 아래부터 차례대로 나열합니다. [그림 4-9]는 10진수 13을 2진수로 변환하는 과정을 보여줍니다.

5 옮긴이_ 비트 시프트 연산자는 비트 이동 연산자라고도 하며, 지정한 수만큼 모든 비트를 전부 좌우로 이동시킵니다. 비트 시프트 연산자에는 왼쪽 시프트 연산자(<<, left shift)와 오른쪽 시프트 연산자(>>, right shift) 두 가지 연산이 존재합니다.

▼ 그림 4-9 10진수를 2진수로 변환하는 예

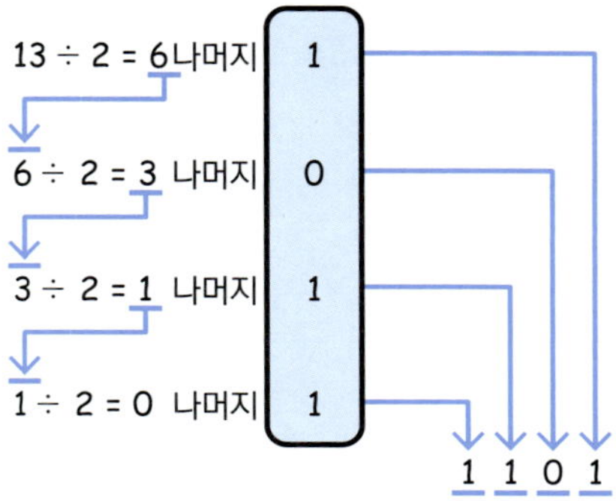

반대로, 2진수를 10진수로 변환하는 과정은 [그림 4-10]에서 보여줍니다. 2진수의 각 비트를 '2^NBit×값'으로 계산하여 구한 값을 모두 더합니다. 맨 오른쪽부터 '2^0×1', '2^1×0', '2^2×1', '2^3 ×1'을 계산하여 모두 더하면 10진수 13으로 변환할 수 있습니다.

▼ 그림 4-10 2진수에서 10진수로 변환하기

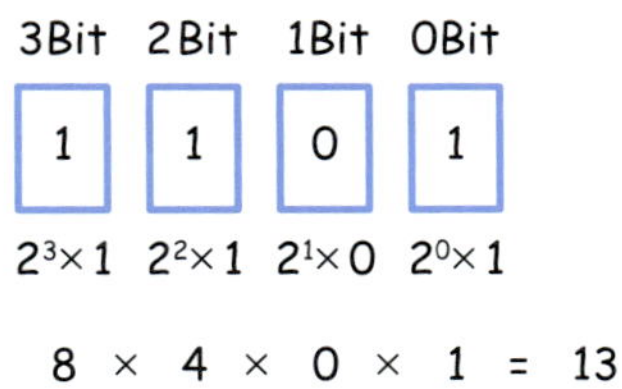

비트 시프트 연산자의 구문을 익히자

비트 시프트 연산자는 2진수로 표현된 숫자를 지정된 비트 수만큼 왼쪽 또는 오른쪽으로 시프트(이동)하는 연산자입니다. 시프트 연산자는 [구문 4-15]를 사용하며, 왼쪽 시프트 연산자는 '〈〈' 기호를 사용하여 왼쪽의 피연산자를 오른쪽에서 지정한 시프트 수만큼 왼쪽으로 이동합니다. 오른쪽 시프트 연산자는 '〉〉' 기호를 사용하여 왼쪽의 피연산자를 오른쪽에 지정한 시프트 수만큼 오른쪽으로 이동합니다.

구문 **4-15** 시프트 연산자

- 왼쪽 시프트 연산자
  피연산자 << 시프트 수

- 오른쪽 시프트 연산자
  피연산자 >> 시프트 수

비트 시프트 연산자를 사용해보자

시프트 연산자의 사용 예는 [리스트 4-19]와 같습니다.

리스트 **4-19** 시프트 연산자 사용 예

```
const x = 13 << 1; // 1101을 1비트 왼쪽으로 시프트하면 11010이 되고, 10진수 값인 26이 된다.
console.log(x);    // 26
const y = 13 >> 1; // 1101을 1비트 오른쪽으로 시프트하면 0110이 되고, 10진수 값인 6이 된다.
console.log(y);    // 6
```

이 예에서는 먼저 10진수 13을 왼쪽으로 1비트 시프트하고 있습니다. 10진수 13은 2진수로 '1101'입니다. 왼쪽으로 1비트 이동하면 가장 오른쪽 비트에 0이 삽입되어 '11010'이 되고, 이는 10진수로 26입니다.

다음으로 10진수 13을 오른쪽으로 1비트 이동하면 가장 오른쪽의 비트가 소멸되어 '110'이 되고, 이는 10진수로 6입니다. 이 과정을 이미지로 나타내면 [그림 4-11]과 같습니다.

▼ **그림 4-11** 비트 시프트 연산 이미지

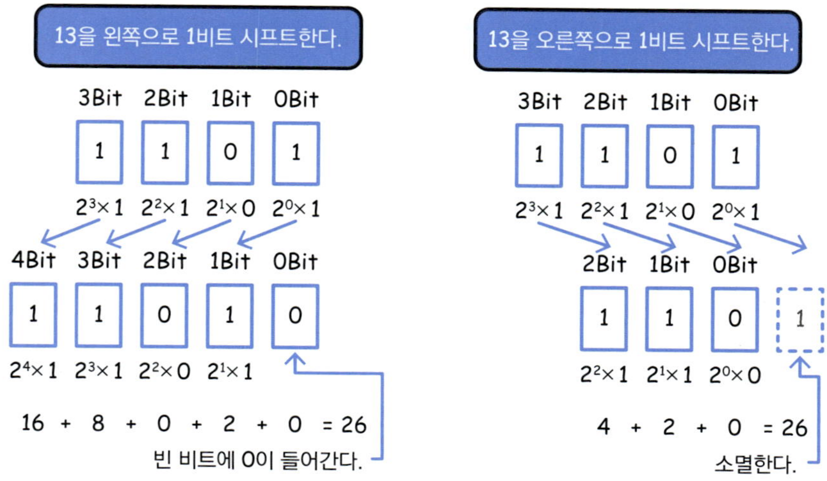

COLUMN | 비트를 플래그로 활용하려면

비트를 플래그로 생각하면, 여러 설정 값을 하나의 수치로 관리할 수 있습니다.

예를 들어, 4비트를 사용하여 게임 캐릭터의 상태를 표현해봅시다.

- 0비트가 ON이면(0b0001) 캐릭터가 달리고 있다.
- 1비트가 ON이면(0b0010) 캐릭터가 공격 중이다.
- 2비트가 ON이면(0b0100) 아이템을 사용할 수 있다.
- 3비트가 ON이면(0b1000) 무적 상태다.

캐릭터의 상태가 0b1011이면, '무적 상태에서 '공격'을 하면서 '달리고 있다'는 상태를 관리할 수 있습니다.

이처럼 비트를 플래그로 활용하면, 하나의 값으로 여러 가지 설정 값을 관리할 수 있습니다. 또한 뒤에서 설명할 논리 연산자와 조합하여 특정 비트의 상태를 확인할 수도 있습니다. 설정 값을 관리할 때는 비트로 표현할 수 있는지 검토해보는 것이 좋습니다.

4.5

비교 연산자

keyword 비교 연산자

비교 연산자란 무엇일까?

프로그래밍에서는 값을 비교해야 하는 상황이 자주 발생합니다. 예를 들어, 아래와 같은 조건을 확인해야 할 때가 있습니다.

- 나이는 25세 이상인가?
- 체중은 60kg 미만인가?
- 입력한 문자열은 'Hello'인가?

이러한 조건을 확인할 때 사용하는 것이 비교 연산자입니다. 비교 연산자의 종류를 [표 4-6]에 정리했습니다.

▼ 표 4-6 비교 연산자

연산자	용도	예	결과
===	서로 같은지 확인(일치)	x === 3	x가 3과 같으면 true, 아니면 false
!==	서로 다른지 확인(불일치)	x !== 3	x가 3과 다르면 true, 아니면 false
<	좌변 값이 우변 값보다 작은지 비교(작음)	x < 3	x가 3보다 작으면 true, 아니면 false
>	좌변 값이 우변 값보다 큰지 비교(큼)	x > 3	x가 3보다 크면 true, 아니면 false
<=	좌변 값이 우변 값보다 작거나 같은지 비교(작거나 같음)	x <= 3	x가 3 이하이면 true, 아니면 false
>=	좌변 값이 우변 값보다 크거나 같은지 비교(크거나 같음)	x >= 3	x가 3 이상이면 true, 아니면 false

비교 연산자의 구문을 익히자

비교 연산자는 [구문 4-16]에서 보는 것처럼, 비교 연산자의 왼쪽과 오른쪽에 피연산자를 두고 두 값을 비교할 때 사용합니다.

예를 들어 '5 > 3'은 5가 3보다 크므로 true가 됩니다. 반대로 '3 > 5'처럼 조건이 성립하지 않으면 false가 됩니다.

구문 4-16 비교 연산자

```
피연산자 비교 연산자 피연산자
```

비교 연산자를 사용해보자

[리스트 4-20]은 비교 연산자의 사용 예입니다.

이 예에서는 변수 x에 3이 할당되어 있습니다. 이를 각 연산자로 비교하여 true 또는 false를 출력합니다. console.log로 출력하는 문자열을 역 따옴표(`)로 묶어 출력하는 점에 주의하세요. 그리고 ${식}을 사용하여 변수 값을 문자열에 삽입하고 있습니다. 이렇게 하면 'x===3은 ${x===3}'이 'x===3은 true'와 같이 출력됩니다.

리스트 4-20 비교 연산자 사용 예

```
const x = 3;
console.log(`x가 ${x}일 때`);       // x가 3일 때
console.log(`x===3은 ${x === 3}`); // x===3은 true
console.log(`x!==3은 ${x !== 3}`); // x!==3은 false
console.log(`x<3은 ${x < 3}`);      // x<3은 false
console.log(`x>3은 ${x > 3}`);      // x>3은 false
console.log(`x<=3은 ${x <= 3}`);    // x<=3은 true
console.log(`x>=3은 ${x >= 3}`);    // x>=3은 true
```

값이 같은지 확인하는 연산자에는 일치 연산자(===)와 동등 연산자(==)가 있습니다. 일치 연산자는 두 '값의 타입'과 '값'이 완전히 같을 때만 true를 반환합니다. 반면에 동등 연산자는 두 값의 데이터 타입이 다를 경우, 한쪽을 다른 쪽의 데이터 타입으로 변환한 후 비교합니다. 이로 인해 예상치 않은 결과를 가져올 수 있습니다. 그래서 TypeScript에서는 '==='를 사용하는 것이 좋습니다.

마찬가지로, 값이 다른지 확인하는 연산자로는 불일치 연산자(!==)와 부등 연산자(!=)가 있습니다. 불일치 연산자도 한쪽을 다른 쪽의 데이터 타입으로 변환한 후 비교하기 때문에 예상치 못한 결과를 가져올 수 있습니다. 그래서 '!=='를 사용하는 것이 좋습니다.

예를 들어, [리스트 4-21]과 같이 숫자와 문자열을 비교하는 경우를 생각해봅시다. 'x == y'는 y에 할당된 문자열 "1"을 숫자 1로 변환한 후 비교합니다. 그래서 두 값이 같다고 판단되어 true가 출력됩니다. 하지만 'x === y'는 문자열을 숫자로 변환하지 않고 1과 "1"을 비교합니다. 그래서 데이터 타입이 number와 string으로 다르므로 false가 출력됩니다.

리스트 4-21 동등 연산자와 일치 연산자의 차이점

```
const x: number = 1;
const y: string = "1";
console.log(x == y);  // true
console.log(x === y); // false
```

4.6

논리 연산자

keyword 논리 연산자, &&, ||, !, (), 우선순위

논리 연산자란 무엇일까?

비교 연산자는 값의 크기를 비교하거나 값이 같은지 다른지를 판단하는 데 사용됩니다. 그러나 비교 연산자만으로는 표현하기 어려운 조건들이 있습니다. 예를 들어, '25세 이상의 남성'이라는 조건은 '25세 이상'과 '남성'이라는 두 가지 조건을 모두 만족해야 합니다. 이런 여러 조건을 동시에 표현하기 위해 논리 연산자를 사용합니다. 논리 연산자는 [표 4-7]과 같이 '그리고', '또는'과 같은 개념을 프로그래밍에서 표현할 수 있게 해줍니다.[6]

▼ 표 4-7 논리 연산자

연산자	용도	사용 예	결과
&&	'그리고'를 표현한다(논리곱).	age === 25 && gender === "male"	age가 25이고 gender가 "male"이면 true, 그렇지 않은 경우 false다.
||	'또는'을 표현한다(논리합).	age === 25 || gender === "male"	age가 25이거나 gender가 "male"이면 true, 그렇지 않은 경우 false다.
!	'아님'을 표현하고 값을 반전시킨다(논리부정).	!flag	flag 값이 true이면 false로, false이면 true다.

6 옮긴이_ 논리 연산자는 여러 개의 조건을 연결하여 더 복잡한 조건을 만들어내는 역할을 합니다. 마치 레고 블록을 연결하여 더 큰 구조물을 만드는 것과 같습니다.

논리 연산자의 구문을 익히자

논리곱 연산자(&&)는 '그리고'를 나타내며, [구문 4-17]을 사용합니다. 피연산자1의 결과가 true이고 피연산자2의 결과가 true이면 전체 식이 true가 됩니다. 피연산자1 또는 피연산자2 중 하나가 false인 경우에는 전체 식이 false가 됩니다.

구문 **4-17** 논리곱 연산자(&&)

```
피연산자1 && 피연산자2
```

논리곱 연산자(&&)의 진리표는 [표 4-8]과 같습니다. 진리표는 논리 회로나 논리식의 가능한 모든 입력과 그에 따른 출력을 표로 나타낸 것입니다. 예를 들어 변수 x가 false이고 변수 y가 true인 경우 x&&y를 계산하면 결과는 false가 됩니다.

▼ **표 4-8** 논리곱 연산자(&&)의 진리표

X	Y	X && Y
false	false	false
false	true	false
true	false	false
true	true	true

논리합 연산자(||)는 '또는'을 표현하며, [구문 4-18]을 사용합니다. 피연산자1 또는 피연산자2의 결과 중 하나가 true이면 전체 식이 true가 됩니다. 피연산자1과 피연산자2가 모두 false이면 전체 식이 false가 됩니다.

구문 **4-18** 논리합 연산자(||)

```
피연산자1 || 피연산자2
```

논리합 연산자(||)의 진리표는 [표 4-9]와 같습니다.

▼ 표 4-9 논리합 연산자(||)의 진리표

X	Y	X || Y
false	false	false
false	true	true
true	false	true
true	true	true

논리 부정 연산자(!)는 '아님'을 나타내며, [구문 4-19]를 사용합니다. 피연산자가 true일 때는 false로, 피연산자가 false일 때는 true로 반전됩니다.

구문 4-19 논리 부정 연산자(!)

```
!피연산자
```

논리 부정 연산자(!)의 진리표는 [표 4-10]과 같습니다.

▼ 표 4-10 논리부정 연산자(!)의 진리표

X	!Y
false	true
true	false

논리 연산자를 사용해보자

[리스트 4-22]는 논리 연산자의 사용 예를 보여줍니다.

리스트 4-22 논리 연산자 사용 예

```
let age = 25;
let gender = "male";
let flag = true;

// ===== && 연산자 사용 예 =====
// age가 25 이상이고 gender가 "male"인가?
console.log(age >= 25 && gender === "male"); // true

// ===== || 연산자 사용 예 =====
// age가 25 이상 또는 gender가 "male"인가?
gender = "female";
console.log(age >= 25 || gender === "male"); // true

// ===== ! 연산자 사용 예 =====
// flag가 true인 경우
console.log(!flag); // false
// flag의 내용을 반전시킨다.
flag = !flag;
// flag가 flase인 경우
console.log(!flag); // true
```

논리곱 연산자(&&)의 예에서는 변수 age(나이)가 25 이상이고 변수 gender(성별)가 "male"(남성)인지를 확인하여 결과를 출력합니다. 변수 age에는 25가, gender에는 "male"이 저장되어 있으므로, 결과적으로 true가 출력됩니다.

논리합 연산자(||)의 예에서는 변수 age(나이)가 25 이상이거나 변수 gender(성별)가 "male"(남성)인지를 확인하여 결과를 출력합니다. 변수 age에는 25가 저장되어 있으므로 'age는 25 이상인가'라는 조건이 true가 됩니다. 반면, 변수 gender에는 "female"(여성)이 저장되어 있으므로 'gender가 "male"인가?'의 조건은 false가 됩니다. 하지만 || 연산자는 두 조건 중 하나라도 true이면 전체 식이 true가 되므로, 결과적으로 true가 출력됩니다.

부정 연산자(!)의 예에서는 변수 flag의 값을 반전시킨 결과를 출력합니다. 변수 flag에는 true가 저장되었으므로, 반전하면 false가 출력됩니다. 이후 변수 flag에 false가 저장되어 있으므로, 다시 반전시켜 true가 출력됩니다. 이를 그림으로 표현하면 [그림 4-12]와 같습니다.

▼ 그림 4-12 논리 연산자의 이미지

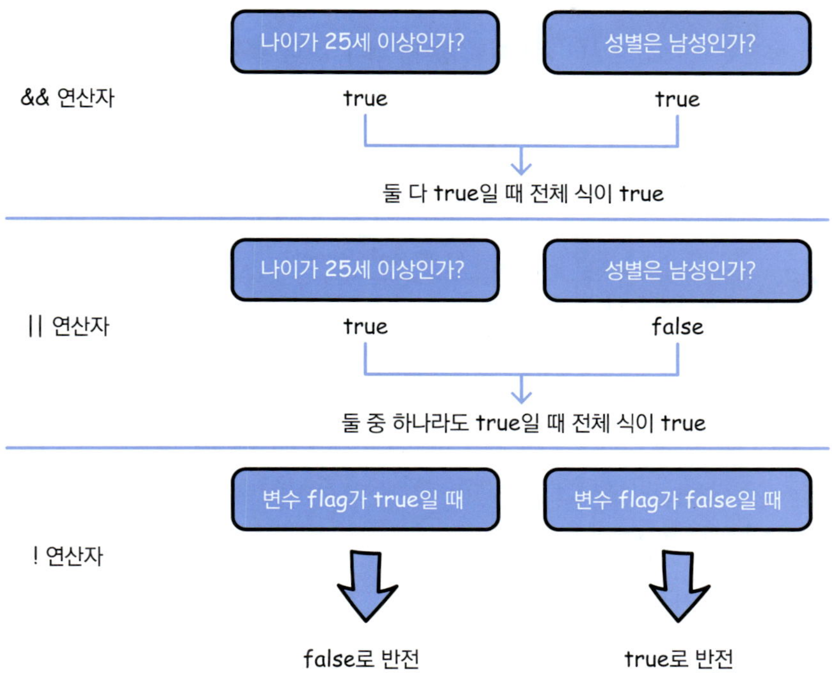

논리 연산자의 우선순위를 익히자

복잡한 조건을 표현하기 위해 여러 논리 연산자를 조합할 수 있습니다. 이때 논리 연산자는 우선순위에 따라 평가됩니다. 논리 연산자의 우선순위는 [표 4-11]과 같습니다.

▼ **표 4-11** 논리 연산자 우선순위

우선순위	논리 연산자
높음	!
↓	&&
낮음	||

우선순위가 높은 논리 연산자부터 순서대로 평가됩니다. 논리 부정 연산자(!)가 가장 먼저 평가되고, 그 다음은 논리곱 연산자(&&)이며, 마지막으로 논리합 연산자(||)가 평가됩니다. 괄호로 둘러싸인 식은 가장 먼저 평가됩니다.

[리스트 4-23]은 여러 논리 연산자를 사용한 예입니다.

리스트 4-23 여러 논리 연산자 사용 예

```
01: const x = false;
02: const y = false;
03: const z = false;
04:
05: // !가 가장 먼저 평가된다.
06: console.log(!x && y || z); // false
07:
08: // 괄호가 가장 먼저 평가된다.
09: console.log(!(x && y) || z); // true
```

[리스트 4-23]의 6행에서는 !x가 가장 먼저 평가됩니다. x를 true로 설정한 뒤 &&가 평가되어 'true && false'가 되어 false가 출력됩니다. 마지막에 ||가 평가되므로 'false || false'가 되어 false가 출력됩니다. 마지막 예(9행)에서는 괄호가 가장 먼저 평가되므로 (x && y) 부분을 (false || false)로 평가하여 false가 되고, 이를 논리 부정 연산자(!)로 반전하여 true가 됩니다.

마지막으로 (true || z)가 되어 (true || false)를 평가하여 true를 출력합니다.

4.7 문자열 연결 연산자

keyword 문자열 연결 연산자, +

문자열 연결 연산자란 무엇일까?

문자열 연결 연산자는 '+' 기호를 사용하여 여러 문자열을 하나로 연결하는 데 사용됩니다.

'+' 연산자는 숫자를 더하는 연산자로 알려져 있지만, 문자열에 사용하면 문자열을 연결하여 새로운 문자열을 만들 수 있습니다.

문자열 연결 연산자의 구문을 익히자

문자열 연결 연산자(+)는 [구문 4-20]과 같이 두 문자열을 연결하는 데 사용됩니다.

구문 4-20 문자열 연결 연산자(+)

```
값1 + 값2
```

문자열 연결 연산자를 사용해보자

[리스트 4-24]는 문자열 연결 연산자의 사용 예입니다.

리스트 4-24 문자열 연결 연산자 사용 예

```
01: const msg1: string = "Hello";
02: const msg2: string = "World";
03: const greeting: string = msg1 + " " + msg2;
04: console.log(greeting); // "Hello World"
```

이 예(3행)에서는 변수 msg1에 저장된 'Hello'와 공백, 변수 msg2에 할당된 'World'를 연결해 'Hello World'라는 새로운 문자열을 greeting 변수에 할당하여 출력합니다.

[리스트 4-25]와 같이 숫자 값과 문자열을 연결할 수도 있습니다.

리스트 4-25 숫자 값을 포함한 문자열 연결 연산자의 사용 예

```
const num: number = 5;
const totalPrice: string = "사과 5개의 가격은 " + (num * 100) + " 원입니다. ";
console.log(totalPrice);
```

이 예에서는 (num * 100)으로 계산된 수치를 문자열로 변환한 뒤 + 연산자로 연결합니다. 즉, "사과 5개의 가격은 500원입니다."라는 문자열을 만들어 출력합니다.

확인 문제

문제 4-1 산술 연산

변수 x에 10을, 변수 y에 2를 저장한 후 x와 y의 덧셈, 뺄셈, 곱셈, 나눗셈, 나머지를 구하는 프로그램을 작성해보세요.

문제 4-2 복합 대입 연산

변수 x에 1을 더한 후 그 결과를 다시 x에 저장하는 식을 작성해보세요. 그리고 변수 y에서 2를 뺀 후 그 결과를 다시 y에 저장하는 식을 작성해보세요.

문제 4-3 비교 연산

변수 age1이 25, 변수 age2가 30일 때, age1과 age2를 비교하는 식을 작성해보세요. 여기서는 〈, 〉, 〈=, 〉=, ===, !== 연산자를 각각 사용해보세요.

문제 4-4 문자열 연결 연산자

'Hello'와 ' '(공백)과 'World' 세 문자열을 + 연산자로 연결해 'Hello World'라는 문자열을 출력해보세요.

제 5 장

조건 분기 처리

조건 분기 처리는 프로그램이 특정 조건에 따라 다른 작업을 실행하는 것을 말합니다. 예를 들면, 사용자가 입력한 값이 A라면 "안녕하세요"를 출력하고, B라면 "안녕히 가세요"를 출력하는 것입니다. 이렇게 조건이 충족될 때와 충족되지 않을 때에 따라 다른 작업을 실행함으로써, 프로그램은 더 유연하게 동작할 수 있습니다. 이 장에서는 이런 조건에 따른 분기 처리 방법을 배워볼 것입니다.

5.1

조건 분기 처리

keyword 조건 분기 처리

조건 분기 처리란 무엇일까?

조건 분기 처리[7]는 특정 조건이 만족될 때 A 작업을, 그렇지 않을 때 B 작업을 실행하도록 컴퓨터에 지시하는 것입니다.

지금까지 배운 프로그램은 정해진 명령을 순서대로 실행하므로, 실행 횟수에 상관없이 항상 같은 결과를 출력합니다. 이것은 올바른 동작이지만, 항상 같은 결과만 나온다면 프로그램을 만드는 의미가 없습니다.

조건 분기 처리는 사용자의 입력에 따라 다른 작업을 실행합니다. 예를 들어, 사용자가 입력한 값이 A라면 "안녕하세요"를 출력하고, B라면 "안녕히 가세요"를 출력하는 것처럼(그림 5-1), 조건에 따라 다른 동작을 실행합니다. 이런 방식으로 프로그램은 다양한 상황에 유연하게 대응할 수 있습니다.

▼ 그림 5-1 조건 분기 처리 이미지

조건1: 입력한 값이 'A'일 때
"안녕하세요"를 표시한다.

조건2: 입력한 값이 'B'일 때
"안녕히 가세요"를 표시한다.

---

7 옮긴이_ 컴퓨터에게 "이런 경우에는 이렇게 하고, 저런 경우에는 저렇게 해"라고 지시하는 것을 말합니다. 조건 분기 처리를 통해 컴퓨터는 다양한 상황에 맞춰 다른 일을 할 수 있게 됩니다.

어떤 경우에 사용하나?

조건 분기 처리는 원하는 조건에 따라 다른 작업을 실행하고 싶을 때 사용합니다.

예를 들어, 다음과 같은 상황들을 조건으로 설정할 수 있습니다.

- 변수 x가 3보다 큰가?
- 변수 x가 25 이하이며 변수 y가 3 이상인가?
- 변수 msg가 "hello"인가?

이런 조건들은 이미 배운 논리 연산자를 사용해 표현할 수 있습니다.

조건이 만족되면 전체 식이 true가 되고, 만족되지 않으면 false가 됩니다. 이렇게 조건식이 참인지 거짓인지 판단한 후, 그 결과에 따라 다음에 실행할 명령어를 선택함으로써 프로그램은 유연하게 동작할 수 있습니다.

[리스트 5-1]은 논리 연산자를 사용하여 조건 판단 결과를 출력하는 예입니다. 지정한 조건이 만족되면 true를, 성립하지 않으면 false를 출력합니다.

리스트 5-1 논리 연산자를 사용하여 조건 판단 결과를 출력하는 예

```
let x: number = 10;
let y: number = 2;
let msg = "hello";

// 변수 x가 3보다 큰가?
console.log(x > 3);                  // true
// 변수 x가 25 이하이며 변수 y가 3 이상인가?
console.log(x <= 25 && y >= 3); // false
// 변수 msg가 "hello"인가?
console.log(msg === "hello");      // true
```

5.2

if 문

keyword if, 순서도

'만약'을 프로그램으로 표현해보자

조건 분기의 핵심인 if 문을 살펴봅시다.

TypeScript에서는 조건 분기를 표현하는 방법으로 if 문을 사용합니다. if는 '만약'이라고 번역할 수 있으며, '만약 ○○라면 ××를 한다'는 프로그램을 작성할 수 있습니다. '만약 ○○라면 ××를 한다'는 문장은 [그림 5-2]와 같이 표현할 수 있습니다. 처리의 순서(흐름[flow])를 나타내는 이런 그림을 **순서도**[flowchart]라고 합니다.

▼ 그림 5-2 if 문의 순서도

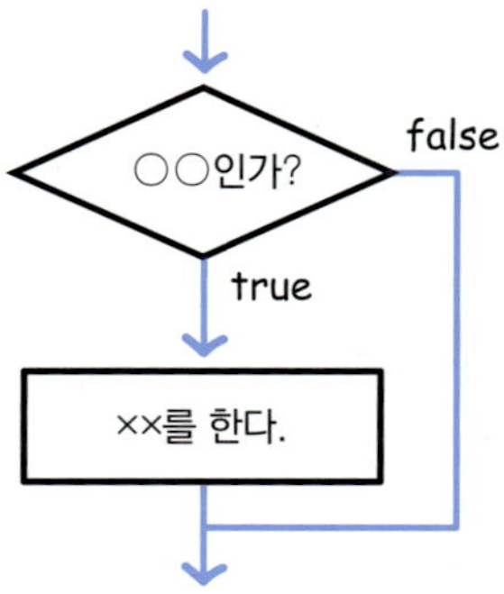

마름모 모양은 '만약'을 표현합니다. "○○인가?"가 true(참)이면 아래쪽 화살표 방향으로 이동하여 '××를 한다.'가 실행됩니다. "○○인가?"가 false(거짓)이면 '××를 한다.'를 건너뛰고 다음 작업으로 넘어갑니다.

if 문의 구문을 익히자

if 문을 작성하는 방법은 두 가지가 있으며 [구문 5-1]과 같습니다. 두 방법 모두 if 다음의 () 안에 조건식을 작성하는 것은 같지만, 그 다음에 오는 { }의 유무 차이가 있습니다.

구문 5-1 if 문

- 작성법1

```
if (조건식)
  조건이 참일 때 실행
```

- 작성법2

```
if (조건식) {
  조건이 참일 때 실행
}
```

작성법1의 경우에는 조건이 참일 때 (조건식) 다음에 작성된 한 문장만 실행합니다.

반면, 작성법2의 경우에는 if (조건식) 다음에 { }가 붙습니다. { } 안에는 여러 문장을 작성할 수 있으며, 이를 **블록 구문**이라고 합니다. if 문의 조건식이 true(참)일 때 { } 안에 작성된 모든 문장을 실행합니다. { } 안에 3줄의 명령문이 적혀 있다면, 3줄 모두 실행됩니다.

> **MEMO**
>
> 블록 구문은 if 문 외에도 사용할 수 있습니다. { }가 등장하면 '여러 문장을 작성할 수 있는 구문'임을 기억하세요.

실행할 문장이 한 줄이라고 해서 반드시 작성법1을 선택할 필요는 없습니다. 필자는 작성법2를 추천합니다. 이유는 { }가 있으므로 if 문의 조건식이 참일 때 어디까지 실행되는지 한눈에 알 수 있기 때문입니다. 따라서 이 책에서는 작성법2를 사용하여 설명합니다.

또한 블록 구문 { } 안에는 들여쓰기를 하는 것이 일반적입니다. 들여쓰기란 문장 앞에 넣는 공백을 의미하며, 보통 Tab 을 눌러 공백을 삽입합니다.

if 문을 사용해보자

[리스트 5-2]는 if 문의 사용 예입니다.

이 예를 보면 num1에는 5가, num2에는 10이 할당되어 있습니다. if 문에서는 num1이 num2보다 작은지를 판단하고 있습니다. 'num1 〈 num2'의 판단 결과는 true이므로 { } 안의 코드를 실행하여 'num1이 num2보다 작습니다.'를 출력하고, 마지막으로 '조건 판단이 완료되었습니다.'를 출력합니다.

리스트 5-2 if 문 사용 예

```
const num1: number = 5;
const num2: number = 10;

if (num1 < num2) {
  console.log("num1이 num2보다 작습니다.");
}
console.log("조건 판단이 완료되었습니다.");
```

이번에는 num1에 10을, num2에 5를 할당하고 실행해봅시다.

'num1 〈 num2'의 판단 결과는 false이므로 { } 안의 코드는 실행하지 않고, 바로 '조건 판단이 완료되었습니다.'를 출력합니다.

[그림 5-3]은 [리스트 5-2]가 실행될 때의 이미지를 나타냅니다.

COLUMN | 들여쓰기

블록 구문 { } 안의 작성 방식에 주목해봅시다. 들여쓰기를 한 후에 `console.log("num1이 num2보다 작습니다.");`가 작성되어 있습니다. 긴 프로그램의 소스 코드에서, 들여쓰기가 있으면 프로그램의 특정 부분이 돋보이게 됩니다. 이런 부분을 찾으면, 처리가 바뀌는 부분(이 예에서는 if 문이 성립할 때의 처리)임을 알 수 있습니다.

들여쓰기는 주로 블록의 내부에서 사용됩니다. 블록은 중첩될 수 있으며(블록 안에 또 다른 블록이 있는 경우) 그때마다 들여쓰기를 합니다.

▼ 그림 5-3 [리스트 5-2]의 실행 이미지

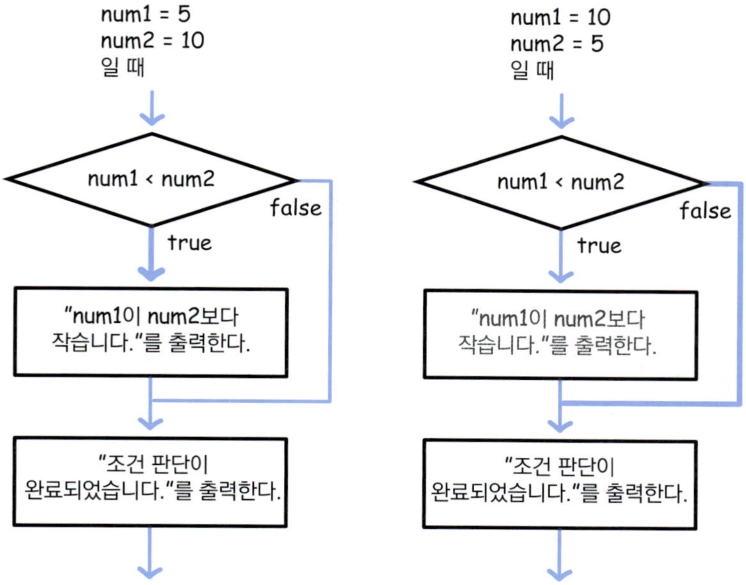

'그렇지 않은 경우'를 프로그램으로 표현해보자

지난 절에서는 '만약 ○○이면 ××한다'를 처리하는 작성 방법을 배웠습니다.

if 문에는 '그렇지 않은 경우'를 표현하는 추가적인 두 가지 방법이 있습니다.

[그림 5-4]를 참조하면서 이해를 높여봅시다. 왼쪽의 순서도는 단순하게 '그렇지 않으면 △△를 한다.'를 나타냅니다. '만약 ○○이면'의 조건이 성립하지 않는(false) 경우, 오른쪽으로 이동하여 '△△를 한다.'를 실행합니다.

오른쪽의 순서도는 '그렇지 않고 만약 △△라면 ☆☆를 한다'는 순서도입니다. '만약 ○○라면'의 조건이 성립하지 않는(false) 경우, 다음 조건인 '그렇지 않고 만약 △△라면'을 판단하여 처리의 흐름을 바꿉니다.

▼ 그림 5-4 두 가지 종류의 '그렇지 않다'의 순서도

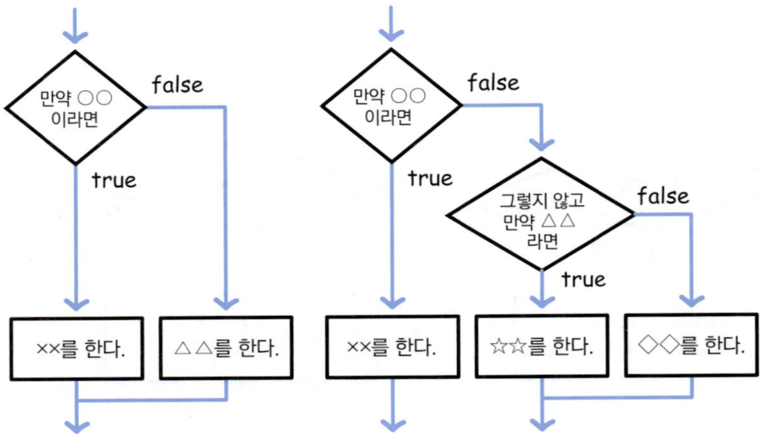

'그렇지 않고 만약 △△라면'은 몇 번이든 사용할 수 있지만, 세 번 이상 중첩되면 가독성이 떨어지고 코드가 중복되므로 너무 많이 사용하지 않는 것이 좋습니다.

'그렇지 않은 경우'의 구문을 익히자

'그렇지 않은 경우'는 [구문 5-2]에, '그렇지 않고 만약 △△라면'은 [구문 5-3]에 정리했습니다. 앞서 설명한 [그림 5-4]와 함께 보면 어느 부분이 해당되는지 이해하기 쉬울 것입니다.

참고로, [구문 5-2]와 [구문 5-3]에 있는 else { } 부분은 필수가 아니므로 필요하지 않다면 생략할 수 있습니다. 또한 [구문 5-3]에 있는 else if 부분은 필요에 따라 여러 번 사용할 수 있지만, 이미 설명했듯이 너무 많이 사용하지 않는 것이 좋습니다.

구문 5-2 if ~ else(그렇지 않은 경우)

```
if (만약 ○○라면) {
    // ××를 한다.
} else {
    // △△를 한다.
}
```

구문 5-3 if ~ else if(그렇지 않고 만약 △△라면)

```
if (만약 ○○라면) {
    // ××를 한다.
} else if (그렇지 않고 만약 △△라면) {
    // ☆☆를 한다.
} else {
    // ◇◇를 한다.
```

else와 else if를 사용해보자

먼저, [구문 5-2]의 '그렇지 않은 경우'를 표현하는 if 문의 사용 예를 [리스트 5-3]에 정리했습니다.

이 예에서는 if 문 조건식에 "나이(age)가 18세 이상인가?"를 나타내는 age >= 18을 지정했습니다. 이 조건식이 true이면 if 문의 내용이 실행됩니다. 조건식이 false이면 else 문의 내용이 실행됩니다. 변수 age의 초기값은 16이므로 if 문의 조건식은 false가 되어 else 절의 내용이 실행됩니다. 따라서 이 예에서는 '미성년자입니다'가 출력됩니다.

리스트 5-3 if else 문 사용 예

```
const age: number = 16;
// number형 변수 age에 16을 대입한다.

if (age >= 18) { // 만약 age가 18 이상이면
    console.log("성인입니다.");
    // "성인입니다."를 콘솔에 출력한다.
} else { // 그렇지 않으면
    console.log("미성년자입니다.");
    // "미성년자입니다."를 콘솔에 출력한다.
}
```

다음으로, [구문 5-3]의 '그렇지 않고 만약 △△이면'을 나타내는 if 문의 사용 예는 [리스트 5-4]에 정리했습니다.

리스트 5-4 if ~ else if 문의 사용 예

```
const x = -10; // 변수 x를 -10으로 초기화한다.

if (x > 0) { // 만약 x가 0보다 크면
    console.log("x는 양수입니다."); // "x는 양수입니다."를 콘솔에 출력한다.
} else if (x < 0) { // x가 0보다 크지 않고, 0보다 작다면
    console.log("x는 음수입니다."); // "x는 음수입니다."를 콘솔에 출력한다.
} else { // 위의 조건에도 해당되지 않으면
    console.log("x는 0입니다.");     // "x는 0입니다."를 콘솔에 출력한다.
}
```

이 예에서는 변수 x의 값에 따라 조건 분기가 이루어집니다.

먼저 if (x 〉 0)에서 x의 값이 0보다 큰지 판단합니다. 만약 그렇다면 `console.log("x는 양수입니다.")`가 실행됩니다. 그 다음 else if (x 〈 0)에서 x 값이 0보다 작은지를 판단하여, 그에 해당한다면 `console.log("x는 음수입니다.")`가 실행됩니다. 마지막으로 두 조건 중 어느 것도 만족하지 않으면, 즉 x가 0이면 else 아래의 `console.log("x는 0입니다.")`가 실행됩니다.

변수 x는 초기값으로 -10이 할당되어 있으므로, 이 if 문을 실행하면 'x는 음수입니다.'가 출력됩니다.

COLUMN | null 판정하기

2장에서 설명했듯이, null[8]은 '아무것도 없음'을 나타내는 데이터 타입입니다. if 문을 사용하면 변수가 null인지 아닌지를 판단할 수 있으므로 이 점을 기억해두는 게 좋습니다.

```
if (변수 === null) {
    // 변수가 null인 경우에 처리한다.
}
```

---

8 옮긴이_ TypeScript에서 null은 값이 없음을 나타내는 특별한 값입니다. 변수에 null을 할당함으로써 해당 변수에 아무런 값이 없음을 명시적으로 표현할 수 있습니다. null은 JavaScript와 호환성을 유지하기 위해 사용되며, undefined와는 다른 개념입니다.

5.3

if 문과 논리 연산자

keyword if 문, 논리 연산자

복잡한 조건식 표현하기

if 문은 단일 조건식뿐만 아니라 여러 조건식을 조합하여 복잡한 판단을 할 수 있습니다. 예를 들어, '나이가 25세 이상'과 '성별이 남성'이라는 두 조건식을 조합하여 판단하고 싶다면, 이미 배운 논리 연산자를 사용할 수 있습니다.

if 문과 논리 연산자를 조합해보자

두 개 이상의 조건은 이미 배운 논리 연산자 '그리고'와 '또는'으로 연결할 수 있습니다.

■ if 문과 && 연산자

'그리고'를 표현하는 && 연산자를 사용하는 구문을 살펴봅시다(구문 5-4).

구문 5-4 if 문과 && 연산자 조합

```
if (조건식1 && 조건식2) {
    // 조건식1과 조건식2가 모두 성립했을 때의 처리를 기술한다.
}
```

[그림 5-5]는 && 연산자로 조건을 판단하는 이미지입니다. 조건식1과 조건식2가 모두 참이면 블록 { } 안의 코드를 실행합니다.

▼ 그림 5-5 && 연산자의 조건 판단

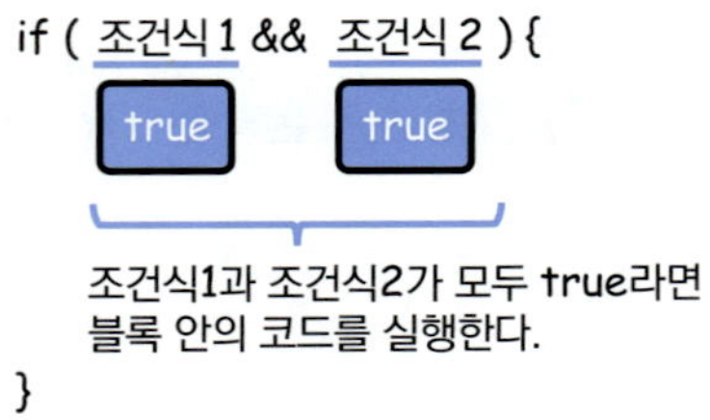

■ **if 문과 || 연산자**

다음으로 '또는'을 표현하는 || 연산자를 사용하는 구문을 알아봅시다(구문 5-5).

구문 **5-5** if 문과 || 연산자 조합

```
if (조건식1 || 조건식2) {
    // 조건식1과 조건식2 중 하나가 성립했을 때의 처리를 기술한다.
}
```

|| 연산자의 조건 판단 이미지를 [그림 5-6]에 나타냈습니다. 조건식1 또는 조건식2 중 하나라도 참이면 블록 { } 안의 코드를 실행합니다.

▼ 그림 5-6 || 연산자의 조건 판단

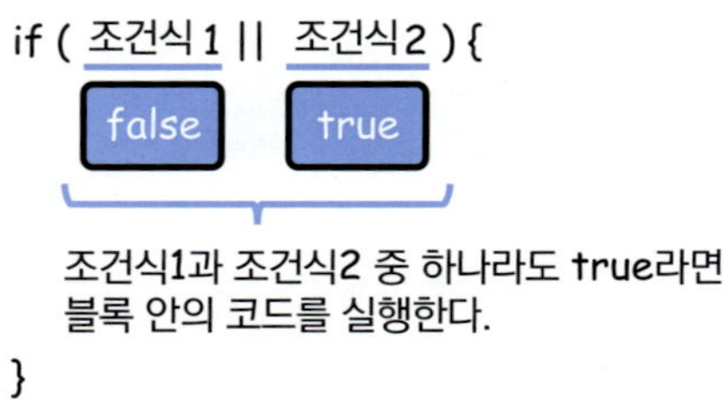

■ **if 문과 ! 연산자**

다음으로 조건식의 결과를 반전시키는 ! 연산자를 사용하는 구문을 살펴봅시다(구문 5-6).

구문 5-6 if 문과 ! 연산자 조합

```
if (!조건식) {
    // 조건식의 연산 결과를 반전하여 값이 true일 때의 처리를 기술한다.
}
```

! 연산자의 조건 판단 이미지를 [그림 5-7]에 나타냈습니다. 조건식의 반전 결과가 true이면 블록 { } 안의 코드를 실행합니다.

▼ **그림 5-7** ! 연산자의 조건 판단

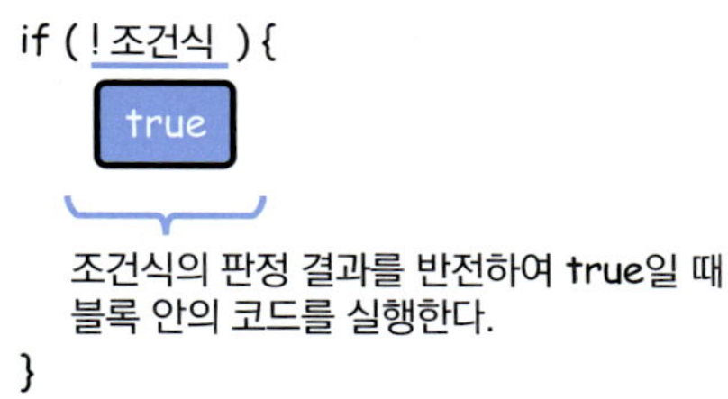

조건을 논리 연산하는 if 문을 사용해보자

[리스트 5-5]는 if 문과 논리 연산 연산자를 조합하여 사용하는 예입니다.

리스트 5-5 if 문과 논리 연산자의 조합 예

```
01: const num1: number = 5;
02: const num2: number = 10;
03:
04: if (num1 > 0 && num2 > 0) {
05:     console.log("num1과 num2는 모두 양수입니다.")
06: }
07:
08: if (num1 <= 5 || num2 <= 5) {
09:     console.log("num1 또는 num2는 5 이하의 숫자입니다.")
10: }
11:
12: if (!(num1 === num2)) {
13:     console.log("num1과 num2는 같지 않습니다.")
14: }
```

이 예에는 세 개의 if 문이 포함되어 있습니다. 각각의 if 문을 설명하겠습니다.

첫 번째 if 문(4~6행)은 num1과 num2가 모두 양수인 경우 'num1과 num2는 모두 양수입니다.'라는 메시지를 콘솔에 출력합니다. && 연산자는 두 조건이 모두 true이면 전체 조건을 true로 만듭니다. 즉, num1이 0보다 크고, num2가 0보다 큰 경우 true가 되어 if 문 안의 코드를 실행합니다.

두 번째 if 문(8~10행)은 num1이 5 이하이거나 num2가 5 이하인 경우 'num1 또는 num2는 5 이하입니다.'라는 메시지를 콘솔에 출력합니다. || 연산자는 두 조건 중 하나라도 true이면 전체 조건을 참으로 만든다. 즉, num1이 5 이하이거나 num2가 5 이하일 때 true가 되어 if 문 안의 코드를 실행합니다.

세 번째 if 문(12~14행)은 num1과 num2가 같지 않은 경우 'num1과 num2는 같지 않습니다.'라는 메시지를 콘솔에 출력합니다. ! 연산자는 조건문의 결과를 반전시킵니다. 즉, num1과 num2가 같지 않은 경우 true가 되어 if 문 안의 코드를 실행합니다.

5.4

삼항 연산자

keyword 삼항 연산자

삼항 연산자란 무엇일까?

if 문을 간단하게 작성하는 방법 중 하나로 삼항 연산자가 있습니다. 삼항 연산자는 if 문처럼 조건 분기를 할 수 있지만, 더 간결하게 작성할 수 있습니다.

삼항 연산자는 [구문 5-7]을 사용합니다.

if(조건식)에 해당하는 것이 '조건식' 부분입니다. 조건식 뒤에는 '?'를 붙이고, ':(콜론)' 앞에 있는 '식1'에는 조건식이 참일 때 실행할 명령문을, '식2'에는 조건식이 거짓일 때 실행할 명령문을 작성합니다.

구문 **5-7** 삼항 연산자

```
조건식 ? 식1 : 식2
```

[그림 5-8]은 if 문과 삼항 연산자를 이미지로 비교한 것입니다.

▼ 그림 5-8 if 문과 삼항 연산자 대비 이미지

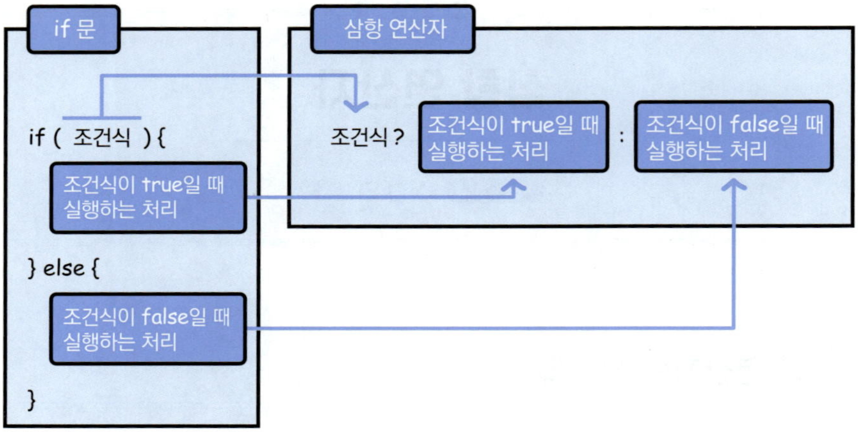

삼항 연산자를 사용해보자

삼항 연산자의 사용 예는 [리스트 5-6]에 있습니다.

리스트 5-6 삼항 연산자 사용 예

```
const x: number = 5;
let msg: string = "";

// if 문 예
if (x > 10) {
  msg = "x가 10보다 큽니다.";
} else {
  msg = "x가 10보다 작거나 같습니다.";
}
console.log(msg);

// 삼항 연산자 예
msg = x > 10 ? "x가 10보다 큽니다." : "x가 10보다 작거나 같습니다.";
console.log(msg);
```

이 예에서는 if 문과 삼항 연산자를 사용하여 같은 작업을 실행합니다. 조건식 x 〉 10에서 변수 x의 값이 10보다 크다면 'x가 10보다 큽니다.'라는 메시지를 출력하고, 그렇지 않다면 'x가 10보다 작거나 같습니다.'를 출력합니다.

변수 x의 초기값은 5이므로, if 문과 삼항 연산자 모두 'x는 10보다 작거나 같습니다.'를 출력합니다.

이런 식으로, 조건에 따라 짧은 처리를 하는 경우에는 삼항 연산자를 사용하는 것이 유용합니다. 하지만 조건에 따라 실행할 명령어가 길거나 여러 줄에 걸쳐 있는 경우에는 if 문을 사용하는 것이 좋습니다.

COLUMN | 삼항 연산자의 중첩

중첩 기법을 사용하면 [구문 5-7]에서 설명한 '식1'과 '식2'에 삼항 연산자를 추가할 수 있습니다.

예를 들어, 다음 예에서는 변수 grade가 90 이상이면 '우수', 70 이상이면 '양호', 그 외에는 '보통'이라는 문자열을 변수 result에 대입합니다.

```
const grade = 75;
const result = grade >= 90 ? "우수" : grade >= 70 ? "양호" : "보통";
```

이 코드를 한눈에 이해할 수 있으면 좋겠지만, 처음이라면 쉽지 않을 것입니다.

삼항 연산자는 간단하게 짧게 작성할 수 있다는 장점이 있지만, 가독성이 떨어지는 경우에는 if 문으로 바꾸는 것을 고려해보세요.

5.5

switch 문

keyword switch, case, break, default

switch 문이란 무엇일까?

switch 문은 특정 변수 값에 따라 여러 분기 중 하나를 선택하여 처리하는 제어 구문입니다. if 문과 같이 조건 분기를 실행하지만, 분기 수가 많을 때는 if 문보다 이해하기 쉽고 코드를 효율적으로 작성할 수 있습니다.

switch 문의 순서도는 [그림 5-9]와 같습니다.

▼ 그림 5-9 switch 문 순서도

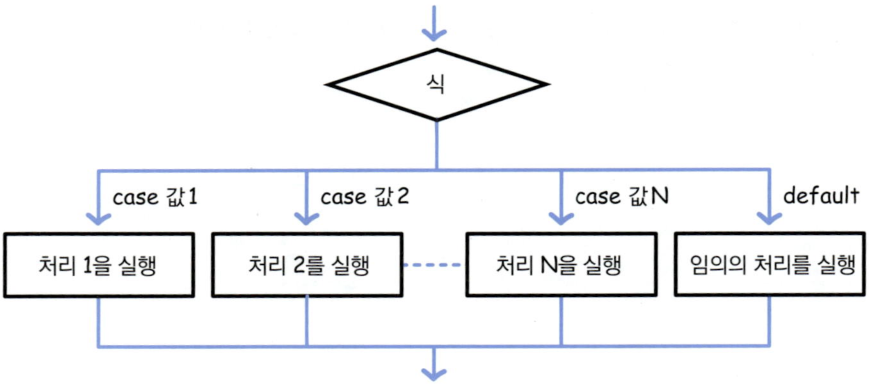

switch 문은 마름모꼴로 쓰여진 '식'과 **case** 뒤에 쓰여진 값1~값N을 순서대로 비교하여 일치하는 부분의 처리를 실행합니다. case는 얼마든지 추가할 수 있으며, 어떤 case 값과도 일치하지 않으면 **default**에 명시된 처리를 실행합니다.

switch 문의 구문을 이해하자

switch 문은 [구문 5-8]을 사용합니다.

구문 **5-8** switch 문

```
switch (식) {
  case 값1:
    // 식과 값1이 같을 때 실행되는 처리
    break;
  case 값2:
    // 식과 값2가 같을 때 실행되는 처리
    break;
  case 값N:
    // 식과 값N이 같을 때 실행되는 처리
    break;
  default:
    // 어떤 case와도 일치하지 않을 때 실행되는 처리
```

switch 문은 먼저 식을 평가하고, 그 결과와 case 절에 지정된 값을 비교합니다. 일치하는 값을 찾으면, 해당 case 절의 처리를 실행합니다. 일치하는 값을 찾지 못하면 default 절을 찾아 처리를 실행하며, default 절은 생략 가능하므로 필요하지 않다면 작성하지 않아도 됩니다.

case 절에는 보통 break 문을 붙이는데, 이는 switch 문에서 빠져나오기 위한 것입니다. break 문이 없으면, 프로그램의 실행은 다음 case 절로 이어집니다.

'case 값1:'이나 'default:'의 끝에 있는 기호는 :(콜론)이며, 한 줄의 끝을 나타내는 ;(세미콜론)이 아님을 주의해야 합니다.

switch 문을 사용해보자

[리스트 5-7]은 switch 문의 사용 예입니다.

리스트 5-7 switch 문의 사용 예

```
const mon: number = 11;
let days: number = 0;

switch (mon) {
  case 1:
    days = 31;
    break;
  case 2:
    days = 28;
    break;
  case 3:
    days = 31;
    break;
  case 4:
    days = 30;
    break;
  case 5:
    days = 31;
    break;
  case 6:
    days = 30;
    break;
  case 7:
    days = 31;
    break;
  case 8:
    days = 31;
    break;
  case 9:
    days = 30;
```

```
    break;
  case 10:
    days = 31;
    break;
  case 11:
    days = 30;
    break;
  case 12:
    days = 31;
    break;
  default:
    days = 0;
    break;
}
console.log(`${mon}월은 ${days}일까지입니다. `);
```

이 예는 지정한 달이 몇 일까지 있는지 표시하는 프로그램입니다. mon(달을 나타내는 변수)에는 초기값으로 11이 할당되어 있습니다. switch 문에서는 mon의 값인 11과 각 case의 값을 비교하여 일치하는 부분(즉, case 11:)의 문장을 실행합니다. 그 결과, 변수 days에는 30이 할당됩니다. switch 문을 통과하면 "11월은 30일까지입니다."라는 문장이 출력됩니다. 그림으로 표현하면 [그림 5-10]과 같습니다.

▼ 그림 5-10 [리스트 5-7]의 실행 이미지

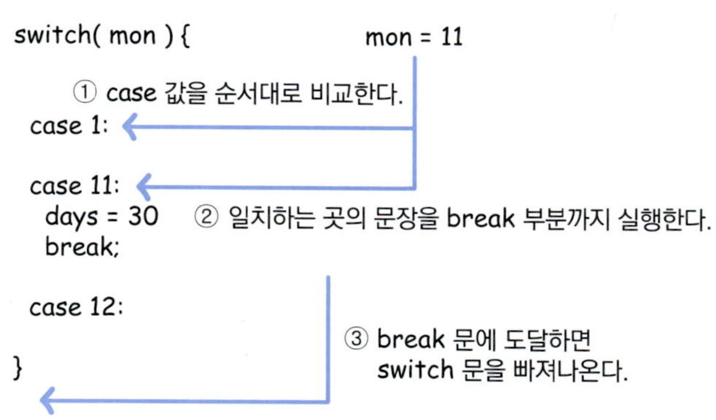

[리스트 5-7]에서는 같은 일수의 달이 각각 처리되어 있어 중복되어 보입니다. 하지만 case 절은 break 문이 없으면 다음 case 절로 이어집니다. 이를 이용하면 동일한 일수를 가진 달의 case 절을 하나로 묶을 수 있습니다. 이와 방식을 **폴스루**fall-through[9]라고 합니다.

폴스루를 사용하여 [리스트 5-7]을 다시 작성한 예는 [리스트 5-8]입니다.

1월, 3월, 5월, 7월, 8월, 10월, 12월은 31일까지이므로 하나로 묶었습니다. 또한 30일까지인 4월, 6월, 9월, 11월은 30일로 묶고, 28일밖에 없는 2월만 따로 처리했습니다.

폴스루를 잘 활용하면 중복된 코드도 깔끔하게 정리할 수 있고, 코드의 가독성이 향상되어 버그 발생 가능성이 줄어듭니다.

리스트 5-8 폴스루를 사용하여 재작성된 switch 문의 사용 예

```
const mon: number = 11;
let days: number = 0;

switch (mon) {
    case 1: case 3: case 5: case 7: case 8: case 10: case 12:
        days = 31;
        break;
    case 2:
        days = 28;
        break;
    case 4: case 6: case 9: case 11:
        days = 30;
        break;
    default:
        days = 0;
        break;
}
console.log(`${mon}월은 ${days}일까지입니다.`);
```

---

9 옮긴이_ switch 문에서 폴스루란, 하나의 case 절에서 break 문을 사용하지 않고 다음 case 절로 코드 실행 흐름이 이어지는 것을 의미합니다. 일반적으로 case 절에서 실행될 코드 블록이 끝나면 break 문을 사용하여 switch 문을 빠져나와야 합니다. 하지만 break 문을 생략하면 해당 case의 코드 블록을 실행하고, 다음 case 절로 코드 실행 흐름이 연이어서 이어집니다. 자세한 내용은 다음 사이트를 참고하세요.

- https://likedev.tistory.com/entry/JavaScript-조건문-switch문과-fall-through

확인 문제

문제 5-1 if 문과 삼항 연산자

변수 num의 값이 10 이상이면 'OK'를 출력하고, 그렇지 않으면 'NG'를 출력하는 코드를 if 문과 삼항 연산자로 작성해보세요. 변수 num은 임의의 값으로 설정하세요.

문제 5-2 if 문과 switch 문

변수 color가 "red"이면 "빨강"을 출력하고, "blue"라면 "파랑"을 출력하고, 그 외의 값이면 "기타"를 출력하는 코드를 if 문과 switch 문으로 작성해보세요.

문제 5-3 if 문

변수 score의 값이 80 이상이면 '◎' , 60 이상이면 '○', 40 이상이면 '◇', 그 외의 값이면 '△'를 출력하는 코드를 if 문으로 작성해보세요.

문제 5-4 if 문과 switch 문

변수 animal의 값이 "dog"면 "개"를 출력하고, "cat"이면 "고양이"를 출력하고, "bird"면 "새"를 출력하고, 그 외의 값이면 "해당 없음"을 출력하는 코드를 switch 문으로 작성해보세요.

제 6 장

반복 처리

6.1 반복 처리

6.2 while 문

6.3 do-while 문

6.4 for 문

6.5 for-of 문

6.6 반복 처리의 종료와 계속

6.7 다중 루프

반복 처리는 같은 작업을 여러 번 실행하는 것을 말합니다. 예를 들어, 배열의 요소를 차례대로 출력하거나, 카운터를 사용하여 지정된 횟수만큼 작업을 실행하거나, 조건에 따라 반복을 종료할 수 있습니다. TypeScript에서는 for 문, while 문, do-while 문 등의 구문으로 반복 처리를 할 수 있습니다. 또한 배열과 같이 여러 개의 값이 저장된 데이터에 대해서는 for-of 문을 사용하여 반복 처리를 할 수 있습니다. 이 장에서는 이러한 다양한 방법에 대해 실제 코드를 작성하면서 학습합니다.

6.1 반복 처리

keyword 반복 처리

반복 처리란 무엇일까?

반복 처리[10]는 같은 작업을 여러 번 실행하는 것을 말합니다.

예를 들어, '1부터 10까지의 숫자를 하나씩 출력한다'는 작업을 생각해보세요. 이 경우, 1부터 10까지의 숫자를 차례대로 출력하는 작업을 10번 실행해야 합니다. 그러나 1부터 10까지의 숫자를 모두 출력하기 위해 10번의 작업을 작성하는 것은 매우 번거로울 수 있습니다.

지금까지 배운 지식으로 프로그램을 작성한다면, [리스트 6-1]처럼 한 줄씩 코드를 작성해야 합니다.

리스트 6-1 1부터 10까지 숫자를 표시하는 프로그램

```
console.log(1);
console.log(2);
console.log(3);
console.log(4);
console.log(5);
console.log(6);
console.log(7);
console.log(8);
console.log(9);
console.log(10);
```

10 옮긴이_ 반복 처리는 컴퓨터에게 "이 일을 몇 번 반복해"라고 지시하는 것을 말합니다. 마치 운동할 때 "팔굽혀펴기를 10번 해"라고 하는 것과 같습니다.

반복 처리를 사용하면 같은 작업을 여러 번 쉽게 실행할 수 있습니다. 이는 동일한 작업을 미리 정의하고, 그 작업을 반복적으로 실행하는 구문을 사용하면 됩니다.

예를 들어, [리스트 6-2]에서는 for 문이라는 반복 구문을 사용하여 1부터 10까지의 숫자를 하나씩 출력합니다. 이 경우, 이전에 10줄로 작성했던 코드를 3줄로 줄일 수 있습니다. 나중에 for 문에 대해 자세히 설명합니다.

리스트 6-2 반복 구문 사용 예

```
for (let i = 1; i <= 10; i++) {
    console.log(i);
}
```

반복 처리를 이미지로 표현하면 [그림 6-1]과 같습니다.

이 이미지에서는 숫자를 출력하는 하나의 처리를 작성하고 10번 반복해서 실행하는 것을 보여줍니다. 10번이 100번, 1000번이 되더라도 '숫자를 출력한다'는 처리만 하나 작성하면 됩니다.

▼ **그림 6-1** 반복 처리 이미지

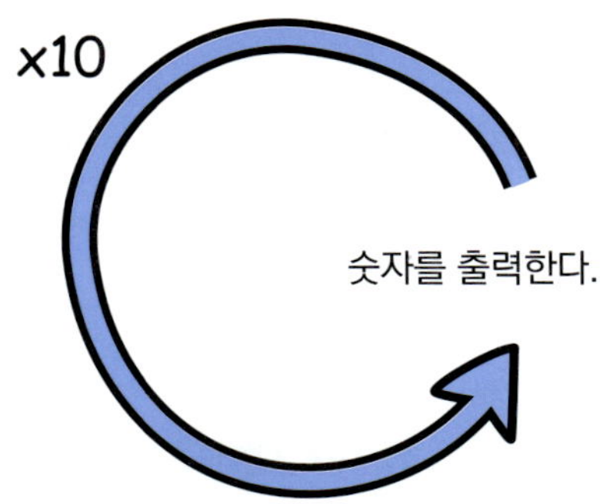

6.2

while 문

keyword while, 무한 루프

while 문이란 무엇일까?

while 문은 특정 조건이 만족될 때까지 같은 작업을 반복합니다.

예를 들어, '논문을 마지막 페이지까지 한 페이지씩 읽는다'는 작업을 할 경우, while 문을 사용하여 다음처럼 표현할 수 있습니다.

① 아직 읽을 페이지가 남았는지 확인한다(다 읽은 경우에는 처리 종료).

② 한 페이지를 읽는다.

③ 페이지를 넘긴다.

④ 첫 번째 처리로 돌아간다.

이를 그림으로 표현하면 [그림 6-2]와 같습니다.

▼ 그림 6-2 while 문의 이미지

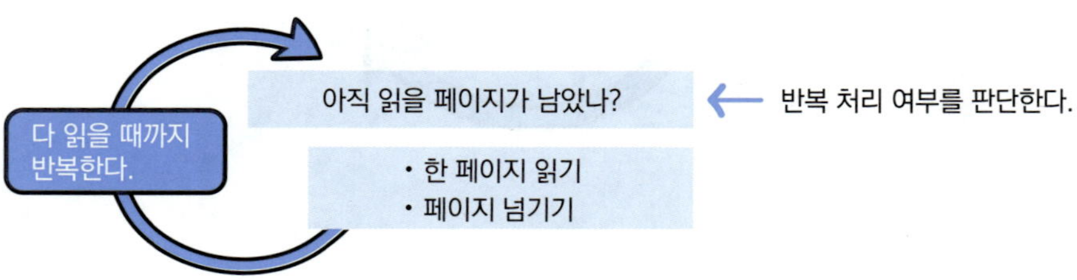

while 문의 구문을 익히자

while 문은 [구문 6-1]을 사용합니다.

구문 6-1 while 문

```
while (조건식) {
    // 이곳에 반복적으로 실행할 처리를 기술한다.
}
```

while 문은 조건식이 true인 동안 반복적으로 작업을 실행합니다.

while 문의 조건식이 먼저 평가되며, 이 조건식이 true인 동안 블록 { } 내의 작업이 실행됩니다. 작업이 실행된 후에는 다시 while 문의 시작으로 돌아가 조건식을 다시 평가하고, 조건식이 true를 반환하는 한, 작업이 계속 반복됩니다.

조건식이 false를 반환하면 while 문의 반복 작업이 종료됩니다. 만약, 조건식이 항상 false가 되지 않는다면(true를 반환한다면), 반복 작업이 영원히 계속되는 **무한 루프**가 될 수 있으므로 주의합니다.

while 문을 사용해보자

[리스트 6-3]은 while 문의 사용 예를 보여줍니다.

리스트 6-3 while 문 사용 예

```
let currentPage = 1;     // 현재 읽고 있는 페이지 번호
const totalPages = 10; // 전체 페이지 수

while (currentPage <= totalPages) {
    console.log(`현재 ${currentPage} 페이지를 읽고 있습니다.`);
    currentPage++; // 페이지 넘기기(현재 페이지 번호 1 증가)
```

```
07: }
08: console.log('모든 페이지를 다 읽었습니다.');
```

이 예는 논문 10페이지를 읽는 것을 코드로 작성한 것으로, 각 페이지를 읽을 때마다 페이지 수를 계산하고 10페이지를 모두 읽으면 작업이 완료됩니다.

[표 6-1]은 [리스트 6-3]의 반복 처리에서 사용되는 변수 값의 변화를 나타냅니다.

▼ 표 6-1 [리스트 6-3]의 변수 값 변화

변수 / 반복 횟수	currentPage	totalPages	currentPage <= totalPages
1	1	10	true
2	2	10	true
3	3	10	true
4	4	10	true
5	5	10	true
6	6	10	true
7	7	10	true
8	8	10	true
9	9	10	true
10	10	10	true
11	11	10	false

초기값으로 currentPage에 1이 할당되고 totalPages에는 10이 할당됩니다. while 문의 조건식 `currentPage <= totalPages`가 true인 동안 루프는 계속 반복됩니다. 첫 번째 루프에서는 currentPage가 1이므로 현재 페이지 수를 나타내는 문장이 출력되고 currentPage의 값이 1 증가합니다.

루프가 반복될 때마다 currentPage의 값이 1씩 증가하고, 결국 currentPage의 값이 totalPages의 값보다 커지면 `currentPage <= totalPages`가 false가 되어 루프가 종료됩니다.

6.3

do-while 문

keyword do while

do–while 문이란 무엇일까?

'while 문'은 조건식이 true일 때 작업을 반복하고, 조건이 false가 되면 반복을 중단합니다. 그러나 'do–while 문'은 조건을 평가하기 전에 작업을 최소한 한번은 실행하고, 그 후에 조건이 true인 경우 작업을 계속 반복하며, 조건이 false가 되면 반복을 중단합니다.

따라서 'while 문'은 조건이 처음부터 false인 경우 작업을 한 번도 실행하지 않을 수 있지만, 'do–while 문'은 조건이 거짓이더라도 작업을 최소한 한 번은 실행한다는 차이가 있습니다.

예를 들어, '논문의 첫 페이지는 반드시 읽고, 그 다음 페이지가 있으면 계속해서 읽는다'는 작업을 실행할 때 do–while 문을 사용하여 다음처럼 표현할 수 있습니다.

① 한 페이지를 읽는다. ② 페이지를 넘긴다. ③ 읽을 페이지가 남아 있으면 처음으로 돌아간다.

이를 이미지로 표현하면 [그림 6–3]과 같습니다.

▼ 그림 6-3 do–while 문의 이미지

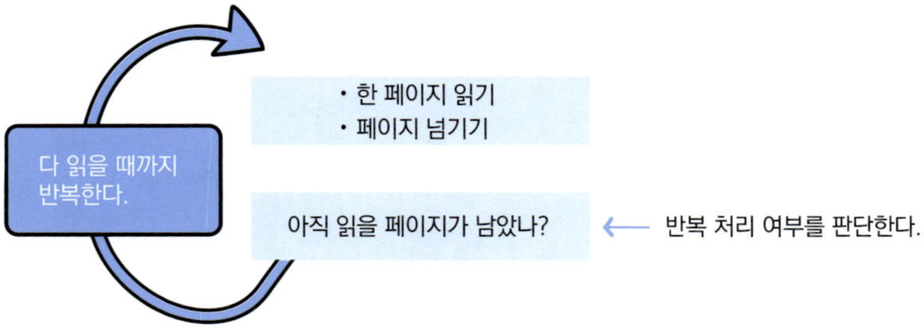

do-while 문의 구문을 익히자

do-while 문은 [구문 6-2]를 사용합니다.

구문 6-2 do-while 문

```
do {
    // 이곳에 반복적으로 실행할 처리를 기술한다.
} while (조건식);
```

do-while 문은 'do'라는 키워드로 시작하고, 최소 한 번 이상 실행하고자 하는 코드를 블록 { }으로 둘러싸고, 마지막으로 while의 조건식을 평가합니다. 조건식의 평가 결과가 true인 경우, 다시 do로 돌아가 블록 { }의 내용을 실행합니다. 조건식의 평가 결과가 false인 경우, do-while 루프를 빠져나옵니다.

while 문과 마찬가지로 반복 처리가 영원히 계속되는 무한 루프가 될 수 있으므로 주의해야 합니다.

do-while 문 사용하기

[리스트 6-4]는 do-while 문의 사용 예를 보여줍니다.

리스트 6-4 do-while 문 사용 예

```
let currentPage = 1;    // 현재 읽고 있는 페이지의 번호
const totalPages = 10; // 전체 페이지 수

do {
    console.log(`${currentPage}/${totalPages} 페이지가 읽혔습니다.`);
    // 현재 읽은 페이지 수
    currentPage++;
} while (currentPage <= totalPages);
console.log("완료!")
```

논문은 총 10페이지로 되어 있으며, 첫 페이지를 먼저 읽은 후 나머지 페이지가 10페이지 이하인 경우 계속해서 읽습니다. [리스트 6-4]의 각 변수 값 변화를 [표 6-2]에서 볼 수 있습니다.

▼ 표 6-2 [리스트 6-4]의 변수 값 변화

반복 횟수 \ 변수	메시지 출력 시 currentPage	메시지 출력 후 currentPage	totalPages	currentPage <= totalPages
1	1	2	10	true
2	2	3	10	true
3	3	4	10	true
4	4	5	10	true
5	5	6	10	true
6	6	7	10	true
7	7	8	10	true
8	8	9	10	true
9	9	10	10	true
10	10	11	10	false

초기값으로 currentPage에 1이 할당된 상태에서 시작하여 while 문에서 currentPage가 totalPages 이하인 경우 반복 처리가 이루어집니다. 반복 횟수가 10이 되면 `currentPage <= totalPages`는 false가 되고, 루프 처리가 종료되며 “완료!”라는 메시지가 표시됩니다.

6.4

for 문

keyword for, 초기화식, 조건식, 갱신식

for 문이란 무엇일까?

for 문은 특정 작업을 정해진 횟수만큼 반복하고자 할 때 사용하는 구문입니다.

예를 들어, 5명의 학생들의 국어 점수의 합계를 구하고, 그 평균 점수를 출력하는 프로그램을 만들고자 한다면, for 문을 이용하여 다음처럼 표현할 수 있습니다. [그림 6-4]는 for 문의 이미지를 나타낸 것으로, ③~⑤가 for 문의 주요 부분입니다.

① 점수의 합계를 저장할 변수를 선언한다.

② 학생들 5명의 국어 점수를 배열에 저장한다.

③ 반복 횟수가 5명 분에 도달하지 않으면 다음 처리를 반복한다(5명의 학생 모두의 점수를 더할 때까지 반복한다).

④ N명째 점수를 합계 변수에 더한다(각 학생의 점수를 합계 변수에 더한다).

⑤ ③으로 돌아가서 다음 처리를 한다.

⑥ 평균 점수를 계산하고 출력한다.

▼ 그림 6-4 for 문 이미지

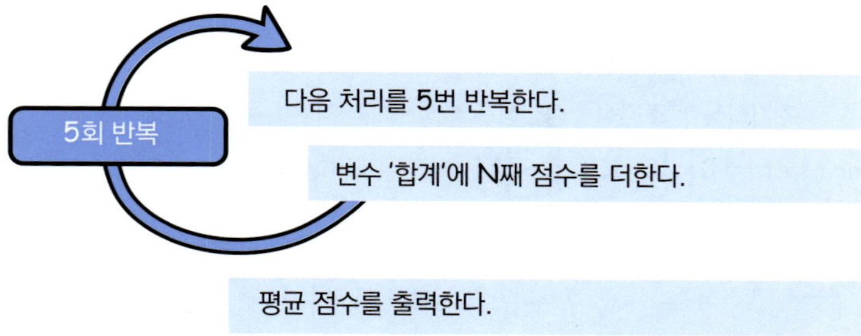

for 문의 구문을 익히자

for 문은 [구문 6-3]을 사용합니다.

구문 6-3 for 문

```
for (초기화식; 조건식; 갱신식) {
    // 반복적으로 실행할 처리를 기술한다.
}
```

for 문은 초기화식, 조건식, 갱신식, 그리고 반복해서 실행할 명령들을 포함하는 블록 { }으로 구성됩니다. [리스트 6-5]와 [그림 6-5]를 참고하면 for 문에 대한 이해가 더욱 쉬워질 것입니다.

리스트 6-5 for 문의 간단한 예

```
for (let i = 0; i < 10; i++) {
    // 처리
}
```

▼ 그림 6-5 초기화식, 조건식, 갱신식의 실행 타이밍

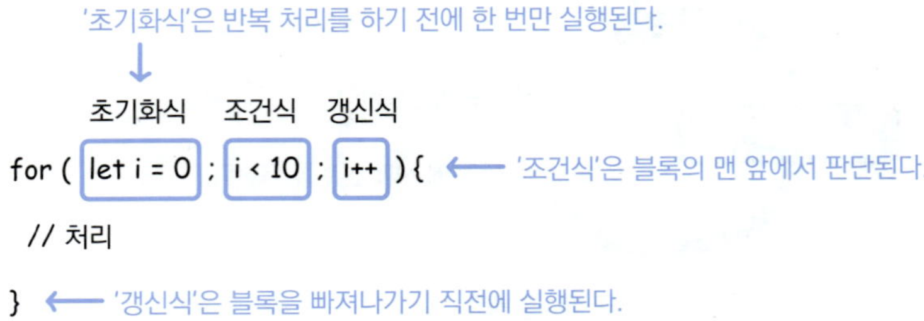

■ **초기화식**

for 문이 시작될 때 한 번만 실행되는 식입니다. 이 식에서는 반복 횟수를 저장하는 변수를 선언하고 초기값을 설정합니다. 이 예에서는 변수 i를 선언하고 0으로 초기화하므로, 반복 횟수는 '0회'부터 시작하게 됩니다. 이렇게 초기화식에서 선언한 변수는 for 문 내부에서만 사용할 수 있습니다. 이런 변수의 사용 범위를 스코프scope라고 합니다.

■ **조건식**

반복을 계속할지 판단하는 표현식입니다. 조건식은 true 또는 false를 반환하는 식을 작성하며, for 문의 블록에 들어갈 때마다 평가됩니다. 조건식이 true인 경우, 반복 처리가 계속됩니다. 이 예에서는 변수 i의 값이 10 미만인 경우 반복 처리를 계속합니다. 조건식이 false인 경우, 반복을 중단하고 블록 { }의 바깥으로 이동하여 다음 처리로 넘어갑니다.

■ **갱신식**

반복 처리가 끝날 때마다 실행되는 부분입니다. 이 부분에서는 주로 반복 변수 값을 증가시키거나 감소시킵니다. 이 예에서는 'i++'를 통해 매 반복마다 변수 i의 값을 1씩 증가시킵니다.

for 문을 사용해보자

[리스트 6-6]은 for 문의 사용 예를 보여줍니다.

리스트 6-6 for 문의 사용 예

```
// 5명의 국어 점수를 배열에 저장한다.
const korean = [80, 65, 90, 75, 85];

let sum = 0; // 총점 저장용 변수
for (let i = 0; i < 5; i++) { // 5회 루프
    sum += korean[i]; // 합계값에 더한다.
}

const average = sum / 5; // 평균값을 계산한다.

console.log(`5명의 국어 총점은 ${sum}점, 평균 점수는 ${average}점입니다.`);
```

이 프로그램은 학생들 5명의 국어 점수를 배열에 저장하고, for 문을 사용해 총점을 구한 후 마지막으로 총점과 평균 점수를 출력합니다.

[리스트 6-6]의 반복 처리에서 사용되는 변수 값의 변화를 [표 6-3]에 정리했습니다.

▼ **표 6-3** [리스트 6-6]의 변수 값 변화

변수 반복 횟수	i	korean[i]	sum
1	0	80	80
2	1	65	145
3	2	90	235
4	3	75	310
5	4	85	395

변수 korean에는 학생 5명의 국어 점수가 배열에 저장되어 있고, 이 점수들의 합계는 sum 변수에 저장됩니다.

for 문의 초기화식은 `let i = 0`이므로 변수 i를 사용하여 반복 횟수를 세는 것을 알 수 있습니다. 조건식은 `i < 5`이므로 i가 5 미만인 동안 반복합니다. 갱신식은 'i++'이므로 1씩 증가시킵니다. 따라서 변수 i는 0, 1, 2, 3, 4로 변하며, 총 5번의 반복이 이루어집니다.

첫 번째 루프에서는 i에 0이 대입되고, korean[0]의 값 80이 sum에 추가됩니다.

두 번째 루프에서는 i에 1이 대입되고, korean[1]의 값 65가 sum에 더해져 145가 됩니다. 여기서 덧셈 대입 연산자 '+='를 사용하는 점에 주목하세요. 이 연산자는 기존 값에 새로운 점수를 더하는 역할을 합니다.

마찬가지로 세 번째, 네 번째, 다섯 번째 루프에서도 korean 배열에서 순차적으로 값을 가져와서 각각 sum에 더합니다.

다섯 번째 루프가 끝나면 for 문의 처음으로 돌아가게 되는데, 이때 변수 i의 값이 5가 되므로, 조건식 `i < 5`가 false가 되어 for 문을 빠져나옵니다.

마지막으로, 총점인 sum을 5로 나누어 평균 점수를 구하고, 이 점수를 average 변수에 저장합니다.

sum의 최종 값은 395점이므로 평균 점수는 79점이 되어, "5명의 국어 총점은 395점, 평균 점수는 79점입니다."를 출력합니다.

6.5

for-of 문

keyword for-of, 반복 가능 객체

for-of 문이란 무엇일까?

for-of 문은 배열이나 문자열과 같은 반복 가능한 객체의 각 요소를 순차적으로 처리합니다. 일반적인 for 문은 특정 횟수만큼 반복 처리를 하지만, for-of 문은 객체의 요소 수에 따라 반복 처리를 합니다(그림 6-6).

▼ 그림 6-6 for-of의 요소 취득 이미지

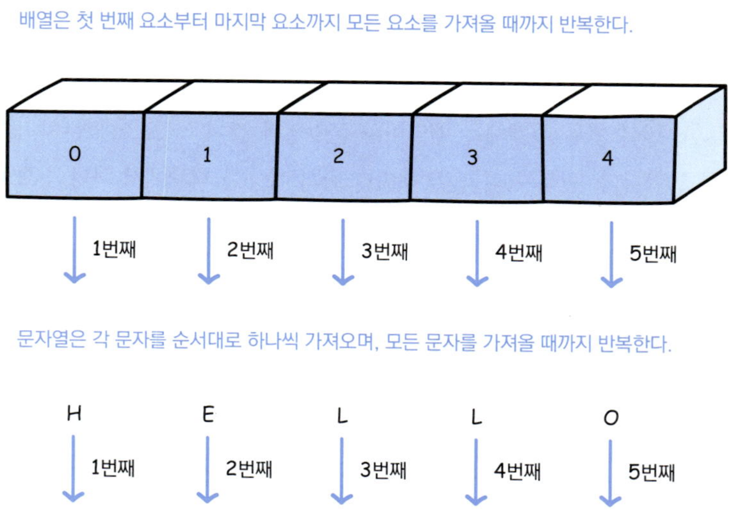

반복 가능한 객체란 말 그대로 반복 처리가 가능한 객체를 말합니다.

예를 들면, 배열은 반복 가능한 객체 중 하나입니다. 배열에는 여러 요소가 있고, 각 요소는 순서가 있습니다. 이 순서를 이용해 for-of 문을 사용하여 각 요소에 차례로 접근할 수 있습니다. 문자열도 반복 가능한 객체 중 하나입니다. 문자열 내의 각 문자는 순서대로 나열되어 있으므로 for-of 문을 사용하여 각 문자에 접근할 수 있습니다.

반복 처리가 필요한 경우에는 이런 반복 가능한 객체가 자주 사용됩니다. TypeScript나 JavaScript와 같은 프로그래밍 언어에서는 이 개념이 중요하므로 기억해두는 것이 좋습니다.

for-of 문의 구문을 익히자

for-of 문은 [구문 6-4]를 사용합니다.

구문 **6-4** for-of 문

```
for (let 변수명 of 반복 가능한 객체) {
    // 처리 내용
}
```

앞서 설명했듯이, 반복 가능한 객체는 배열이나 문자열과 같이 각 요소에 순차적으로 접근할 수 있는 객체를 말합니다. 반복 처리를 할 때마다 반복 가능한 객체에서 하나의 요소를 가져와 지정한 변수에 대입하며 처리를 실행합니다.

for-of 문을 사용해보자

[리스트 6-7]은 for-of 문의 사용 예입니다.

리스트 6-7 숫자 배열의 모든 요소를 가져와서 합계를 구하는 예

```
// 5명의 국어 점수를 배열에 저장한다.
const korean = [80, 65, 90, 75, 85];
let sum = 0;

for (const num of korean) {
    sum += num;
}

const average = sum / 5; // 평균값을 계산한다.
console.log(`5명의 국어 총점은 ${sum}점, 평균 점수는 ${average}점입니다.`);
```

이 프로그램은 [리스트 6-6]에 나오는 for 문의 예를 for-of 문을 사용하여 다시 작성한 것입니다. 5명의 국어 점수 총점을 계산하고, 마지막으로 총점과 평균 점수를 출력합니다.

[리스트 6-7]에 사용된 변수 값의 변화를 [표 6-4]에 정리했습니다.

▼ 표 6-4 [리스트 6-7]의 변수 값 변화

반복 횟수 \ 변수	num	sum
1	80	80
2	65	145
3	90	235
4	75	310
5	85	395

5명의 국어 점수가 korean이라는 배열에 저장되어 있습니다. for-of 문을 사용하여 배열의 각 요소를 순차적으로 꺼내어 sum에 더합니다.

korean 배열에서 꺼낸 각 요소는 num이라는 변수에 저장됩니다.

또한 sum은 처리가 반복될 때마다 num의 값을 더합니다. 반복 횟수는 반복 객체의 요소 수에 따라 결정됩니다. 이 예에서는 korean의 요소 수만큼, 즉 5번 반복합니다.

최종적으로, 점수의 합은 sum 변수에 저장되고, sum을 학생 수로 나누어 평균 점수를 계산합니다. 마지막으로 총점과 평균 점수를 출력합니다.

동작 이미지는 [그림 6-7]과 같습니다.

▼ 그림 6-7 [리스트 6-7]의 반복 처리 실행 이미지

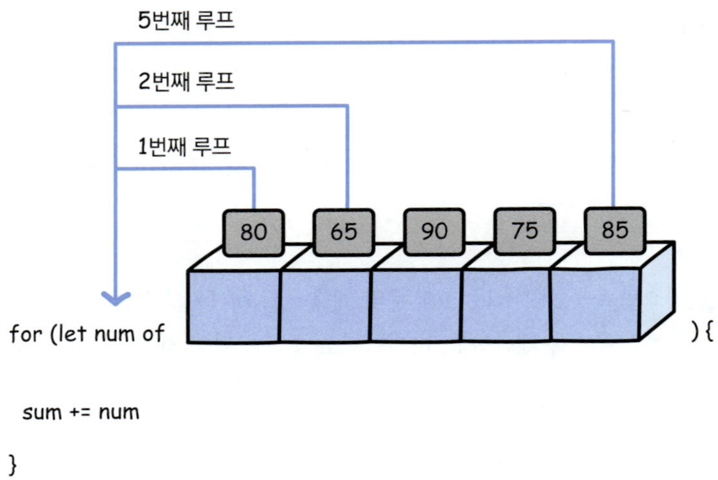

6.6

반복 처리의 종료와 계속

keyword break, continue

반복 처리의 종료와 계속이란 무엇일까?

반복 처리의 종료와 계속은 반복 처리 중에 처리를 중단하거나, 처리를 건너뛰고 반복 처리의 시작 부분으로 돌아가는 것을 말합니다. 반복 처리 중에 특정 조건을 만족하면 반복 처리를 종료하여 처리 효율성을 높일 수 있습니다. 또한 조건에 따라 특정 루프를 중단하고 처음으로 돌아가 반복 처리를 다시 시작하여 불필요한 처리를 생략할 수 있습니다.

반복 처리의 종료와 계속 구문을 익히자

for 문과 while 문을 사용한 반복 처리는 이미 배운 내용입니다. 반복 처리에서 처리를 종료하거나 건너뛸 때는 break 문이나 continue 문을 사용합니다.

break 문은 반복 처리를 종료하는 문장으로, break 문이 실행되면 그 시점에서 처리를 종료하고 반복 처리에서 벗어납니다(구문 6-5).

구문 6-5 break 문

```
반복처리 {
    break;
}
```

continue 문은 반복 처리를 중간에 중단하고 다시 반복 처리의 처음으로 돌아가는 문장입니다(구문 6-6). continue 문이 실행되면 그 시점 이후의 처리를 건너뛰고 반복 처리의 처음으로 돌아갑니다.

구문 6-6 continue 문

```
반복처리 {
    continue;
}
```

반복 처리의 종료와 계속을 사용해보자

반복 처리의 종료와 계속을 사용해보겠습니다. 먼저 break 문을 사용하여 반복 처리를 종료하는 예를 살펴봅시다.

[리스트 6-8]은 break 문의 사용 예입니다.

리스트 6-8 break 문의 사용 예

```
for (let i = 0; i < 5; i++) {
    console.log(i);
    if (i === 2) {
        break; // i 값이 2가 되면 반복 처리를 종료한다.
    }
}
```

이 예에서는 for 문을 사용하여 i가 0에서 5 미만인 동안 5번의 반복 처리를 실행합니다. 그러나 중간에 break 문을 실행하여 반복 처리를 종료합니다.

[리스트 6-8]의 반복 처리에서 사용되는 변수 i 값의 변화를 [표 6-5]에 정리했습니다.

▼ 표 6-5 [리스트 6-8]의 변수 값 변화

반복 횟수 \ 변수	i	break 실행
1	0	
2	1	
3	2	break
4		
5		

이 반복 처리에서는 변수 i가 0에서 시작하여 반복할 때마다 1씩 증가합니다. 루프 조건으로 i 〈 5가 설정되어 있으므로 i 값이 5가 되면 반복 처리를 종료합니다.

반복 처리 중에 i 값이 2가 되면 break 문이 실행되어 반복 처리가 종료됩니다. 따라서 원래는 5회 반복 처리를 하는 for 문이지만 실제로는 3회 반복 처리를 하고, break 문에 도달한 이후에는 더 이상의 처리가 이루어지지 않습니다.

다음으로 continue 문을 사용하여 반복 처리를 계속하는 예를 살펴보겠습니다. [리스트 6-9]는 continue 문의 사용 예입니다.

리스트 6-9 continue 문의 사용 예

```
for (let i = 0; i < 5; i++) {
    if (i === 2) {
        continue; // i 값이 2인 경우 처리를 건너뛴다.
    }
    console.log(i);
}
```

이 예는 for 문을 사용하여 i가 0에서 5 미만인 동안 5번의 반복 처리를 실행하며, 중간에 continue 문을 실행하여 맨 앞부분으로 돌아가 반복 처리를 계속합니다.

[리스트 6-9]의 실행 이미지는 [표 6-6]과 같습니다.

▼ 표 6-6 [리스트 6-9]의 변수 값 변화

반복 횟수 \ 변수	i	continue 실행	console.log(i)
1	0		0
2	1		1
3	2	continue	
4	3		3
5	4		4

for 문에서 i의 값은 0부터 시작하여 1씩 증가합니다. 그러나 i의 값이 2가 되면 continue에 의해 처리를 건너뛰고 다음 반복문으로 넘어갑니다. 따라서 i가 2일 때는 console.log가 실행되지 않습니다. 그 이후는 평소와 같이 i가 1씩 증가합니다.

COLUMN | break 문과 continue 문의 사용 사례

break 문은 루프를 강제로 종료하고, continue 문은 루프의 다음 반복을 건너뜁니다. 어떤 상황에서 사용할 수 있을까요?

건강검진을 하기 전, 문진에 응답하는 경우를 예로 들어보겠습니다. 질문은 배열 변수에 저장되어 있고, 반복 처리로 순서대로 질문합니다. 예를 들어, '여성인 경우 다음 질문에 답해주세요'라는 질문을 받았을 때, 남성이면 이 질문을 건너뛸 수 있습니다. 따라서 continue 문을 사용하여 다음 질문으로 이동합니다.

또한 '마지막으로 선생님에게 묻고 싶은 것이 있으면 적어주세요'라는 질문일 경우, 특별한 질문이 없으면 처리를 종료할 수 있습니다. 따라서 break 문을 사용하여 반복 처리를 종료합니다.

이 외에도 break 문과 continue 문은 다양한 장면에서 사용할 수 있습니다. 잘 활용하여 효율적인 프로그램을 만들어 보세요.

6.7
다중 루프

keyword 다중 루프

다중 루프란 무엇일까?

다중 루프는 한 반복문 안에 다른 반복문이 있는 구조로, 복잡한 계산이나 데이터 처리를 할 때 사용합니다.

예를 들어, 2차원 배열의 모든 요소를 가져오려면, 한 개의 반복 처리만으로는 불가능합니다. 이미 설명했듯이 2차원 배열은 가로와 세로로 데이터가 있는 구조이므로 가로와 세로를 각각 반복하여 데이터를 가져올 수 있습니다(그림 6-8).

▼ 그림 6-8 2차원 배열의 데이터 취득

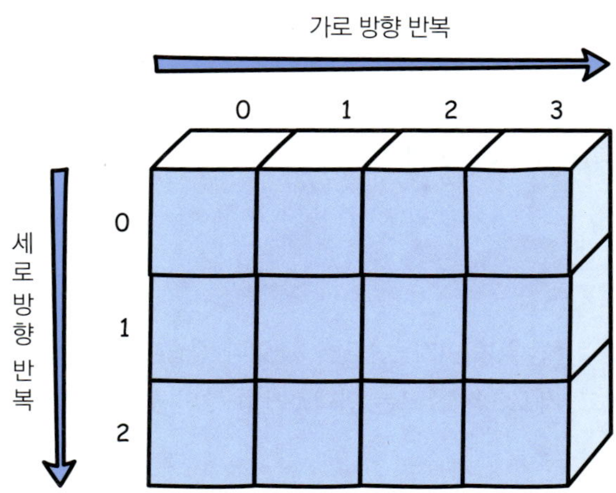

따라서 2차원 배열의 모든 데이터를 추출하려면 두 번의 반복 처리를 사용합니다.

다중 루프의 구문을 익히자

다중 루프는 [구문 6-7]을 사용합니다.

구문 6-7 다중 루프

```
반복 처리 {
    반복 처리 {

    }
}
```

'다중 루프'는 여러 개의 반복 처리를 **중첩**[nest]하여 사용하는 것을 말합니다. 중첩이란 어떤 물건이 다른 물건 안에 들어 있는 상태나 구조를 말합니다. 예를 들어, for 문 안에 다른 for 문을 넣어서(중첩하여) 다중 루프를 만들 수 있습니다.

[리스트 6-10]은 다중 루프의 사용 예를 보여줍니다.

리스트 6-10 다중 루프 예

```
const array = [[1, 2, 3, 4], [5, 6, 7, 8], [9, 10, 11, 12]];

for (let i = 0; i <= 2; i++) {
    for (let j = 0; j <= 3; j++) {
        console.log(array[i][j]);
    }
}
```

이 코드의 2차원 배열 array의 이미지는 [그림 6-9]와 같습니다. 가로 방향으로는 인덱스가 0~3인 4개의 열이 있고, 세로 방향으로는 인덱스가 0~2인 3개의 행으로 구성된 2차원 배열입니다.

▼ 그림 6-9 2차원 배열 array의 이미지

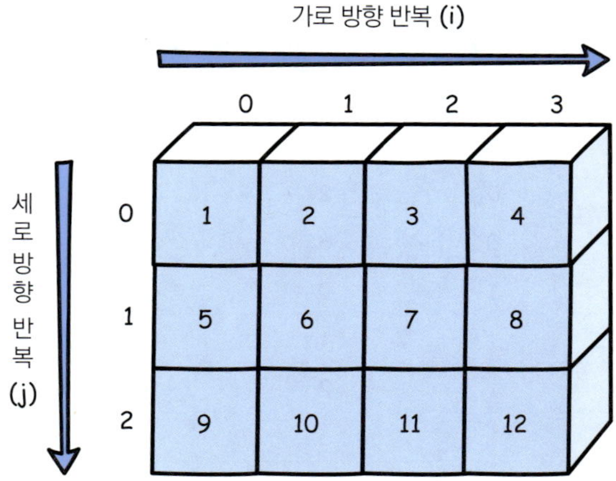

2차원 배열 array의 모든 요소를 표시하려면 가로와 세로를 순회하는 이중 루프 구조로 만들어야 합니다.

array에서 1, 2, 3, 4, ... 10, 11, 12 등의 모든 요소를 출력하려면, 먼저 첫 번째 행(인덱스 0)에 접근하고, 그 행의 각 열에 접근합니다. 그리고 다음 행으로 넘어가서 같은 방식으로 진행합니다. 이중 루프에서 첫 번째 루프는 행을 순회하고, 두 번째 루프는 열을 순회합니다.

[리스트 6-10]의 변수 값 변화를 [표 6-7]에서 확인할 수 있습니다.

바깥쪽 for 문은 세로 방향의 반복 처리입니다. i가 0일 때 안쪽 for 문으로 이동합니다. 안쪽 for 문은 열을 순회하며, j가 0에서 3까지 변하면서 반복됩니다. 따라서 array[0][0], array[0][1], array[0][2], array[0][3]을 순서대로 출력하고, 다시 바깥쪽 for 문으로 돌아갑니다. i 값이 1이 되면 안쪽 for 문으로 이동하고, 이번에는 배열 array[1][0], array[1][1], array[1][2], array[1][3]을 순서대로 출력한 후, 다시 바깥쪽 for 문으로 돌아갑니다.

이런 방식으로 마지막 행이 출력될 때까지 반복합니다.

이렇게 배열의 차원 수에 맞게 루프를 사용하면, 모든 요소에 접근할 수 있습니다.

▼ 표 6-7 [리스트 6-10]의 변수 값 변화

반복 횟수 \ 변수	i	j	console.log(array[i][j])
1	0	0	1
2	0	1	2
3	0	2	3
4	0	3	4
5	1	0	5
6	1	1	6
7	1	2	7
8	1	3	8
9	2	0	9
10	2	1	10
11	2	2	11
12	2	3	12

확인 문제

문제 6-1 while 문

0부터 10까지의 숫자를 차례대로 출력하는 while 문을 작성해보세요.

문제 6-2 do-while 문

1부터 5까지의 숫자를 차례대로 출력하는 do-while 문을 작성해보세요.

문제 6-3 for 문

0부터 4까지의 숫자를 차례대로 출력하는 for 문을 작성해보세요.

문제 6-4 for-of 문

다음 배열의 모든 요소를 for-of 문을 사용하여 console.log로 출력해보세요.

```
const array = ['a', 'b', 'c', 'd', 'e'];
```

문제 6-5 break 문

1부터 10까지의 숫자를 출력하는 for 문을 작성하고, 숫자가 5가 되면 반복을 중단하는 프로그램을 작성해보세요. 이때 break 문을 사용해야 합니다.

문제 6-6 continue 문

1부터 10까지의 숫자를 콘솔에 출력하는 프로그램을 작성해보세요. 단, 3의 배수는 출력하지 않도록 합니다. 이때 continue 문을 사용해야 합니다.

힌트 3의 배수는 '임의의 숫자를 3으로 나눈 나머지가 0인 숫자'입니다. 예를 들어 `9 % 3 === 0`은 '9÷3은 나머지가 0인가'를 말합니다. 이를 활용하여 조건식을 작성해보세요.

제 7 장

함수

7.1 함수 만들기

7.2 인수가 있는 함수 만들기

7.3 반환값이 있는 함수 만들기

7.4 함수식과 화살표 함수

7.5 제네릭

7.6 스코프

'함수'는 여러 코드를 한꺼번에 처리하는 편리한 구조입니다. 같은 처리가 여러 번 필요할 때, 함수를 사용해 처리를 정리하고 코드를 재사용할 수 있습니다. 이 장에서는 함수를 만드는 방법과 사용하는 방법을 배워 프로그램을 더 효율적으로 작성하는 방법을 알아봅니다.

7.1

함수 만들기

keyword 함수, 함수명, 인수, 반환값

함수란 무엇일까?

'함수[function11]'란 '여러 코드를 한 번에 처리하는 편리한 구조'라고 설명했습니다. 함수를 만들려면 이 '여러 코드'에 이름을 붙이고 정의해야 합니다. 이를 함수 정의라고 합니다. 함수 정의를 위해 [구문 7-1]을 사용합니다.

구문 **7-1** 함수 정의

```
function 함수명(인수1: 타입1, 인수2: 타입2, ...): 반환값의 타입 {
    // 처리
    return 반환값;
}
```

함수를 정의하려면 **function** 키워드를 사용하고 원하는 함수명을 붙입니다. 그리고 함수 본문(한번에 처리하려는 내용)을 블록 { }으로 감싸줍니다.

간단한 함수를 만드는 방법부터 알아봅시다. 인수, 반환값의 타입, 반환값에 대해서는 나중에 설명하겠습니다.

11 옮긴이_ 함수는 마치 레시피와 같다고 생각하면 됩니다. 특정 음식을 만들기 위해 필요한 재료와 만드는 방법을 순서대로 적어놓은 것이 레시피라면, 함수는 특정 작업을 실행하기 위해 필요한 코드를 순서대로 적어놓은 것입니다.

함수를 만들어보자

[리스트 7-1]은 삼각형의 넓이를 계산하고 표시하는 함수를 정의한 예입니다.

function 키워드 뒤에 getTriArea[12]라는 이름을 붙여 함수를 정의하고 있습니다. 함수명 뒤에는 ( )가 필요하므로 꼭 써야 합니다([구문 7-1]의 '반환값의 타입' 부분에 있는 ': void'에 대해서는 '7.3 반환값이 있는 함수 만들기'에서 설명합니다). 그리고 함수 처리는 블록 { } 안에 작성합니다.

삼각형의 넓이를 구하는 공식은 '밑변×높이÷2'입니다. 이에 따라 넓이는 area, 밑변은 base, 높이는 height라는 변수를 선언합니다.

다음으로 삼각형의 넓이를 계산하여 area 변수에 대입하고, 마지막으로 console.log를 사용하여 계산한 넓이를 출력합니다.

리스트 7-1 삼각형의 넓이를 계산하여 출력하는 함수 정의

```
function getTriArea(): void {
    let area: number = 0;   // 넓이
    let base: number = 4;   // 밑변
    let height: number = 3; // 높이

    // 삼각형의 넓이 구하기
    area = base * height / 2;
    // 계산한 넓이를 표시하기
    console.log(`넓이는 ${area}입니다.`);
}

// [리스트 7-2]의 작성 위치
```

이상으로 함수 정의가 완료되었습니다. 하지만 이대로는 함수가 실행되지 않습니다.

함수를 실행하려면 함수를 사용하려는 곳에서 [리스트 7-2]처럼 '함수명( );'을 작성하여 호출해야 합니다. [리스트 7-2]에 표시된 코드는 [리스트 7-1]의 마지막에 추가합니다.

---

12 옮긴이_ getTriArea 함수명은 '삼각형의 넓이를 가져온다'라는 의미를 간결하게 표현한 것입니다.

함수 호출은 함수를 정의한 이후에 작성합니다.

리스트 7-2 함수 호출

```
getTriArea();
```

[리스트 7-2]를 실행하면 다음처럼 '넓이는 6입니다.'라고 표시됩니다.

```
넓이는 6입니다.
```

[리스트 7-1]과 [리스트 7-2]의 실행 이미지는 [그림 7-1]에 나타냈습니다.

프로그램은 위부터 한 줄씩 읽어들이며 실행합니다. 하지만 함수의 정의는 호출될 때만 실행되므로, 가장 먼저 실행되는 것은 ①의 `getTriArea();`입니다. getTriArea가 호출되면, ②의 함수 정의 부분으로 이동하여 한 줄씩 실행합니다. 함수 내의 모든 처리를 실행한 후에는 ③의 위치(함수 호출의 다음 줄)로 이동합니다.

▼ 그림 7-1 [리스트 7-1]과 [리스트 7-2]의 실행 이미지

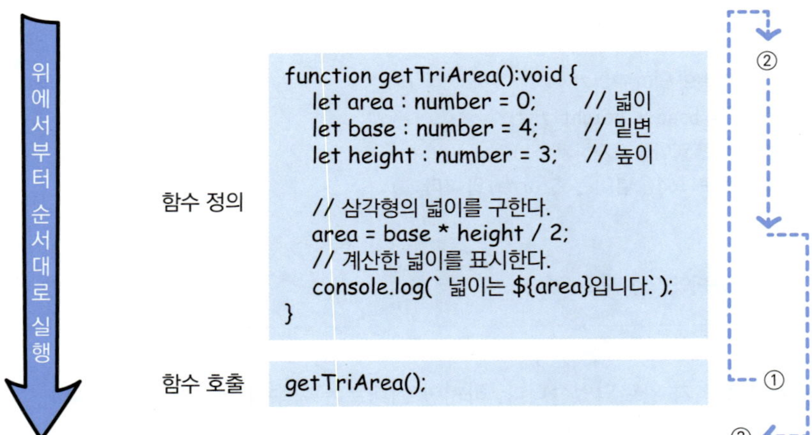

7.2

인수가 있는 함수 만들기

keyword 인수, 인수 리스트, 기본 인수, 가변 길이 인수

인수란 무엇일까?

방금 만든 [리스트 7-1]의 getTriArea 함수는 몇 번을 실행해도 같은 결과만 나옵니다. 하지만 밑변과 높이를 변경할 수 있도록 하면, 다양한 삼각형의 넓이를 계산하는 함수가 될 수 있습니다.

이때 사용하는 것이 **인수**입니다. 인수는 함수에 전달하는 값(숫자나 문자 등)을 말합니다. 인수는 함수명 뒤의 ( ) 안에 [구문 7-2]를 사용하여 입력합니다. 여러 개를 지정할 때는 쉼표(,)로 구분합니다.

구문 **7-2** 인수

```
인수1: 데이터 타입1, 인수2: 데이터 타입2, 인수3: 데이터 타입3, ...
```

인수1, 인수2, 인수3은 함수가 받는 인수명을 나타냅니다. 데이터 타입1, 데이터 타입2, 데이터 타입3은 인수1, 인수2, 인수3의 데이터 타입을 나타냅니다. 인수의 개수에는 제한이 없습니다. 이러한 함수가 받는 인수의 목록을 **인수 리스트**라고 합니다.

인수가 있는 함수를 만들어보자

이제 인수가 있는 함수를 만들어 봅시다.

[리스트 7-3]은 getTriArea 함수에 base(밑변)와 height(높이), 두 개의 인수를 전달할 수 있도록 한 예입니다. base와 height는 모두 숫자로 받기를 원하므로 number 타입으로 설정했습니다.

리스트 7-3 인수를 전달할 수 있도록 변경한 getTriArea 함수

```
function getTriArea(base: number, height: number): void {
    let area: number = 0; // 넓이

    // 삼각형의 넓이를 계산한다.
    area = base * height / 2;
   // 계산한 넓이를 표시한다.
    console.log(`넓이는 ${area}입니다. `);
}

// [리스트 7-4]의 작성 위치
```

인수를 가진 getTriArea 함수를 만들었다면, 이제 호출 처리를 작성해봅시다.

이 함수를 호출하려면 [리스트 7-4]처럼 함수명 뒤에 ()를 쓰고 그 안에 인수로 전달할 값이나 변수를 지정하면 됩니다. [리스트 7-4]는 [리스트 7-3] 뒤에 추가해야 합니다.

이 예에서는 함수에 전달할 baseSize(밑변)와 heightSize(높이)를 4와 3으로 초기화한 후 함수를 호출하고 있습니다. 인수를 생략하면 오류가 발생하므로 주의해야 합니다.

리스트 7-4 인수가 있는 함수 호출하기

```
let baseSize: number = 4;    // 밑변 4
let heightSize: number = 3; // 높이 3
getTriArea(baseSize, heightSize);
```

[리스트 7-4]를 실행하면 '넓이는 6입니다.'가 표시됩니다.

```
넓이는 6입니다.
```

[리스트 7-3]과 [리스트 7-4]의 실행 이미지를 [그림 7-2]에 나타냈습니다.

프로그램은 ①②③의 순서로 동작합니다. 이때 ①에서 getTriArea에 전달한 baseSize의 4와 heightSize의 3은 함수 본문의 base와 height에 각각 복사됩니다. 함수 내부에서는 인수로 받은 값으로 `base * height / 2`를 계산하여 "넓이는 6입니다."를 표시하고 ③의 위치(함수 호출의 다음 줄)로 이동합니다.

▼ 그림 7-2 [리스트 7-3]과 [리스트 7-4]의 실행 이미지

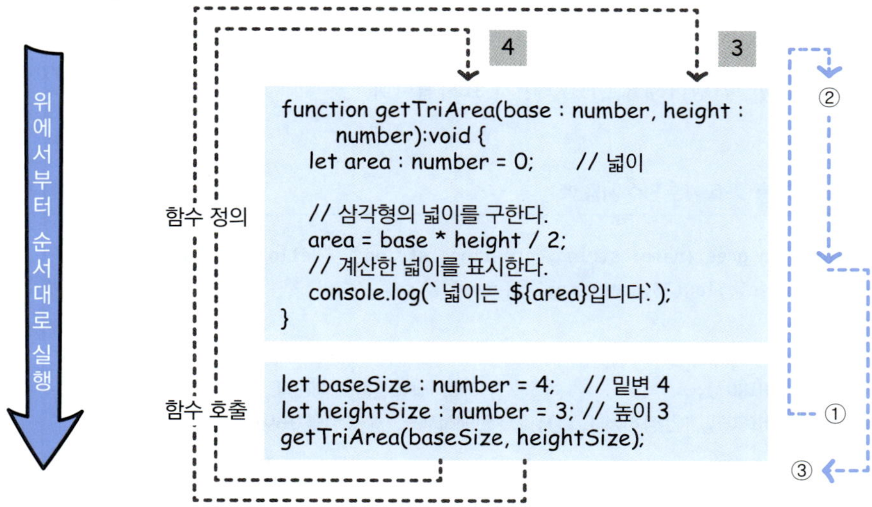

기본 인수를 사용해보자

함수의 인수에는 미리 기본값(초기값)을 설정해 놓을 수 있습니다. 이러한 인수를 기본[default] 인수라고 합니다. 기본 인수가 있는 함수는 호출할 때 인수를 생략할 수 있습니다. 인수를 생략하면 기본값이 사용됩니다.

기본 인수는 [구문 7-3]을 사용하며, 쉼표로 구분하여 여러 개를 지정할 수 있습니다.

구문 7-3 기본 인수

```
인수: 데이터 타입 = 기본값
```

[리스트 7-5]에서 기본 인수를 사용하는 예를 [그림 7-3]에서 이미지로 보여줍니다. greet 함수는 name(이름)과 greeting(인사말)을 인수로 받아 인사말을 표시하는 함수입니다. 첫 번째 인수에는 반드시 값(이름)을 전달해야 하지만, 두 번째 인수에는 기본값이 주어지므로 생략할 수 있습니다. 두 번째 인수에 값을 전달하지 않으면 "Hello"가 기본값으로 사용됩니다.

예를 들어, ②의 greet("HIRO")와 같이 인수에 이름만 지정하면 기본값인 "Hello"가 사용되어 "Hello, HIRO!"가 표시됩니다. 반면 ③처럼 greet("HIRO", "안녕하세요.")와 같이 두 인수를 지정하면 "안녕하세요., HIRO!"가 표시됩니다.

리스트 7-5 기본 인수 사용 예

```
function greet(name: string, greeting: string = "Hello"): void {
    console.log(`${greeting}, ${name}!`);
 }

greet("HIRO");                    // "Hello, HIRO!"를 표시한다.
greet("HIRO", "안녕하세요."); // "안녕하세요., HIRO!"를 표시한다.
```

▼ 그림 7-3 [리스트 7-5]의 실행 이미지

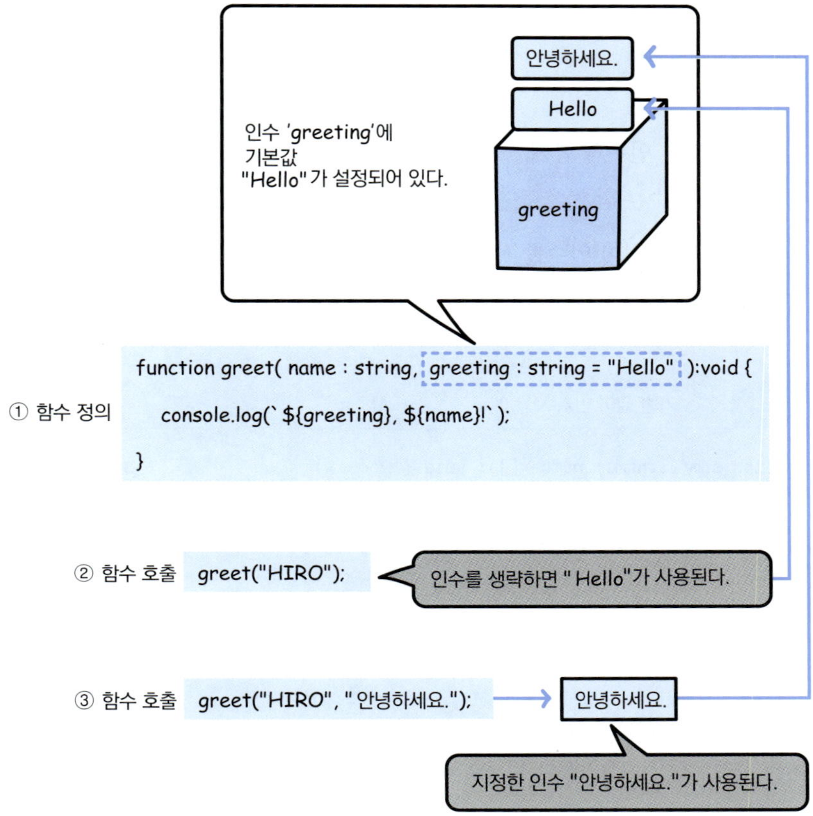

가변 길이 인수를 사용해보자

일반적인 함수는 인수의 개수가 정해져 있습니다. 하지만 실행 시 필요한 만큼의 인수를 전달할 수 있는 가변 길이 인수라는 기능도 있습니다.

가변 길이 인수는 [구문 7-4]를 사용합니다. 가변 길이 인수는 마침표 3개(...)를 앞에 붙이고 그 뒤에 **인수: 데이터 타입[ ]**을 적습니다.

구문 **7-4** 가변 길이 인수

```
...인수: 데이터 타입[]
```

가변 길이 인수는 일반 인수와 함께 사용할 수 있지만, 인수 리스트의 마지막에 배치해야 합니다. 또한 가변 길이 인수는 함수 호출 시 자동으로 배열이 생성됩니다.

[리스트 7-6]에서 가변 길이 인수를 사용하는 예를, [그림 7-4]에서는 그 실행 이미지를 보여 줍니다.

리스트 **7-6** 가변 길이 인수 사용 예

```
function sum(...nums: number[]): void {
    let total = 0;
    for (let num of nums) {
        total += num;
    }
    console.log(`합계는 ${total}입니다.`);
}

sum(1, 2, 3, 4); // "합계는 10입니다."를 출력한다.
sum(5, 10);      // "합계는 15입니다."를 출력한다.
```

▼ 그림 7-4 [리스트 7-6]의 실행 이미지

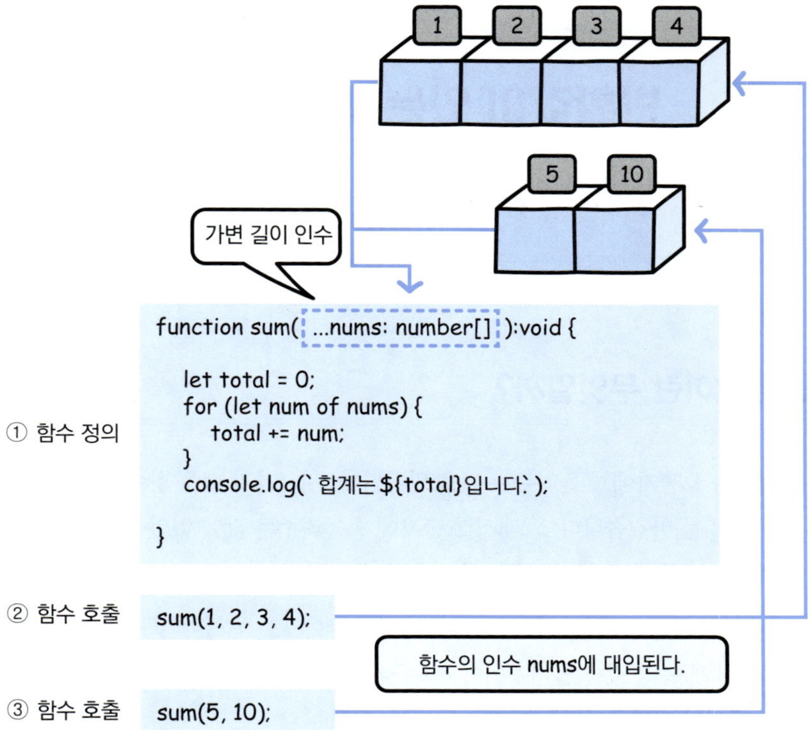

이 예에서는 sum 함수(①)의 인수로 `... nums: number[ ]`라는 가변 길이 인수를 사용하고 있습니다. 이를 통해 인수의 개수를 유동적으로 설정할 수 있습니다.

함수 내부에서는 for-of 문을 사용하여 가변 길이 인수의 각 요소에 접근하고, 그 값을 합산합니다. 함수 호출(②)에서 4개의 인수를 전달하면 sum 함수에서는 4개의 값이 저장된 nums 배열이 생성되어 처리됩니다. 마찬가지로, 함수 호출(③)에서 2개의 인수를 전달하면 sum 함수에서는 2개의 값이 저장된 nums 배열이 생성되어 처리됩니다.

이처럼 가변 길이 배열을 사용하면 원하는 만큼의 인수를 전달하여 함수를 처리할 수 있습니다.

7.3 반환값이 있는 함수 만들기

keyword 반환값, return

반환값이란 무엇일까?

반환값은 함수가 호출자에게 돌려주는 값을 말합니다. 지금까지 배운 함수들은 대부분 함수 내부에서 모든 처리를 마쳤습니다. 그래서 호출자에게 돌려주는 값이 없었습니다. 반환값이 없는 함수는 앞에서 소개한 [구문 7-1]의 '반환값의 타입' 부분에 **void**라는 특별한 데이터 타입을 지정합니다.

하지만 호출자에게 특정 값을 돌려주어야 하는 경우에는, [구문 7-1]의 '반환값의 타입' 부분에 돌려줄 값의 데이터 타입을 지정합니다.

값을 돌려주기 위해서는 [구문 7-5]와 같이 **return** 키워드를 사용하며, return 키워드 뒤에 쓴 값이 호출자에게 반환됩니다.

구문 **7-5** 반환값

```
return 호출자에게 반환할 값;
```

여기서는 [리스트 7-3]에서 만든 getArea 함수를 수정하여 삼각형의 넓이를 계산하고 호출자에게 돌려주도록 합니다. 이렇게 수정된 getArea 함수를 사용하는 예는 [리스트 7-7]에, 실행 이미지는 [그림 7-5]에 나타냈습니다.

리스트 7-7 반환값이 있는 함수 예

```
function getTriArea(base: number, height: number): number {
    let area: number = 0; // 넓이

    // 삼각형의 넓이 구하기
    area = base * height / 2;
    // 계산한 넓이를 호출자에게 반환한다.
    return area;
}

let areaSize  = getTriArea(4, 3);
console.log(`넓이는 ${areaSize}입니다.`);
```

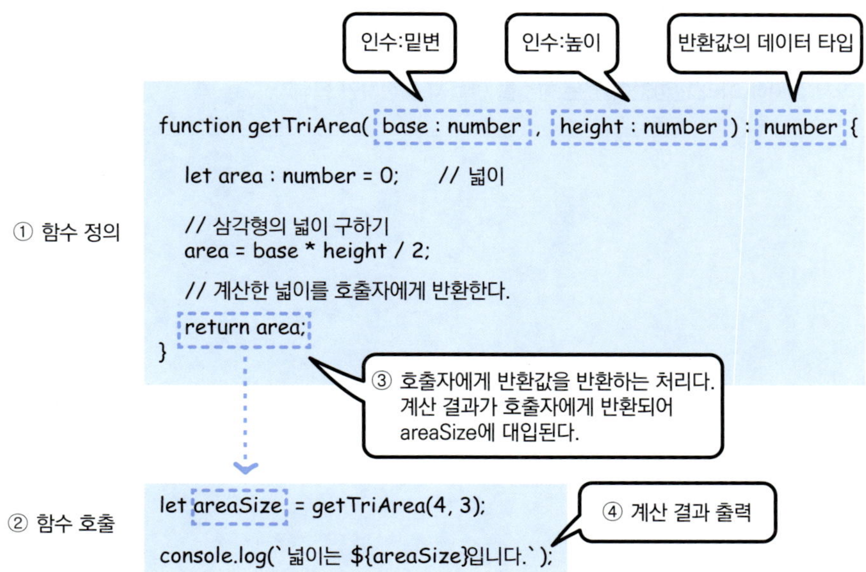

▼ **그림 7-5** [리스트 7-7]의 실행 이미지

getTriArea 함수 정의(①)에서 base(밑변)와 height(높이) 두 개의 인수를 받고 있습니다. 돌려줄 넓이 값은 숫자형이므로 인수 뒤에 ':number'를 붙입니다.

함수 내부에서는 base와 height 인수를 사용하여 삼각형의 넓이를 계산하고, 그 결과를 변수 area에 저장합니다. 그리고 `return area;`를 통해 계산한 넓이를 호출자에게 돌려줍니다.

함수 호출 부분([리스트 7-7]의 10행, [그림 7-5]의 ②)을 살펴봅시다.

getTriArea 함수에 4와 3을 인수로 전달하면, 함수 내부에서 '4 * 3 / 2'를 계산하고, return 문으로 계산 결과 area(값은 6)를 돌려줍니다(③). 호출자는 이 값을 areaSize 변수에 저장합니다. 마지막으로 console.log()를 통해 출력합니다(④).

COLUMN | 반환값이 있는 함수와 반환값이 없는 함수

함수에는 반환값이 있는 함수와 반환값이 없는 함수가 있습니다.

반환값이 없는 함수는 함수 내부에서 모든 처리를 완료하고 싶을 때 사용합니다. 예를 들어, 메시지를 출력하는 것이 목적이라면 반환값이 없는 함수를 만들면 됩니다. 반면에, 계산을 실행하고 그 결과를 다양하게 활용하고 싶다면 반환값이 있는 함수를 만듭니다. 즉, [리스트 7-7]처럼 계산 결과를 돌려주는 함수를 만들면, 그 값을 출력에도 활용할 수 있고, 다른 계산에도 사용할 수 있습니다.

따라서 상황에 따라 반환값이 있는 함수를 만들지 결정하면 됩니다.

7.4

함수식과 화살표 함수

keyword 함수식, 익명 함수, 콜백 함수, 무명 함수, 화살표 함수

함수식이란 무엇일까?

함수식은 함수를 만드는 또 다른 방법입니다. 함수식은 '수식'이므로 변수에 대입할 수 있는 특징이 있습니다.

함수식을 만들려면 [구문 7-6]을 사용합니다. 함수식은 함수명이 없으므로 **익명 함수** 또는 **무명 함수**라고도 합니다. [구문 7-1]에서 설명한 함수 정의에서 function 키워드 뒤에 함수명을 뺀 형식과 동일합니다.

구문 7-6 함수식

```
변수 = function (인수 리스트): 반환값의 데이터 타입 {
    // 처리
}
```

[리스트 7-8]에 함수식의 예를, [그림 7-6]에 실행 이미지를 나타냈습니다.

함수식(①)은 n이라는 인수를 받아 그 인수에 1을 더하여 호출자에게 반환합니다. 이 함수식을 increment라는 변수에 대입합니다(②).

이렇게 변수를 'increment(2)'와 같이 사용하면(③), 함수식의 인수 n에 2를 전달할 수 있습니다. 그 결과로 함수 내부에서 2+1을 계산하여 호출자에게 반환하고(④), 최종적으로 3이 출력됩니다.

리스트 7-8 함수식 예

```
// 증가를 실행하는 함수식
const increment = function (n: number) {
    return n + 1;
};

console.log(increment(2)); // 3을 출력한다.
```

▼ 그림 7-6 [리스트 7-8]의 실행 이미지

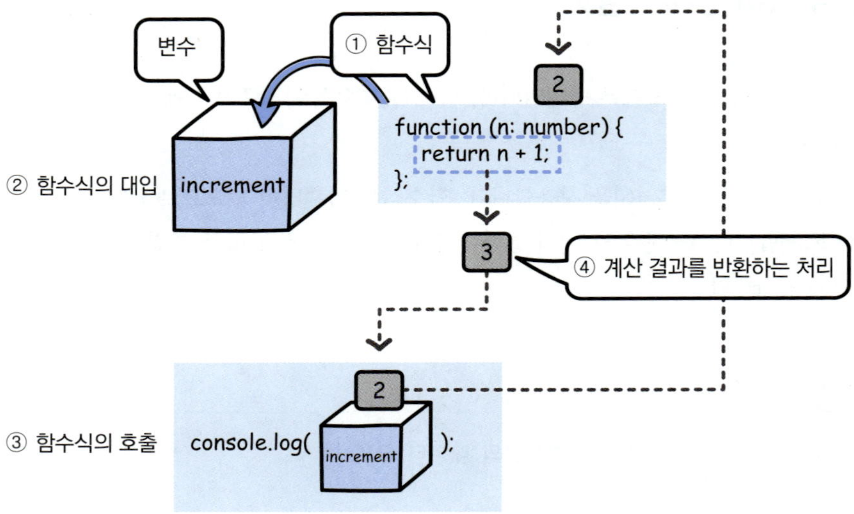

함수에 함수식을 전달해보자

함수식은 변수에 대입할 수 있으므로 함수의 인수로 전달할 수 있습니다. 이렇게 함수의 인수로 전달되는 함수를 **콜백 함수** callback function[13]라고 합니다.

---

13 옮긴이_ 프로그래밍에서 콜백(callback) 또는 콜백 함수(callback function)는 다른 코드의 인수로서 넘겨주는 실행 가능한 코드를 말합니다. 콜백을 넘겨받는 코드는 이 콜백을 필요에 따라 즉시 실행할 수도 있고, 아니면 나중에 실행할 수도 있습니다.

함수에 함수식을 전달하면 어떤 이점이 있는지 에어컨을 예로 들어 보겠습니다(그림 7-7). 에어컨은 공기의 온도를 조절하는 기능이 있지만, 더우면 냉방기로, 추우면 난방기로 작동합니다. 이처럼 상황에 따라 용도를 변경할 수 있습니다.

함수식을 인수로 전달한다는 것은, 에어컨과 마찬가지로 상황에 맞게 기능을 변경할 수 있는 함수를 만들 수 있다는 것을 말합니다.

▼ 그림 7-7 에어컨의 기능

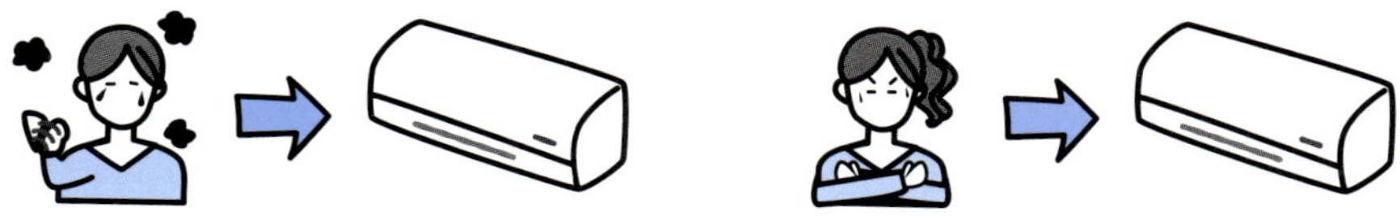

이번에는 함수에 함수식을 전달하는 프로그램을 만들어 보겠습니다(리스트 7-9).

이 예에서는 applyOperation이라는 함수를 정의하고, 이 함수는 인수로 함수식을 받아 실행합니다. 이 예에서는 두 가지 함수식을 정의하고 있습니다. 하나는 인수로 받은 값에 1을 더하는 increment 함수식이고, 다른 하나는 인수로 받은 값에서 1을 빼는 decrement 함수식입니다.

리스트 7-9 함수에 함수식을 전달하여 이용하는 예

```
// 함수를 인수로 받는 함수
function applyOperation(n: number, action: Function): void {
    console.log(action(n));
}

// 증가를 실행하는 함수식
const increment = function (n: number) {
    return n + 1;
};

// 감소를 실행하는 함수식
```

```
const decrement = function (n: number) {
    return n - 1;
};

// applyOperation 함수에 increment 함수를 전달하여 결과를 표시한다.
applyOperation(5, increment); // 결과: 6

// applyOperation 함수에 decrement 함수를 전달하고 결과를 표시한다.
applyOperation(5, decrement); // 결과: 4
```

코드를 그림으로 자세히 살펴봅시다(그림 7-8).

먼저, 인수로 함수식을 받는 함수인 applyOperation(①)을 정의하고 있습니다.

이 함수는 첫 번째 인수로 숫자를, 두 번째 인수인 action 변수로 함수식을 받습니다. 그리고 action 변수에 수치를 전달한 결과를 console.log로 출력하고 있습니다.

다음으로 increment 함수식(②)을 살펴보겠습니다. 함수식의 내부는 인수로 받은 값에 1을 더하여 호출자에게 반환하도록 정의되어 있습니다.

그 다음으로 applyOperation을 사용하는 부분을 살펴봅니다(③). 인수로 5와 increment 함수식을 전달했습니다. 그래서 ①의 applyOperation에서는 5와 increment를 받게 됩니다. 따라서 action 변수에 increment 함수식이 대입됩니다(④). 결과적으로 ②에서 정의한 increment 함수식에 5가 전달되어 5+1의 계산 결과인 6이 호출자에게 반환됩니다(⑤). 따라서 '6'이 출력됩니다.

마찬가지로 applyOperation 함수에 5와 decrement 함수식을 인수로 전달하면 5-1의 계산 결과인 '4'가 출력됩니다.

이 예의 applyOperation 함수처럼 함수식을 변경하여 상황에 맞는 처리를 할 수 있습니다.

▼ 그림 7-8 함수에 함수식을 전달하는 예

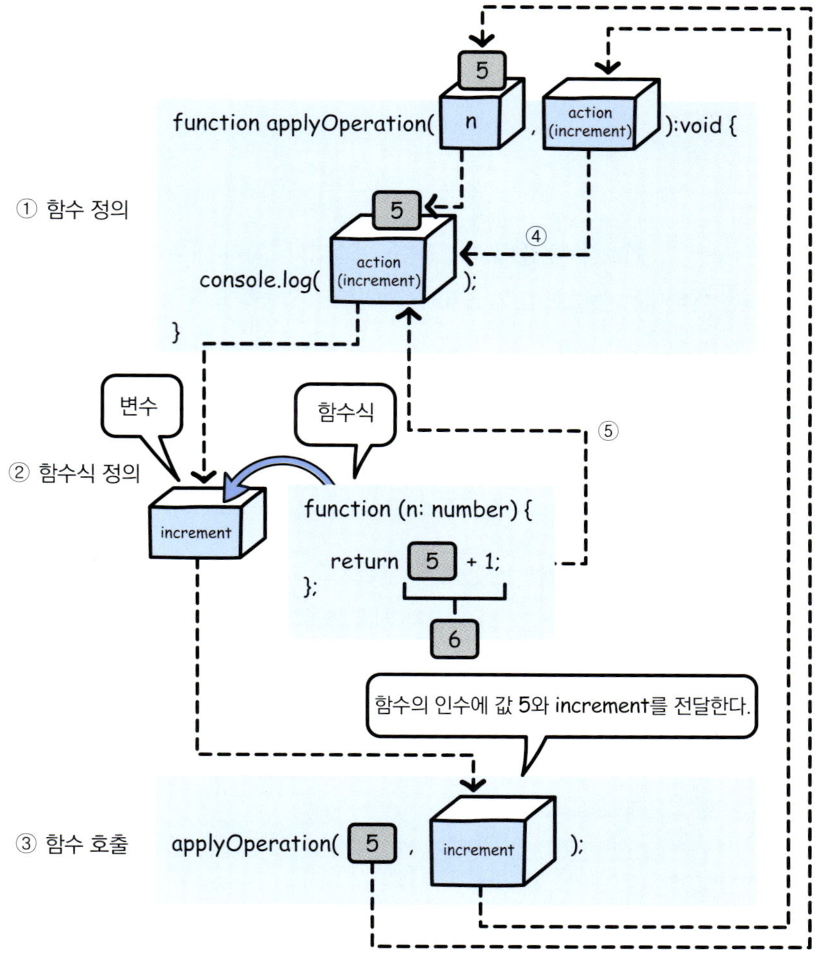

화살표 함수란 무엇일까?

화살표 함수Arrow Function는 함수식을 간단하게 만들기 위해 도입된 구문입니다. 일반 함수 정의보다 간결하게 작성할 수 있어 코드의 가독성과 유지보수성을 향상시킬 수 있습니다.

화살표 함수를 정의하려면 [구문 7-7]처럼 function 키워드 없이 **=>**를 사용하여 함수를 정의합니다.

구문 7-7 화살표 함수 정의 1

```
const 변수 = (인수 리스트): 반환값의 데이터 타입 => {
    // 처리 내용
    return 반환값;
};
```

화살표 함수는 [구문 7-7]보다 더 짧게 작성할 수 있습니다. 처리 내용이 한 줄인 경우, [구문 7-8]처럼 블록을 나타내는 중괄호 { }와 return 키워드를 생략하고 작성할 수 있습니다.

구문 7-8 화살표 함수 정의 2

```
const 변수 = (인수 리스트): 반환값의 데이터 타입 => 반환값;
```

[리스트 7-10]은 화살표 함수를 사용하여 [리스트 7-9]에서 정의한 increment와 decrement를 [구문 7-7]과 [구문 7-8]을 각각 사용하여 재작성한 예입니다. 이런 간단한 함수는 화살표 함수로 재작성하면 코드의 가독성과 유지보수성을 향상시킬 수 있습니다.

리스트 7-10 함수식을 화살표 함수로 다시 작성한 예

```
// [구문 7-7]을 사용한 increment 함수
const increment = (n: number): number => {
    return n + 1;
};

// [구문 7-8]을 사용한 decrement 함수
const decrement = (n: number): number => n - 1;
console.log(increment(2)); // 3
console.log(decrement(2)); // 1
```

7.5 제네릭

keyword 제네릭 함수

제네릭이란 무엇일까?

제네릭generics[14]은 함수나 클래스(8장에서 설명)에서 사용하는 변수나 인수의 데이터 타입을 필요에 따라 임의로 지정할 수 있는 구조입니다. 이런 구조를 사용하여 정의하는 함수를 **제네릭 함수**generic function라고 부릅니다.

제네릭 함수를 만들려면 [구문 7-9]처럼 함수명 뒤에 **<T>**를 붙입니다. 'T' 외의 문자를 사용할 수도 있지만, 대부분은 T를 사용하여 〈T〉라고 표기합니다.

구문 7-9 제네릭 함수

```
function 함수명<T>(인수: T): T {
    // 함수 구현
}
```

제네릭 함수를 사용하는 프로그램을 만들어 봅시다.

[리스트 7-11]은 제네릭 함수의 예로 배열의 첫 번째 요소를 반환하는 함수 getFirstElement를 정의하고 있습니다.

14 옮긴이_ 제네릭은 마치 어떤 종류의 물건이든 담을 수 있는 만능 상자와 같다고 생각하면 됩니다. 이 상자에 어떤 종류의 물건을 넣을지는 나중에 결정할 수 있습니다.

리스트 7-11 제네릭 함수의 정의와 사용 예

```
// getFirstElement 함수 정의
function getFirstElement<T>(arr: T[]): T {
    return arr[0];
}

// number 타입의 배열
const numbers: number[] = [1, 2, 3, 4, 5];
const firstNumber = getFirstElement(numbers);
console.log(firstNumber); // 1

// string 타입의 배열
const strings: string[] = ["사과", "귤", "바나나"];
const firstString = getFirstElement(strings);
console.log(firstString); // "사과"
```

getFirstElement 함수를 정의할 때는 함수명 뒤에 〈T〉를 붙여 '데이터 타입 T를 처리합니다'라고 선언합니다. 인수 arr은 T 타입의 배열을 받고, 함수의 반환값도 T 타입입니다(그림 7-9).

▼ 그림 7-9 제네릭 함수 이미지

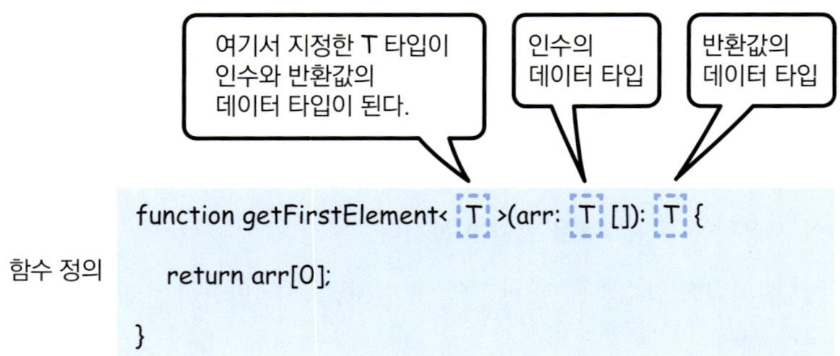

이 함수를 호출할 때는 인수에 number 또는 string과 같은 구체적인 타입을 지정해야 합니다. 예를 들어, numbers 배열에는 number 타입의 요소가 있으므로 getFirstElement 함수를 number 타입으로 호출합니다. 마찬가지로 strings 배열에는 string 타입의 요소가 있으므로

getFirstElement 함수를 string 타입으로 호출합니다.

이처럼 제네릭을 사용하면 타입을 일반화할 수 있습니다. 이를 통해 같은 처리를 하는 함수를 다른 타입에 대해 일반적으로 사용할 수 있습니다.

COLUMN | 문법 오류

프로그래밍을 하다 보면 문법 오류가 자주 발생합니다. 이런 오류는 TypeScript의 문법을 위반했을 때 나타납니다.

예를 들면 변수 선언 방법이 잘못되었거나 키워드가 잘못 사용된 경우에 발생합니다.

```
let num: number = "Hello"; // 숫자형인데 문자열을 대입하고 있다.
lett x = 5; // let으로 적을 것을 lett으로 잘못 적었다.
```

오류가 발생하면 이런 문법적 문제가 없는지 확인해 보는 것이 좋습니다.

7.6 스코프

keyword 스코프, 블록 스코프, 함수 스코프, 글로벌 스코프

스코프란 무엇일까?

변수에는 **스코프**scope[15]라는 개념이 있습니다. 스코프는 선언한 변수가 사용할 수 있는 범위를 나타냅니다. 변수는 해당 스코프 내에서 어디서든 접근할 수 있습니다. 하지만 스코프 밖에서는 변수를 참조할 수 없습니다.

스코프의 종류에는 다음처럼 세 가지가 있습니다.

- 글로벌 스코프
- 함수 스코프
- 블록 스코프

스코프는 프로그램이 올바르게 동작하도록 하고, 변수명의 중복을 방지하는 중요한 역할을 합니다.

블록 스코프

블록 스코프block-scope는 if 문이나 for 문 등 블록 { }으로 둘러싸인 범위에서만 유효한 스코프를 말합니다.

15 옮긴이_ 스코프는 변수가 유효한 영역, 즉 변수를 사용할 수 있는 범위를 의미합니다. 스코프는 변수를 체계적으로 관리하고, 오류를 방지하며, 코드 가독성을 향상시키기 때문에 중요합니다.

블록 스코프를 사용하려면 블록 { } 내에서 변수를 선언합니다. [리스트 7-12]는 if 문을 사용한 스코프의 예로, 이미지로 표현하면 [그림 7-10]과 같습니다.

if 문 내부에서 sum 변수를 선언하여 사용하고 있습니다. 이 sum의 범위는 블록 { } 안에 있기 때문에 if 문 외부에서 사용하려고 하면 `ReferenceError: sum is not defined`라는 오류가 발생합니다. 이는 'sum 변수가 정의되어 있지 않아 참조할 수 없다'는 의미입니다.

리스트 7-12 if 문 내의 변수 스코프

```
if (true) {
    let sum: number = 0;
    sum = 3 + 5;
    console.log(sum);
}

console.log(sum); // 오류가 발생한다.
```

▼ 그림 7-10 if 문 내 변수 스코프 이미지

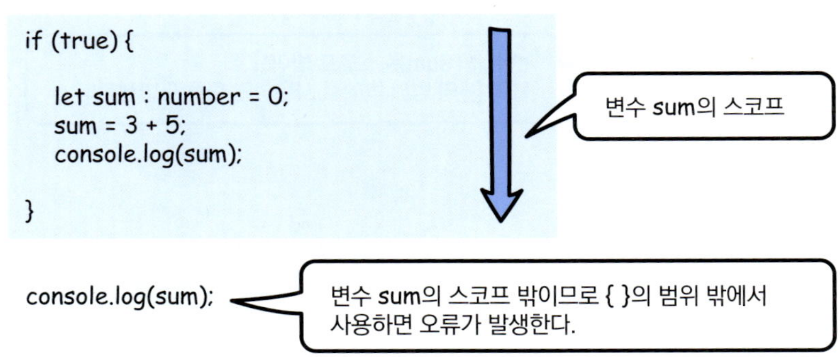

for 문에서 변수의 스코프를 살펴봅시다(리스트 7-13, 그림 7-11).

for 문의 초기화 부분에서 변수 i를 선언하고, 블록 내에서 sum 변수를 선언하고 있습니다. 변수 i와 sum의 스코프는 블록 { } 내에 있으므로 for 문 외부에서 사용하려고 하면 [리스트 7-12]의 if 문 예처럼 `ReferenceError: sum is not defined` 오류가 발생합니다.

리스트 7-13 for 문 내의 변수 스코프

```
for (let i = 0; i < 10; i++) {
    let sum: number = 0;
    sum = i + 10;
    console.log(`${i}:${sum}`);
}

console.log(sum); // 오류가 발생한다.
console.log(i);   // 오류가 발생한다.
```

▼ 그림 7-11 for 문 내 변수 스코프 이미지

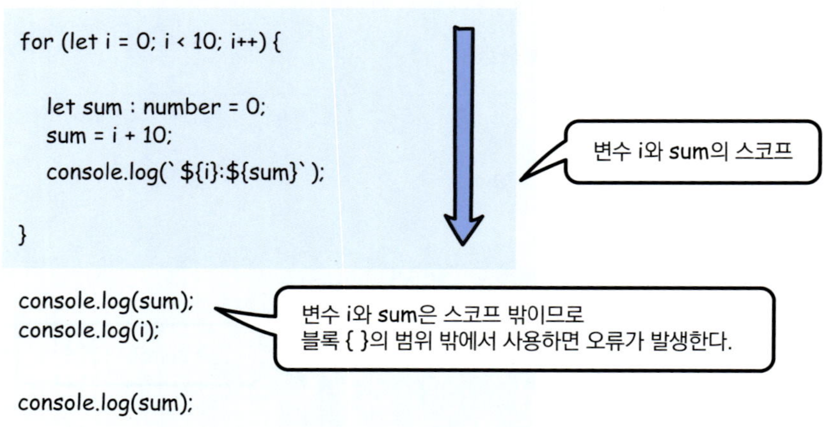

함수 스코프

함수 스코프function-scope는 함수 내에서 정의된 변수가 그 함수 내에서만 작동한다는 것을 말합니다. 다시 말해, 함수 외부에서 동일한 변수명을 선언하더라도 그것은 별개의 변수로 간주됩니다.

[리스트 7-14]는 함수 스코프 예입니다. [그림 7-12]에서 이를 이미지로 나타내고 있습니다.

sampleFunction 함수 내에서 변수 x를 선언하고 사용하고 있지만, 이 x는 함수 내에서만 작동하므로 sampleFunction 외부에서 x를 사용하려고 하면 `ReferenceError: x is not defined`라는 오류가 발생합니다.

리스트 7-14 함수 스코프 예 1

```
function sampleFunction(): void {
    const x = 1;
    console.log(x); // 1
}

sampleFunction(); // 함수 호출
console.log(x);   // Reference Error: x is not defined
```

▼ 그림 7-12 함수 스코프 이미지 1

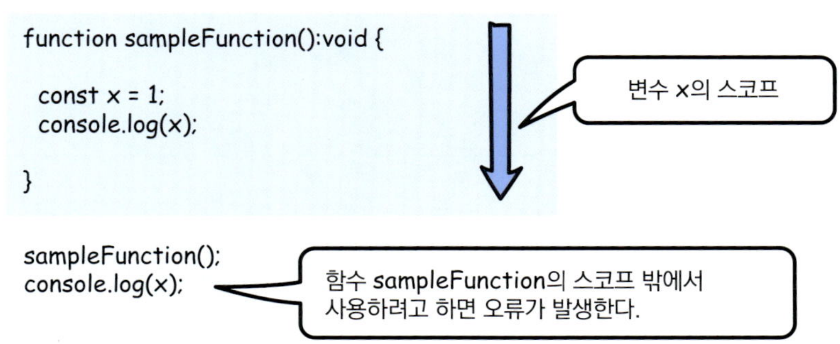

다음으로, [리스트 7-15]에서 함수 내부의 if 문과 for 문을 사용할 때의 스코프를 살펴봅시다. 이를 [그림 7-13]에서 이미지로 나타냅니다.

리스트 7-15 함수 스코프 예 2

```
function sampleFunction2(): void {
    const x = 1;

    if (x == 1) {
        const y = 2;

        console.log(x); // 1
        console.log(y); // 2
    }

    for (let i = 0; i < 1; i++) {
        const x = 4;
        const z = 3;

        console.log(x);   // 4
        //console.log(y); // y는 if 문 한정의 스코프이기 때문에 오류가 발생한다.
        console.log(z);   // 3
    }
}

sampleFunction2();
```

COLUMN | 프로그래밍 마스터의 비결

필자는 프로그래밍을 마스터하는 비결이 '즐기는 것'이라고 생각합니다.

이 책에는 짧은 샘플 코드가 많이 포함되어 있습니다. 한 번에 실행되는 경우도 있고, 몇 번의 입력 실수를 수정한 후에 겨우 실행할 수 있는 경우도 있습니다. 잘 안 될 때는 지루하게 느껴질 수 있지만, 짧은 코드라도 원하는 대로 작동하면 '해냈다!'는 기분이 들어 프로그래밍이 재미있게 느껴질 수 있을 것입니다.

▼ 그림 7-13 함수 스코프 이미지 2

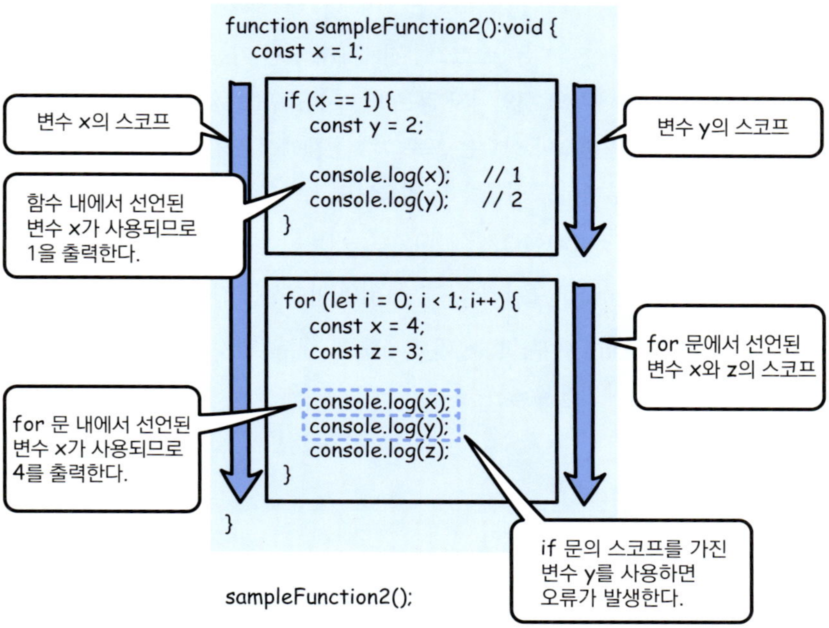

함수 sampleFunction2 내에서 선언된 변수 x는 19행의 닫는 중괄호 }까지 유효합니다. 그래서 if 문과 for 문 안에서도 참조할 수 있습니다.

if 문 내에서 선언된 변수 y는 if 문의 블록 스코프 내에서만 유효합니다. 함수 스코프를 가진 변수 x를 사용하고 있는데, x는 앞서 말했듯이 함수 내에서만 사용 가능하므로 여기서는 1이 출력됩니다.

for 문 안에서도 변수 x를 정의하고 있습니다. 함수 스코프를 가진 x와 for 문의 스코프를 가진 x처럼 같은 이름의 변수가 있을 경우, 더 안쪽의 스코프를 가진 변수가 채택됩니다. 그래서 for 문 안에서는 for 문 내에서 정의한 변수 x가 사용되므로 '4'가 출력됩니다.

이처럼 스코프가 다른 경우에도 같은 이름의 변수를 사용할 수 있지만, 버그가 발생할 수 있으므로 변수명이 중복되지 않도록 주의해야 합니다.

글로벌 스코프

프로그램에서 글로벌 스코프[global-scope]는 프로그램 전체에서 접근 가능한 변수나 함수의 범위를 말합니다. 즉, 어떤 함수 내부에서도 선언되지 않은 변수나 함수는 글로벌 스코프에 속하게 됩니다. 글로벌 스코프에 정의된 변수나 함수는 프로그램 전체에서 사용할 수 있어서, 여러 파일에 걸쳐 있거나 다른 함수 내부에서도 접근할 수 있습니다.

글로벌 스코프 예는 [리스트 7-16]입니다. 이미지로는 [그림 7-14]와 같습니다. 함수 외부(20행)에서 선언한 globalVariable은 [리스트 7-16]의 어디서든 사용 가능한 변수입니다.

그래서 함수 sampleFunction3 내부, if 문 내부, for 문 내부, 함수 외부에서도 참조 가능합니다. 또한 다른 파일에서도 참조할 수 있습니다.

리스트 7-16 글로벌 스코프 예

```
01: function sampleFunction3(): void {
02:     const x = 1;
03:
04:     if (x == 1) {
05:         const y = 2;
06:
07:         console.log(y); // 2
08:         console.log(`if 문 내:${globalVariable}`);
09:     }
10:
11:     for (let i = 0; i < 1; i++) {
12:         const z = 3;
13:
14:         console.log(z); // 3
15:         console.log(`for 문 내:${globalVariable}`);
16:     }
17:     console.log(`함수 내:${globalVariable}`);
18: }
19:
20: const globalVariable: number = 10;
21: console.log(`글로벌 스코프:${globalVariable}`);
22:
23: sampleFunction3();
```

▼ 그림 7-14 글로벌 스코프 이미지

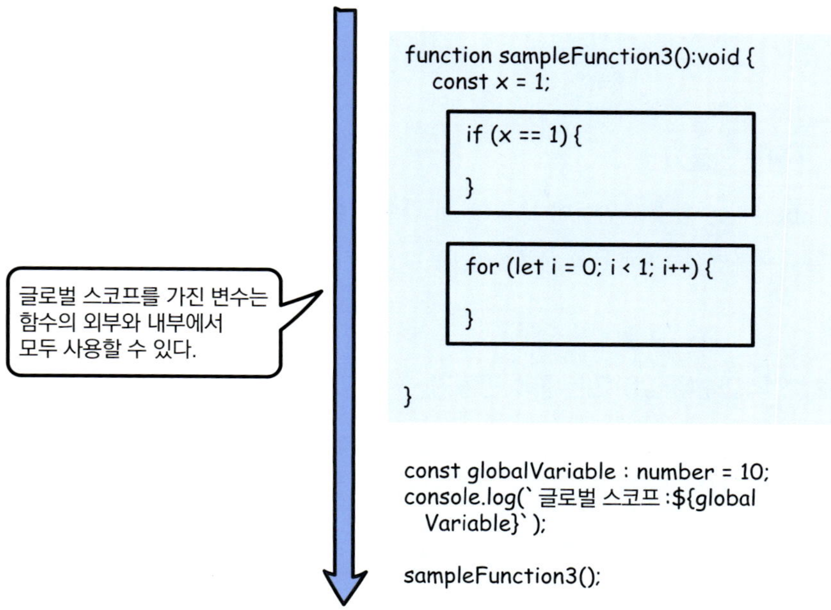

확인 문제

문제 7-1 함수 만들기

printNumbers라는 함수를 만들어 보세요. 이 함수는 아무런 인수도 받지 않고, 반환값도 없습니다. 함수 내부에서는 for 문을 사용하여 1부터 5까지의 정수를 순서대로 출력합니다.

문제 7-2 인수와 반환값이 있는 함수 만들기

doubleNumber라는 함수를 만들어 보세요. 이 함수는 숫자를 인수로 받아 그 숫자를 두 배로 만든 값을 반환합니다.

그리고 이 함수를 사용하여 3, 5, 10의 두 배 값을 각각 계산하고 콘솔에 출력해보세요.

확인 문제

문제 7-3 함수식 만들기

1부터 n까지 정수의 합을 계산하는 함수식을 만들어서 sumN이라는 변수에 대입해보세요. 그리고 이 함수식에 10을 인수로 전달하여 1부터 10까지의 합을 출력해보세요.

문제 7-4 화살표 함수 만들기

이름을 인수로 받아 "Hello, ${name}!"이라는 문자열을 반환하는 화살표 함수를 만들어 보세요.

제 8 장

클래스의 기본

TypeScript의 클래스는 코드를 좀 더 잘 구조화하고, 유지보수성과 재사용성을 향상시키는 데 사용됩니다. 클래스를 배우면, 더 복잡하고 강력한 프로그램을 효율적으로 개발할 수 있습니다. 또한 클래스라는 개념은 다른 프로그래밍 언어에서도 공통적으로 사용되므로 한번 이해하면 다른 언어로 쉽게 전환할 수 있습니다. 클래스의 기본 사용법과 개념을 배워 프로그래밍 실력을 향상시켜보세요.

8.1

클래스

keyword 클래스, 객체지향, 프로퍼티, 메서드, 멤버

클래스란 무엇일까?

클래스class[16]는 현실 세계의 '사물'을 주목하여, 그 사물이 가진 요소(성질이나 특징)와 실행할 수 있는 동작을 프로그램으로 표현하는 것입니다. 프로그래밍 세계에서는 이 '사물'을 **객체**Object라고 부릅니다. 또한 객체에 초점을 맞춘 사고방식을 객체지향이라고 하며, 이런 방식으로 프로그램을 작성하는 것을 **객체지향 프로그래밍**Object-Oriented Programming, OOP[17]이라고 합니다.

예를 들어, 클래스를 사용하여 집을 표현해봅시다(그림 8-1).

집에는 많은 요소가 있습니다. 방의 수와 크기, 색상과 디자인, 가구 배치 등이 그 요소들입니다. 이런 요소들을 클래스로 표현할 때는 **프로퍼티**property를 사용합니다. 프로퍼티는 사물의 특징이나 정보를 표현하는 데 사용됩니다.

또한 집에는 여러 가지 동작이 있습니다. 예를 들어, 보안 시스템을 작동시키거나 목욕물을 끓일 수 있습니다. 이런 동작을 클래스로 표현할 때는 **메서드**method라는 것을 사용합니다. 메서드는 사물이 실행하는 동작이나 조작을 표현하는 데 사용됩니다.

이렇게 클래스를 사용하면, 현실 세계의 사물을 프로그램으로 유연하게 표현할 수 있습니다.

---

16 옮긴이_ 클래스는 현실 세계의 사물을 컴퓨터 프로그램 안에 옮겨놓은 것이라고 생각하면 됩니다. 마치 설계도면처럼, 어떤 사물이 가지고 있는 특징과 할 수 있는 일을 미리 정의해 놓는 것입니다.

17 옮긴이_ 객체지향 프로그래밍은 컴퓨터 프로그래밍의 패러다임 중 하나입니다. 컴퓨터 프로그램을 명령어의 목록으로 보는 시각에서 벗어나 여러 개의 독립된 단위, 즉 '객체'들의 모임으로 파악하고자 하는 것입니다. 각각의 객체는 메시지를 주고받고, 데이터를 처리할 수 있습니다.

▼ 그림 8-1 클래스 이미지

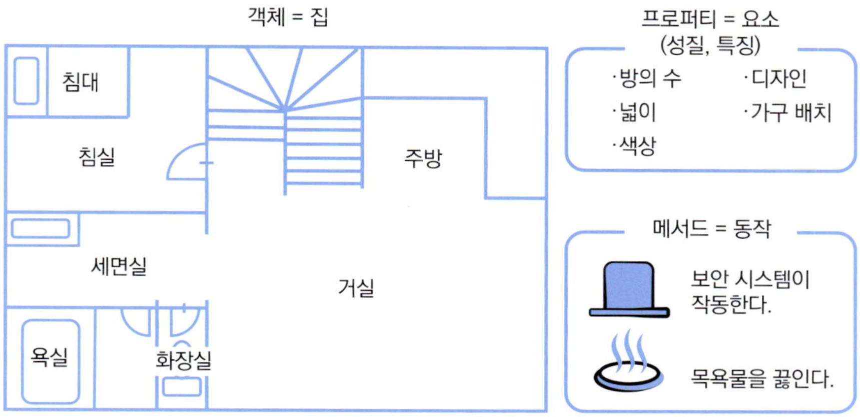

클래스를 정의하자

클래스를 구성하는 요소에는 성질이나 특징과 같은 요소를 표현하는 프로퍼티, 동작을 나타내는 메서드가 있습니다. 이렇게 클래스를 구성하는 요소를 **멤버**member라고 합니다.

이제 TypeScript에서 클래스를 어떻게 정의하는지 알아봅시다. 클래스는 [구문 8-1]과 같이 'class' 키워드 뒤에 클래스명을 쓰고, 그 블록 안에 프로퍼티나 메서드를 정의합니다. 프로퍼티와 메서드를 어떻게 작성하는지는 이후에 설명하겠습니다.

구문 8-1 클래스 정의

```
class 클래스명 {
    // 프로퍼티 정의
    // 메서드 정의
}
```

클래스를 정의하고 사용하자

클래스를 정의하는 방법을 알았으니, 실제로 '집'을 클래스로 정의해봅시다.

집은 영어로 'House'이므로, House 클래스를 정의하는 예는 [리스트 8-1]과 같습니다. 'class' 키워드 뒤에 클래스명 'House'를 쓰고 블록을 사용하여 정의하고 있습니다.

리스트 8-1 클래스 정의 예

```
class House {
    // 프로퍼티 정의

    // 메서드 정의
}
```

클래스는 집을 지을 때의 설계도와 같은 역할을 하므로, 클래스만으로는 실제로 사용할 수 없습니다. '집'과 마찬가지로 설계도를 바탕으로 실제로 거주할 집을 만들어야 합니다.

클래스에서는 설계도를 바탕으로 만든 실제 사물을 **인스턴스**[instance]라고 합니다. 이 인스턴스를 만드는 것을 **인스턴스화**[instantiate]라고 합니다.

한 장의 설계도가 있으면 빨간색 집, 파란색 집, 초록색 집 등 다양한 집을 지을 수 있듯이, 하나의 클래스를 만들면 여러 개의 인스턴스를 만들 수 있습니다(그림 8-2).

클래스의 인스턴스화는 [구문 8-2]를 사용합니다. 일반 변수를 선언할 때와 비슷하지만, 클래스의 인스턴스화는 **new** 키워드 뒤에 '클래스명()'을 쓴다는 점이 다릅니다.

▼ 그림 8-2 인스턴스화 이미지

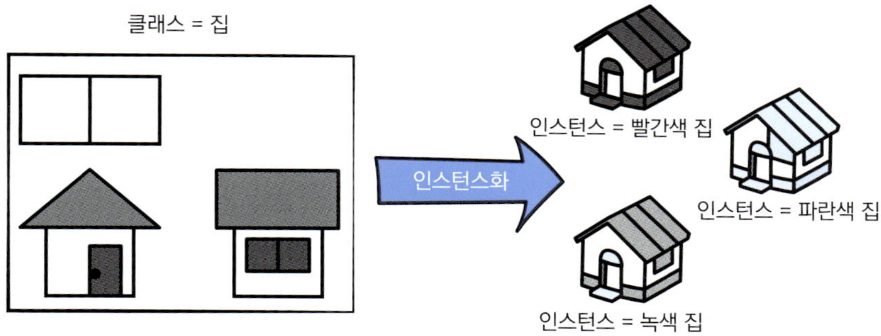

구문 8-2 클래스의 인스턴스화

```
const 변수명 = new 클래스명();
```

[리스트 8-2]는 클래스를 인스턴스화하는 예입니다. 이 예에서는 [리스트 8-1]에서 정의한 House 클래스에서 redHouse, blueHouse, greenHouse라는 세 개의 인스턴스를 생성하고 있습니다.

현재 House 클래스에 프로퍼티나 메서드가 정의되어 있지 않기 때문에, 아무런 조작을 할 수 없습니다. 다음 절부터 프로퍼티와 메서드를 정의하는 방법을 배워 클래스를 사용할 수 있도록 하겠습니다.

리스트 8-2 클래스를 인스턴스화하는 예

```
class House {
    // 프로퍼티 정의

    // 메서드 정의
}

const redHouse = new House();
const blueHouse = new House();
const greenHouse = new House();
```

8.2

프로퍼티

keyword 프로퍼티, 게터(getter), 세터(setter)

프로퍼티를 정의해보자

프로퍼티는 앞에서 설명한 바와 같이, 사물이 가진 요소(성질이나 특징)를 나타냅니다. 프로퍼티는 [구문 8-3]을 사용하여 정의합니다.

임의의 프로퍼티명 뒤에 해당 프로퍼티를 나타내는 데이터 타입을 작성하고 초기값을 대입합니다.

구문 8-3 프로퍼티의 정의

```
class 클래스명 {
    프로퍼티명: 데이터 타입 = 초기값;
}
```

프로퍼티명: 데이터 타입 = 초기값;이라는 형식은 변수 선언과 매우 유사합니다. 프로퍼티도 변수와 마찬가지로 데이터를 저장하거나 검색할 수 있습니다.

[리스트 8-1]에서 정의한 House 클래스에 프로퍼티를 추가해봅시다. [리스트 8-3]에서 집의 색상과 방 개수 프로퍼티를 정의하는 예를 보여 줍니다.

color는 집의 색을 나타내는 프로퍼티입니다. 데이터 타입으로 string을 지정하여 문자열 값을 저장할 수 있습니다. 초기값으로 빈 문자열을 설정했습니다. rooms는 방의 개수를 나타내는 프로퍼티입니다. 데이터 타입으로 number를 지정하고 숫자 값을 저장할 수 있습니다. 초기값은 0으로 설정되어 있습니다.

리스트 8-3 프로퍼티의 정의 예

```
class House {
    color: string = ""; // 집의 색상
    rooms: number = 0;  // 방의 개수
}
```

프로퍼티를 사용해보자

프로퍼티를 사용하려면 [구문 8-4]를 사용합니다. 인스턴스화 후에 '인스턴스명.프로퍼티명'이라는 형식으로 값을 대입하거나 참조할 수 있습니다.

구문 8-4 프로퍼티 사용

```
인스턴스명.프로퍼티명
```

이제 프로퍼티를 사용하는 프로그램을 만들어봅시다. [리스트 8-4]는 House 클래스에서 redHouse라는 인스턴스를 생성하는 예를 보여줍니다.

프로퍼티 color는 'redHouse.color'와 같이 사용합니다. 이 사용법은 지금까지 배운 변수와 비슷합니다. 참고로, '.'는 '의'로 읽으면 이해하기 쉽습니다.

예를 들어 'redHouse.color'는 '빨간색 집의 색', 'redHouse.rooms'는 '빨간색 집의 방 개수'라고 해석하면 코드를 쉽게 이해할 수 있습니다(그림 8-3).

리스트 8-4 프로퍼티의 사용 예

```
class House {
    color: string = ""; // 집의 색상
    rooms: number = 0;  // 방의 개수
}
```

```
const redHouse = new House(); // House의 인스턴스화

redHouse.color = "red"; // 빨간색 대입
redHouse.rooms = 3;      // 3을 대입

console.log(redHouse.color); // 빨간색
console.log(redHouse.rooms); // 3
```

▼ 그림 8-3 프로퍼티의 이미지

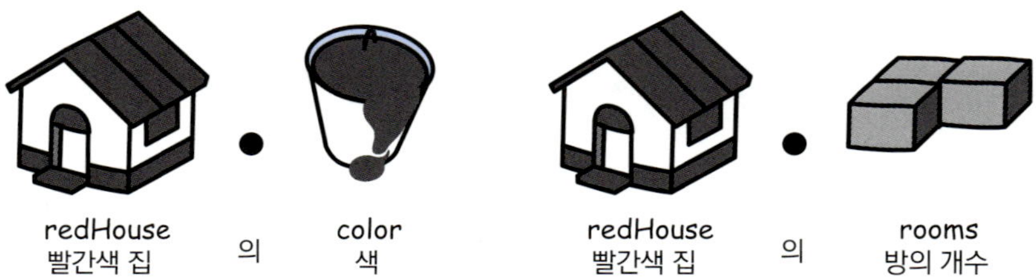

세터와 게터란 무엇일까?

클래스에 데이터를 저장하고 가져오는 방법으로 프로퍼티를 사용할 수 있습니다. 그런데, 방금 정의한 rooms 프로퍼티는 방의 개수를 저장할 수 있지만, number 타입이므로 `redHouse.rooms = -3;`처럼 음수 값을 설정할 수도 있습니다.

이런 문제를 해결하기 위해 프로퍼티에 잘못된 값이 저장되지 않도록 하는 기능인 **세터**setter와 **게터**getter를 사용할 수 있습니다.

세터는 프로퍼티의 값을 저장하는 기능이고, 게터는 프로퍼티의 값을 가져오는 기능입니다. 세터와 게터를 사용하면 프로퍼티에 데이터를 저장하거나 가져올 때 올바른 데이터만 처리할 수 있습니다.

예를 들어 House 클래스에 정의한 rooms에 대해 [그림 8-4]로 세터와 게터의 이미지를 확인해봅시다.

세터는 프로퍼티에 데이터를 저장하는 '다리' 역할을 합니다. 이 다리의 입구에는 신호등이 있고, 데이터가 올바를 때만 파란불이 켜져서 프로퍼티에 데이터를 저장할 수 있습니다. 즉, '데이터가 양수일 때'만 파란불이 켜지도록 설정하면, 방에 음수 값을 줄 수 없습니다.

반면에, 게터는 프로퍼티에서 값을 가져오는 '다리' 역할을 합니다. 프로퍼티에는 세터를 통해 올바른 값이 저장되어 있으므로, 값을 가져올 때에도 올바른 값을 꺼낼 수 있습니다.

▼ 그림 8-4 세터와 게터의 이미지

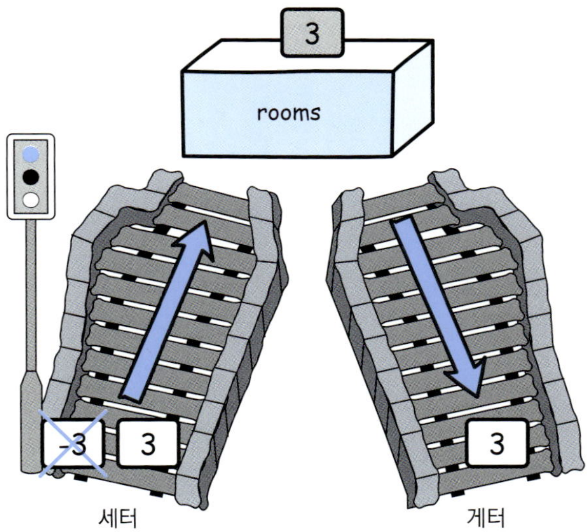

세터와 게터를 정의하는 방법을 살펴보자

세터와 게터는 [구문 8-5]와 같이 사용합니다. 이는 이미 배운 함수와 유사하며, function 키워드 대신 **set** 또는 **get**을 사용합니다.

set은 세터를 정의하는 부분입니다. 인수로 받은 값을 프로퍼티에 저장하는 처리를 설명합니다.

get은 게터를 정의하는 부분입니다. 프로퍼티의 값을 가져오는 함수라고 생각하면 됩니다. 그리고 **return** 키워드를 사용하여 반환값을 반환합니다.

구문 8-5 세터와 게터 정의

● 세터의 정의

```
set 임의의 이름(인수: 데이터 타입) {
    // 필요에 따라 처리한다.
    프로퍼티에 값을 저장하는 처리;
}
```

● 게터의 정의

```
get 임의의 이름(): 데이터 타입 {
    // 필요에 따라 처리한다.
    return 반환값;
}
```

세터를 정의해보자

먼저 세터를 정의하는 예를 살펴봅시다.

[리스트 8-5]는 House 클래스에 rooms라는 세터를 정의한 예입니다. 실제 방의 개수를 저장하는 프로퍼티는 _rooms로 정의되어 있습니다. 이 _rooms에는 rooms라는 세터를 통해 데이터를 저장합니다.

세터의 정의는 set 키워드로 시작하며, 그 뒤에 프로퍼티명인 rooms가 이어집니다. 또한 인수로 count라는 변수가 지정되어 있습니다. 이 인수는 세터를 호출할 때 전달되는 값입니다.

리스트 8-5 세터 정의 예

```
class House {
    private _rooms: number = 0; // 방의 수

    // 세터 정의
    set rooms(count: number) {
        if (count < 0) {
            this._rooms = 0;
        } else {
            this._rooms = count;
```

```
10:         }
11:     }
12: }
13:
14: const redHouse = new House(); // House 인스턴스화
15:
16: redHouse.rooms = -3; // 값 대입
```

세터 내부에서는 전달받은 count 값을 확인합니다. 만약 count가 0보다 작으면 this._rooms에 0을 설정하고, 그렇지 않으면 count 값을 this._rooms에 저장합니다.

_rooms 앞에 붙은 **this**는 클래스 내에서 정의된 프로퍼티를 사용할 때 붙이는 키워드입니다. 이 'this'는 '이 클래스 내에서 정의된'이라고 이해하면 코드를 이해하는 데 도움이 될 것입니다.

마지막으로, 2행의 _rooms 앞에 기술된 private 키워드에 대해 설명합니다.

클래스 내의 멤버에 private 키워드를 붙이면 해당 클래스 내에서만 사용할 수 있게 됩니다. 즉, 인스턴스에서 해당 멤버를 사용할 수 없게 된다는 것을 의미합니다(그림 8-5).

그 덕에 프로퍼티에 직접 접근할 수 없고, 세터를 통해 안전하게 데이터를 저장할 수 있습니다.

▼ 그림 8-5 private 키워드가 붙은 프로퍼티의 이미지

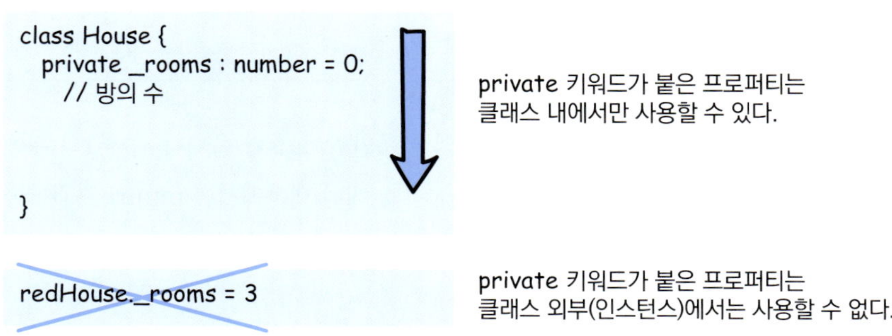

게터를 정의해보자

프로퍼티 _rooms에서 값을 가져오는 게터를 정의하는 예는 [리스트 8-6]과 같습니다.

리스트 8-6 게터 정의 예

```
class House {
    private _rooms: number = 0; // 방의 수

    // 세터 정의
    set rooms(count: number) {
        if (count < 0) {
            this._rooms = 0;
        } else {
            this._rooms = count;
        }
    }

    // 게터 정의
    get rooms(): number {
        return this._rooms;
    }

}

const redHouse = new House(); // House의 인스턴스화

redHouse.rooms = -3; // 값 대입
console.log(redHouse.rooms); // 0이 표시된다.
```

게터는 get 키워드로 시작하며, 그 뒤에는 게터의 이름인 rooms가 옵니다. 콜론(:) 뒤에는 반환값의 데이터 타입인 number가 지정되어 있습니다. 게터 내부에서는 return 키워드를 사용하여 this._rooms를 반환합니다. 이를 통해 redHouse.rooms처럼 접근하면 _rooms의 값을 얻을 수 있습니다.

게터는 단순히 프로퍼티의 값을 반환하는 것뿐만 아니라 계산하거나 가공할 수 있습니다. 예를 들어, 소수점 이하의 데이터를 다루는 프로퍼티의 경우, 소수점 이하 2자리로 반올림하거나 소수점 이하를 모두 반올림하여 정수 값으로 반환할 수 있습니다.

또한 알파벳만 저장되어 있는 프로퍼티라면 모두 대문자로 변환하여 반환할 수도 있습니다.

즉, 게터는 필요에 따라 원하는 값으로 변환하여 반환할 수 있습니다.

8.3

메서드

keyword 메서드

메서드를 정의해보자

클래스에서 정의하는 함수를 **메서드**[method]라고 합니다. 메서드는 객체가 실행하는 동작이나 조작을 표현하기 위해 사용하며, [구문 8-6]처럼 정의합니다.

function 키워드가 없다는 점을 제외하면 함수 정의와 동일함을 알 수 있습니다.

구문 **8-6** 메서드 정의

```
메서드명(인수1: 타입1, 인수2: 타입2, ...) : 반환값의 타입 {
    // 처리
    return 반환값;
}
```

[리스트 8-1]의 House 클래스에 메서드를 추가해봅시다. [리스트 8-7]은 보안 시스템을 활성화하거나 중지하는 메서드를 정의하는 예입니다.

메서드명은 activateSecurity로 정했습니다. 또한 isOn이라는 boolean 타입의 인수를 가지고 있습니다. isOn은 보안의 스위치에 비유하여 true를 받으면 '보안 시스템을 활성화했습니다.'를 출력하고, false를 받으면 '보안 시스템을 중지했습니다.'를 출력합니다.

리스트 8-7 메서드 정의 예

```
class House {
    activateSecurity(isOn: boolean) {
        if (isOn) {
            console.log("보안 시스템을 활성화했습니다.");
        } else {
            console.log("보안 시스템을 중지했습니다.");
        }
    }
}
```

메서드를 사용해보자

메서드는 [구문 8-7]처럼 호출합니다. 메서드는 인스턴스화 후에 **인스턴스명.메서드(값)** 형식으로 호출할 수 있습니다.

구문 8-7 메서드 사용

```
인스턴스명.메서드(값);
```

이제 실제로 메서드를 사용하는 프로그램을 작성해봅시다. [리스트 8-8]은 House 클래스에 정의한 activateSecurity 메서드를 사용하는 예입니다.

먼저 House 클래스에서 redHouse라는 인스턴스를 생성합니다.

activateSecurity 메서드는 'redHouse.activateSecurity(값)' 형식으로 사용합니다. 사용법은 프로퍼티나 세터, 게터와 비슷합니다. '.'는 '의'로 바꾸어 '빨간색 집'의 '보안 시스템 작동'으로 바꾸면 이해하기 쉽습니다.

13행과 15행에서 redHouse.activateSecurity에 true와 false를 전달하여 제대로 동작하는지 확인합니다. 코드를 실행하면 '보안 시스템을 활성화했습니다.'와 '보안 시스템을 중지했습니다.'가 표시됩니다.

리스트 8-8 메서드 사용 예

```
class House {
    activateSecurity(isOn: boolean) {
        if (isOn) {
            console.log("보안 시스템을 활성화했습니다.");
        } else {
            console.log("보안 시스템을 중지했습니다.");
        }
    }
}
const redHouse = new House(); // House 인스턴스화

// 보안 시스템을 활성화했습니다.
redHouse.activateSecurity(true);
// 보안 시스템을 중지했습니다.
redHouse.activateSecurity(false);
```

COLUMN | 문장 끝의 세미콜론(;) 생략

TypeScript에서는 문장 끝의 세미콜론을 생략할 수 있습니다. 세미콜론은 문장의 끝을 표시하는 기호지만, 생략해도 문법적으로는 문제가 없습니다. 사람마다 다르겠지만, 코드가 깔끔하고 글자 수가 줄어들어 가독성이 향상된다는 의견이 있습니다.

세미콜론은 문장의 끝을 나타내므로 `i++; x+=1;`처럼 한 줄에 두 개의 명령어를 쓸 수 있습니다. 그러나 세미콜론을 생략해서 `i++ x+=1`처럼 쓰면 오류가 발생하니 주의해야 합니다.

8.4

생성자

keyword 생성자

생성자를 정의해보자

생성자constructor는 클래스의 인스턴스(객체)가 만들어질 때 자동으로 호출되는 특별한 메서드입니다. 그래서 생성자에는 초기화 과정을 작성하는 것이 일반적입니다.

지금까지 만든 House 클래스를 생각해봅시다.

예를 들어 '집의 색'을 나타내는 color 프로퍼티에 " "를 적어 아무런 색도 설정하지 않았다면, 이대로는 색이 없는 집이 될 수도 있습니다. 그래서 생성자에서 `color = "하얀색"`처럼 초기값을 설정하면, 인스턴스화 후에 색을 설정하지 않아도 미리 설정한 '하얀색 집'이 됩니다.

또한 '방의 개수'를 나타내는 rooms는 0으로 설정했습니다. 이대로라면 방이 없는 집이 되므로, 생성자에서 방의 개수를 1로 설정하는 것이 좋습니다.

생성자는 [구문 8-8]처럼 **constructor** 키워드를 사용하여 정의하며, 인수를 전달할 수도 있습니다.

구문 8-8 생성자 정의

```
constructor(인수 리스트) {
    // 초기화 처리
}
```

생성자를 정의하는 예는 [리스트 8-9]와 같습니다. 이 예는 지금까지 만든 프로퍼티, 세터와 게터, 메서드를 모두 포함한 House 클래스의 전체 모습입니다.

5행의 생성자에서 프로퍼티의 color를 '하얀색'으로, _rooms를 '1'로 초기화하고 있습니다. this.는 '이 클래스 내에서 정의된'이라고 이해하면 됩니다.

리스트 8-9 생성자 정의 예

```
01: class House {
02:     color: string; // 집의 색상
03:     private _rooms: number; // 방의 개수
04:
05:     constructor() {
06:         this.color = "하얀색"; // 집의 색상
07:         this._rooms = 1;
08:     }
09:
10:     // 게터 선언
11:     get rooms(): number {
12:         return this._rooms;
13:     }
14:
15:     // 세터 선언
16:     set rooms(count: number) {
17:         if (count < 0) {
18:             this._rooms = 0;
19:         } else {
20:             this._rooms = count;
21:         }
22:     }
23:     activateSecurity(isOn: boolean) {
24:         if (isOn) {
25:             console.log("보안 시스템을 활성화했습니다.");
26:         } else {
27:             console.log("보안 시스템을 중지했습니다.");
28:         }
29:     }
30: }
```

생성자를 사용해보자

이제 생성자가 정의된 House 클래스를 사용해봅시다.

[리스트 8-10]은 사용 예를 보여줍니다. 이 예에서는 redHouse라는 이름으로 House 클래스를 인스턴스화한 후, color와 rooms 프로퍼티의 값을 출력하고 있습니다. 생성자에서 프로퍼티 값을 초기화했기 때문에 color는 '하얀색', rooms는 '1'이 출력됩니다.

이처럼 생성자는 클래스의 인스턴스화와 동시에 실행되어 필요한 초기화 처리를 실행할 수 있습니다.

리스트 8-10 생성자가 정의된 House 클래스 사용 예

```
// [리스트 8-9]에서 정의한 House 클래스를 이곳에 기술한다.

const redHouse = new House(); // House의 인스턴스화

console.log(redHouse.color);   // 하얀색
console.log(redHouse.rooms);   // 1
```

8.5

접근 제어자

keyword 접근 제어자, private, public, protected

접근 제어자란 무엇일까?

접근 제어자access modifier는 프로그램 내에 정의된 클래스나 멤버(프로퍼티나 메서드)의 접근 범위를 제한하는 구조입니다. 즉, 어디에서 해당 클래스나 멤버를 사용할 수 있는지를 제어합니다(그림 8-6).

접근 제어자에는 **public, private, protected** 세 가지가 있습니다.

- **public**

public이 지정된 클래스나 멤버는 어디에서나 사용할 수 있습니다.

public은 공개한다는 의미이므로 public이 붙은 멤버는 해당 클래스 내부, 인스턴스화한 객체, 상속받은 클래스에서 사용할 수 있습니다. 상속Inheritance에 대해서는 9장에서 설명합니다. 접근 제어자를 붙이지 않은 멤버는 public로 간주됩니다.

- **private**

private이 지정된 클래스나 멤버는 해당 클래스 내부에서만 사용할 수 있습니다. private은 비공개라는 의미이므로, private이 붙은 멤버는 다른 클래스나 인스턴스화된 객체에서 사용할 수 없습니다.

- **protected**

protected가 지정된 멤버는 해당 클래스 내부나 상속 클래스 내부에서 사용할 수 있습니다.

protected는 보호한다는 의미이므로 protected가 붙은 멤버는 상속 관계가 있는 클래스에서만 사용하는 것이 일반적입니다.

▼ 그림 8-6 접근 제어자 이미지

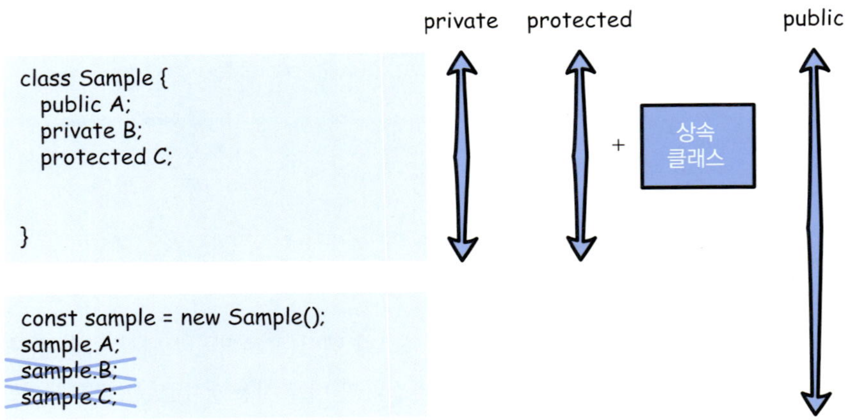

접근 제어자를 사용해보자

접근 제어자를 사용하는 프로그램을 작성해봅시다.

[리스트 8-11]은 지금까지 작성한 House 클래스를 수정하여 접근 제어자를 사용하는 예입니다.

리스트 8-11 접근 제어자의 사용 예

```
class House {
    public color: string;       // 집의 색상(어디서든 접근 가능)
    private rooms: number;      // 방의 개수(같은 클래스 내에서만 접근 가능)
    protected address: string; // 주소(같은 클래스 및 상속 클래스 내에서만 접근 가능)

    constructor(color: string, rooms: number, address: string) {
        this.color = color;
```

```
08:         this.rooms = rooms;
09:         this.address = address;
10:     }
11:
12:     public displayColor(): void {
13:         console.log(`이 집의 색은 ${this.color}입니다.`);
14:     }
15:
16:     private countRooms(): number {
17:         return this.rooms;
18:
19:     }
20:
21:     protected getAddress(): string {
22:         return this.address;
23:     }
24: }
25:
26: const redHouse = new House("하얀색", 1, "서울시"); // House의 인스턴스화
27:
28: redHouse.color = "빨간색";
29: redHouse.displayColor();
30:
31: // 아래는 접근 불가
32: // redHouse.rooms = 2;
33: // redHouse.countRooms();
34: // redHouse.address = "부산시";
35: // redHouse.getAddress();
```

2행의 color 프로퍼티와 12행의 displayColor 메서드는 public이 붙어서 클래스 내부와 26행에 생성한 redHouse 인스턴스에서 사용할 수 있습니다. 그래서 28행의 `redHouse.color`나 29행의 `redHouse.displayColor()`처럼 적어서 접근할 수 있습니다.

3행의 rooms 프로퍼티와 16행의 countRooms 메서드는 private가 붙어서 클래스 내부에서만 사용할 수 있습니다. 그래서 32행의 `redHouse.rooms`나 33행의 `redHouse.countRooms()`와 같이 접근할 수 없습니다. 그리고 VSCode에서 다음과 같은 오류가 표시됩니다.

```
'rooms' 속성은 private이며 'House' 클래스 내에서만 액세스할 수 있습니다.
```

4행의 address 프로퍼티와 20행의 getAddress 메서드는 protected가 붙어서 클래스 내부와 상속받은 클래스에서만 사용할 수 있습니다. 인스턴스화한 redHouse 변수에서는 사용할 수 없습니다(상속 클래스의 예는 9장에서 설명합니다). 34행처럼 `redHouse.address="부산시";`처럼 접근하면, VSCode에서 다음과 같은 오류가 표시됩니다.

```
'address' 속성은 보호된 속성이며 'House' 클래스 및 해당 하위 클래스 내에서만 액세스할
수 있습니다.
```

이렇게 접근 제어자를 사용하면 프로퍼티나 메서드의 사용 범위를 적절히 관리할 수 있습니다.

확인 문제

문제 8-1 프로퍼티

House 클래스에 string 타입의 address 프로퍼티를 추가해보세요.

문제 8-2 메서드

House 클래스에 openDoor라는 새로운 메서드를 추가해보세요. 이 메서드가 실행되면 "문을 열었습니다."라는 메시지를 출력하도록 작성해주세요.

문제 8-3 세터와 게터

House 클래스의 color 프로퍼티에 세터와 게터를 사용하여 값을 저장할 수 있게 변경해보세요.

문제 8-4 생성자

House 클래스의 생성자에 color와 rooms 인수를 추가하여, 인스턴스를 생성할 때 값을 지정할 수 있게 작성해주세요.

제 9 장

클래스의 응용

9.1 상속

9.2 오버라이드와 오버로드

9.3 접근 제어자 protected

9.4 제네릭 메서드

9.5 제네릭 클래스

이전 장에서는 클래스의 기본에 대해 배웠습니다. 이 장에서는 클래스를 확장하는 방법으로 클래스 상속, 파생 클래스에 멤버 추가, 메서드 오버로드 등을 자세히 설명합니다. 이를 이해함으로써 효율적인 클래스 설계와 개발을 할 수 있습니다. 클래스의 응용에 대해 알아봅시다.

9.1

상속

keyword 상속, 기본 클래스, 파생 클래스

상속이란 무엇일까?

클래스 상속inheritance[1]은 기존 클래스를 바탕으로 새로운 클래스를 만드는 것입니다. 상속을 사용하면 기존 클래스의 특성(프로퍼티, 특징)이나 행동(동작)을 이어받아 새로운 클래스를 생성할 수 있습니다. 이런 구조는 기존 코드의 재사용과 유지보수성Maintainability[2]을 향상시킵니다.

상속을 이해하려면 **기본 클래스**와 **파생 클래스**derived class[3]의 역할을 이해해야 합니다.

기본 클래스는 8장에서 배운 클래스로, **부모 클래스** 또는 **슈퍼 클래스**라고 합니다. 파생 클래스는 기본 클래스를 상속받은 클래스로, **자식 클래스** 또는 **하위 클래스**라고 합니다. 이 책에서는 기본 클래스와 파생 클래스라는 용어를 사용합니다.[4]

상속을 사용하면 기본 클래스의 프로퍼티와 메서드가 파생 클래스에 자동으로 상속됩니다. 이를 통해 기본 클래스의 기능을 상속받은 새로운 클래스를 파생 클래스로 만들 수 있습니다.

예를 들어, 8장에서 만든 House 클래스를 바탕으로 차고가 있는 집을 파생 클래스로 정의해봅시다(그림 9-1). 이 파생 클래스는 기본 클래스의 프로퍼티와 메서드를 상속받기 때문에 차고와 관련된 특성이나 기능만 추가하면 됩니다. 그래서 차고가 있는 집 클래스는 기본 클래스

1 옮긴이_ 클래스 상속은 기존에 만들어진 설계도(클래스)를 복사해서 새로운 설계도를 만드는 것이라고 생각하면 됩니다. 마치 레고 블록을 쌓아서 새로운 건물을 만드는 것과 비슷합니다.

2 옮긴이_ 소프트웨어 비용의 대부분은 초기 개발이 아니라 유지보수에 들어간다고 합니다. 자세한 내용은 다음 사이트를 참고하세요.
- https://jsgreen.tistory.com/8

3 옮긴이_ 기초 클래스의 모든 특성을 물려받아 새롭게 작성된 클래스를 가리킵니다. 자세한 내용은 다음 사이트를 참고하세요.
- https://www.tcpschool.com/cpp/cpp_inheritance_derivedClass

4 옮긴이_ 클래스 상속은 기본 클래스(부모)와 파생 클래스(자식)로 구성되며, 파생 클래스는 기본 클래스의 특성을 물려받아 새로운 기능을 추가하거나 수정할 수 있습니다.

의 멤버 외에도 '차고' 프로퍼티나 '차고를 열고 닫는' 메서드 등 파생 클래스에서 정의한 멤버를 사용할 수 있습니다.

▼ 그림 9-1 상속 이미지

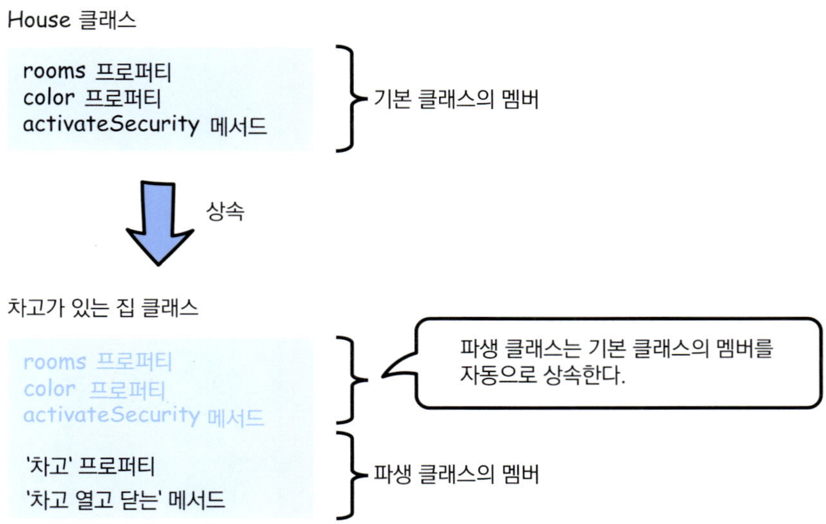

파생 클래스를 정의해보자

파생 클래스는 [구문 9-1]과 같이 **파생 클래스명 extends 기본 클래스명** 형식으로 작성하여 정의합니다. 블록 { } 안에는 파생 클래스의 멤버를 정의합니다.

파생 클래스에 추가할 수 있는 멤버는 기본 클래스와 같으므로 설명은 생략합니다.

구문 **9-1** 파생 클래스 정의

```
class 파생 클래스명 extends 기본 클래스명 {
    // 파생 클래스의 멤버
}
```

House 클래스를 상속받아 '차고 있는 집 클래스'를 정의하는 예는 [리스트 9-1]과 같습니다.

리스트 9-1 파생 클래스 '차고 있는 집 클래스'의 정의 예

```
class House {
    public color: string = "흰색"; // 집의 색상
    public rooms: number = 1;       // 방의 개수

    public activateSecurity(isOn: boolean) {
        if (isOn) {
            console.log("보안을 활성화했습니다.");
        } else {
            console.log("보안을 해제했습니다.");
        }
    }
}

class GarageHouse extends House {
    // 차고 유무를 나타내는 프로퍼티(true: 차고 있음/false: 차고 없음)
    public hasGarage: boolean = false;
    // 차고를 열고 닫는 메서드 정의(true: 차고 열기/false: 차고 닫기)
    public openGarage(isOpen: boolean): void {
        if (this.hasGarage) { // 차고가 있나?
            if (isOpen) {     // 차고를 여는 경우
                console.log("차고를 열었습니다.");
            } else {          // 차고를 닫는 경우
                console.log("차고를 닫았습니다.");
            }
        } else {              // 차고가 없는 경우
            console.log("차고가 없습니다.");
        }
    }
}

const gh = new GarageHouse(); // 인스턴스를 생성한다.
gh.hasGarage = true;          // 차고를 '있음'으로 설정한다.
gh.openGarage(true);          // 차고를 연다.
gh.openGarage(false);         // 차고를 닫는다.
gh.activateSecurity(true);    // 보안을 활성화한다.
```

이 코드에서는 기본 클래스로 House 클래스가 정의되어 있습니다.

House 클래스에는 color와 rooms라는 두 가지 프로퍼티가 있고, activateSecurity라는 메서드도 정의하고 있습니다. activateSecurity 메서드는 인수로 전달된 값에 따라 보안을 활성화하거나 비활성화합니다.

다음으로 14행에는 파생 클래스인 GarageHouse가 정의되어 있습니다. GarageHouse 클래스는 House 클래스를 상속하고, 새롭게 hasGarage 프로퍼티와 openGarage 메서드를 추가하고 있습니다. openGarage 메서드는 차고가 있는 경우, 차고를 열고 닫는 동작을 실행합니다.

31~35행은 파생 클래스를 실제로 사용하는 부분입니다.

31행에서는 파생 클래스의 인스턴스를 생성합니다. 32행에서는 hasGarage에 true를 대입하여 차고를 '있음' 상태로 설정합니다. 33행에서 openGarage에 true를 전달하면 18행의 openGarage 메서드는 true를 받습니다. 그러면 19행의 if 문은 32행에서 설정한 hasGarage의 값인 true로 평가되어 20행이 실행되고, 20행은 openGarage 메서드의 인수로 받은 true로 평가되어 '차고를 열었습니다.'가 출력됩니다.

34행에서는 openGarage에 false를 전달하고 있으므로 18행의 openGarage 메서드는 false를 받습니다. 그 다음 19행의 if 문은 32행에서 설정한 hasGarage의 값 true로 평가되어 20행이 실행되고, 20행은 openGarage 메서드의 인수로 받은 false로 평가되어 22행의 else가 실행되어 '차고를 닫았습니다.'가 출력됩니다.

35행에서는 기본 클래스의 activateSecurity 메서드를 호출하고 있으며, 인수로 true를 전달하고 있습니다. 이로 인해 5행에서 true를 받습니다. 그 결과 6행의 if 문이 true로 평가되어 '보안을 활성화했습니다.'를 출력합니다.

9.2

오버라이드와 오버로드

keyword 오버라이드, 오버로드

오버라이드란 무엇일까?

오버라이드override[5]는 기본 클래스의 메서드를 파생 클래스에서 새롭게 정의하는 것을 의미합니다. 이를 통해 파생 클래스는 기본 클래스와 같은 이름을 가지면서도, 자신만의 메서드로 만들 수 있습니다. 메서드를 오버라이드 하려면 [구문 9-2]를 사용합니다. 파생 클래스 내부에 기본 클래스의 메서드와 동일한 이름의 메서드를 새롭게 정의하면 됩니다.

구문 9-2 메서드 오버라이드

```
class 파생 클래스명 extends 기본 클래스명 {
    기본 클래스와 동일한 메서드명() {
        // 자체 구현
    }
}
```

[리스트 9-2]는 [리스트 9-1]에서 정의한 House 클래스를 상속받아 GarageHouse라는 새로운 클래스를 만들고, 그 인스턴스를 생성하여 메서드를 호출하는 예입니다.

5 옮긴이_ 파생 클래스가 기본 클래스에서 이미 제공하는 메서드를 자신의 목적에 맞도록 재정의하는 것을 의미합니다. 더 쉽게 말해, 부모님이 물려주신 물건을 자신의 스타일에 맞게 바꾸는 것과 비슷합니다. 예를 들어, 부모님이 물려주신 오래된 자전거를 자신의 취향에 맞게 새롭게 꾸미는 것처럼, 파생 클래스는 기본 클래스의 메서드를 자신의 필요에 맞게 변경할 수 있습니다.

리스트 9-2 메서드 오버라이드 예

```
01: // [리스트 9-1]의 클래스 정의를 이곳에 기술한다.
02:
03: class GarageHouse extends House {
04:     activateSecurity(isOn: boolean) {
05:         if (isOn) {
06:             console.log("보안을 활성화했습니다.");
07:             console.log("차고 보안도 활성화했습니다.");
08:         } else {
09:             console.log("보안을 해제했습니다.");
10:             console.log("차고 보안도 해제합니다.");
11:         }
12:     }
13: }
14:
15: const gh = new GarageHouse();
16: gh.activateSecurity(true);  // "보안을 활성화했습니다." "차고 보안도 활성화했습니다."
17: gh.activateSecurity(false); // "보안을 해제했습니다." "차고 보안도 해제합니다."
```

GarageHouse 클래스는 House 클래스를 상속받아, activateSecurity 메서드를 오버라이드 합니다(그림 9-2). 오버라이드된 activateSecurity 메서드는 입력 받은 isOn 값에 따라 보안 상태를 출력합니다. isOn이 true일 경우 "보안을 활성화했습니다."와 "차고 보안도 활성화했습니다."라는 메시지를 출력하고, isOn이 false일 경우 "보안을 해제했습니다."와 "차고 보안도 해제합니다."라는 메시지를 출력합니다.

15행 이후에서는 GarageHouse 클래스의 인스턴스를 생성하고 activateSecurity 메서드를 호출합니다. 인스턴스 gh의 activateSecurity(true)를 호출하면 보안 활성화 메시지와 차고 보안 활성화 메시지가 차례로 출력됩니다. 반대로 activateSecurity(false)를 호출하면 보안 해제 메시지와 차고 보안 해제 메시지가 차례로 출력됩니다.

이처럼, 파생 클래스에서 기본 클래스의 메서드를 오버라이드하여 다른 동작을 구현할 수 있습니다.

그림 9-2 오버라이드 이미지

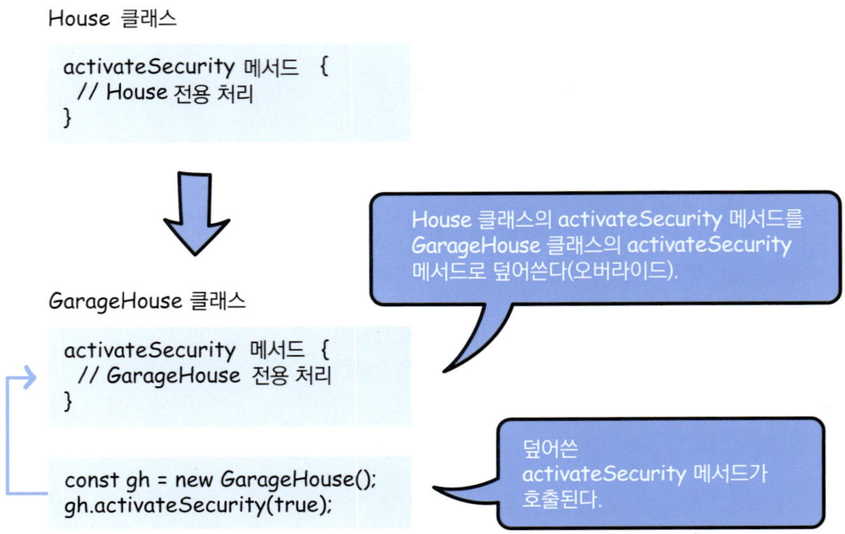

오버로드란 무엇일까?

오버로드는 같은 이름을 가지면서 서로 다른 인수를 받는 여러 개의 메서드(또는 함수)를 정의하는 것을 의미합니다. 이를 통해 하나의 메서드명으로 다양한 기능을 사용할 수 있습니다.

오버로드 메서드를 정의하려면, 동일한 메서드명을 사용하되, 각 메서드의 시그니처method signature[6] (인수 유형과 개수)를 다르게 정의해야 합니다. 시그니처가 다른 메서드는 각각 다른 메서드로 취급됩니다.

예를 들어, House 클래스의 보안 활성화 메서드인 activateSecurity를 오버로드하는 예를 들어봅니다.

첫 번째 메서드는 켜기/끄기 정보만을 인수로 받아 보안을 활성화하는 메서드를 정의합니다. 이 메서드의 정의는 다음과 같습니다.

6 옮긴이_ 메서드명, 반환 타입, 매개변수 수, 매개변수 타입을 확인하여 두 메서드가 동일한지 비교할 수 있습니다. 이렇게 메서드의 동일성 여부를 확인하는 기준을 메서드 시그니처라고 합니다.

```
activateSecurity(isOn: boolean): void;
```

두 번째 메서드는 보안 켜기/끄기 정보와 차고 켜기/끄기 정보를 인수로 받습니다. 이 메서드의 정의는 다음과 같습니다.

```
activateSecurity(isOn: boolean, hasGarage: boolean): void;
```

두 개의 오버로드를 정의한 후에는, 이 두 시그니처가 공통으로 사용하는 메서드 정의를 작성하고, 메서드 본문을 설명하는 블록 { }을 작성합니다.

여기서 첫 번째 인수인 isOn은 두 메서드 모두에 존재하므로 동일하게 작성합니다. 반면 두 번째 인수인 hasGarage는 첫 번째 메서드에는 존재하지 않고 두 번째 메서드에만 존재합니다. 이런 경우 인수 뒤에 "?"를 붙여 "hasGarage?"와 같이 작성합니다. 이 "?"를 붙인 인수는 값을 전달해도 되고 전달하지 않아도 된다는 것을 나타냅니다.

```
// 두 개의 시그니처를 공통으로 사용하는 메서드를 정의한다.
activateSecurity(isOn: boolean, hasGarage?: boolean): void {
    //
}
```

시그니처는 패턴이 다양해서 일관된 형식으로 표현하기 어렵습니다. 오버로드 정의의 한 예를 [구문 9-3]에 정리했습니다.

구문 9-3 메서드 오버로드

```
class 클래스명 {
    메서드명(인수1: 데이터 타입1): 반환값;
    메서드명(인수1: 데이터 타입1, 인수2: 데이터 타입2): 반환값;
    // 위 두 메서드에 공통된 시그니처를 정의한다.
    메서드명(인수1: 데이터 타입1, 인수2: 데이터 타입2): 반환값 {
    // 메서드를 구현한다.
    }
}
```

[리스트 9-3]은 House 클래스에서 activateSecurity 메서드를 오버로드하는 예입니다.

리스트 9-3 오버로드 예

```
class House {
    activateSecurity(isOn: boolean): void;
    activateSecurity(isOn: boolean, hasGarage: boolean): void;

    activateSecurity(isOn: boolean, hasGarage?: boolean): void {
        if (isOn) {
            console.log("보안을 활성화했습니다.");
            if (hasGarage) {
                console.log("차고 보안도 활성화합니다.");
            }
        } else {
            console.log("보안을 해제했습니다.");
            if (hasGarage) {
                console.log("차고 보안도 해제했습니다.");
            }
        }
    }
}

const myHouse = new House();
// 보안을 해제했습니다.
myHouse.activateSecurity(false);
// 보안을 활성화했습니다. // 차고 보안도 활성화합니다.
myHouse.activateSecurity(true, true);
```

activateSecurity 메서드는 두 개의 오버로드로 정의되어 있습니다.

첫 번째 오버로드는 isOn(보안 켜기/끄기 정보)을 인수로 받습니다.

두 번째 오버로드는 isOn과 hasGarage(차고 켜기/끄기 정보), 두 가지 인수를 받습니다. 이를 통해 다양한 인수 조합에 따른 메서드의 동작을 구현하고 있습니다.

세 번째 메서드 `activateSecurity(isOn: boolean, hasGarage?: boolean)`은 앞에서 설명한 두 메서드를 통합하여 시그니처를 공통화하고 있습니다. 이 메서드에서 첫 번째 인수는 'isOn'이고, 두 번째 인수인 'hasGarage'는 선택적 인수입니다. 즉 'hasGarage' 값이 전달되어도,

전달되지 않아도 모두 처리할 수 있습니다.

따라서 activateSecurity 메서드 오버로드는 사용 방법에 따라 첫 번째 인수인 isOn만 전달될 수도 있고, 두 번째 인수인 hasGarage의 값도 전달될 수 있음을 나타냅니다. 값을 전달하지 않아도 되는 인수를 옵션으로 처리하고 있습니다(그림 9-3).

메서드의 구현 부분(실제로 동작하는 코드 부분)에서는 isOn 인수가 true인지 false인지에 따라 동작이 달라집니다. isOn이 true인 경우, 보안을 활성화한다는 메시지가 표시됩니다. 또한 hasGarage 인수가 true인 경우, 차고 보안도 활성화한다는 메시지가 추가로 표시됩니다. isOn이 false인 경우, 보안을 해제한다는 메시지가 표시됩니다. 마찬가지로 hasGarage가 true인 경우, 차고 보안도 해제한다는 메시지가 추가로 표시됩니다.

▼ 그림 9-3 오버로드 이미지

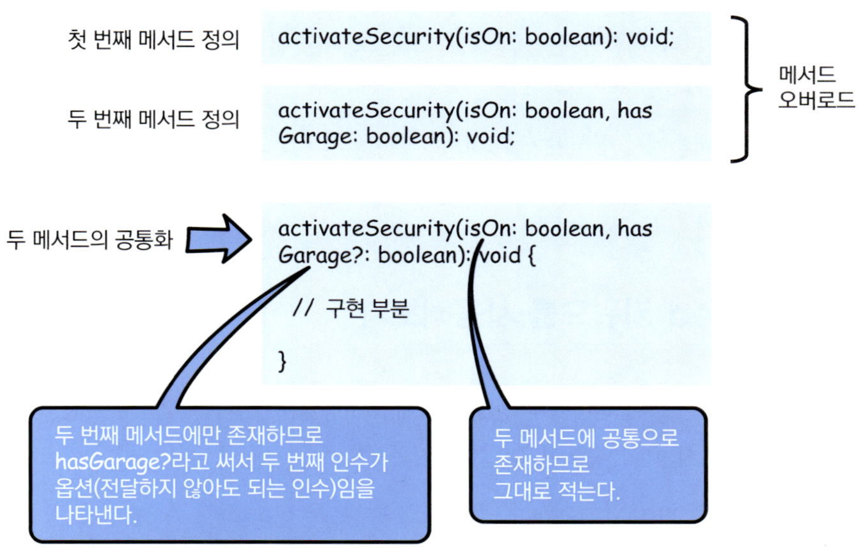

20행부터는 House 클래스의 인스턴스인 myHouse를 만들고 activateSecurity 메서드를 호출하고 있습니다. myHouse.activateSecurity(false)에서는 보안을 해제하고, myHouse.activateSecurity(true, true)는 보안을 활성화하는 동시에 차고 보안도 활성화합니다.

이처럼 activateSecurity 메서드를 오버로드하면 다양한 인수 조합에 따라 보안을 쉽게 제어할 수 있습니다.

9.3

접근 제어자 protected

keyword protected

protected 키워드란 무엇일까?

protected[7]는 클래스에서 정의된 멤버의 유효 범위를 나타내는 키워드입니다. protected로 지정된 멤버(프로퍼티나 메서드)는 해당 클래스와 그 파생 클래스 내에서만 접근할 수 있으며, 인스턴스에서는 사용할 수 없습니다.

예를 들어, 기본 클래스에서 정의한 getRooms 메서드가 private이면 파생 클래스에서 사용할 수 없지만, protected로 지정되면 파생 클래스에서도 사용할 수 있습니다.

protected 키워드를 사용해보자

protected 키워드로 지정된 멤버는 파생 클래스에서 사용할 수 있다는 것을 알았습니다. 실제 프로그램을 작성하면서 이 개념을 더 깊이 이해해봅시다.

먼저 기본 클래스인 House 클래스를 정의합니다(리스트 9-4).

7 옮긴이_ protected 키워드는 클래스 내부와 자식 클래스에서만 접근 가능한 멤버를 정의합니다. 객체 인스턴스에서는 직접 접근할 수 없어 데이터를 보호할 수 있습니다.

리스트 9-4 protected 멤버를 가진 House 클래스 정의

```
class House {
    private rooms: number; // 방의 수

    constructor(rooms: number) {
        this.rooms = rooms;
    }

    // 방의 수를 구하는 메서드
    protected getRooms(): number {
        return this.rooms;
    }
}
```

방의 수를 저장하는 rooms 프로퍼티는 private로 지정되어 있습니다. 따라서 rooms 프로퍼티는 House 클래스 내에서만 사용 가능합니다. 반면에, 방의 개수를 구하는 getRooms 메서드는 protected로 지정되어 있습니다. 그래서 getRooms 메서드는 파생 클래스에서도 접근(참조)할 수 있습니다.

다음으로, House 클래스를 상속하여 차고의 유무도 관리할 수 있는 GarageHouse라는 파생 클래스를 정의합니다(리스트 9–5).

리스트 9-5 House 클래스를 상속하는 GarageHouse 클래스

```
// [리스트 9–4]의 정의를 이곳에 기술한다.

class GarageHouse extends House {
    private hasGarage: boolean; // 차고 유무 관리

    constructor(rooms: number, hasGarage: boolean) {
        super(rooms);
        this.hasGarage = hasGarage;
    }

```

```
11:     public getHasGarage(): boolean {
12:         return this.hasGarage;
13:     }
14:
15:     public getHouseDetails(): void {
16:         console.log(`방 수는 ${this.getRooms()}입니다.`);
17:         if (this.hasGarage) {
18:             console.log("차고가 있습니다.");
19:         }
20:     }
21: }
```

6행은 생성자를 정의하는 부분입니다. 여기서는 rooms(방의 수)와 hasGarage(차고 유무)를 인수로 받아 클래스의 프로퍼티를 초기화합니다. 7행의 `super(rooms);`는 기본 클래스의 생성자에 rooms 값을 전달하는 부분입니다. 'super'는 파생 클래스에서 기본 클래스의 생성자를 호출하는 방법입니다. `super(rooms);`를 작성함으로써, 기본 클래스의 rooms 프로퍼티가 초기화됩니다.

11행의 getHasGarage 메서드는 이 파생 클래스만의 메서드로, 차고의 유무를 확인하는 메서드입니다. 이 메서드는 public로 지정되어 있어 인스턴스에서 호출할 수 있습니다. 또한 15행에서는 getHouseDetails 메서드를 정의하고 있습니다. 이 메서드는 어떤 집인지에 대한 정보를 출력합니다.

16행은 기본 클래스에 있는 protected로 지정된 getRooms() 메서드를 호출하는 부분입니다. 이렇게 파생 클래스는 기본 클래스의 protected 멤버를 사용할 수 있습니다.

마지막으로, 정의한 GarageHouse 클래스를 이용하는 예를 살펴봅시다. [리스트 9-6]에서는 GarageHouse 클래스의 인스턴스인 myHouse를 생성하고 getHouseDetails 메서드를 호출하고 있습니다. 인스턴스를 생성할 때 GarageHouse의 생성자에 3과 true를 전달했기 때문에 '방 수는 3입니다.'와 '차고가 있습니다.'가 출력됩니다.

리스트 9-6 GarageHouse 클래스 이용하기

```
const myHouse = new GarageHouse(3, true);
myHouse.getHouseDetails();
```

접근 범위 이해하기

[리스트 9-4]부터 [리스트 9-6]까지 정의한 House 클래스, GarageHouse 클래스 그리고 그 인스턴스를 사용하는 코드를 다시 살펴보면서 public, private, protected 키워드로 지정된 멤버의 접근 범위를 확인해봅시다(그림 9-4).

House 클래스의 rooms는 private로 지정되어 있어서 House 클래스 내에서만 사용할 수 있습니다. 반면, protected로 지정된 getRooms는 House 클래스를 상속받은 GarageHouse 클래스에서도 사용할 수 있지만, 인스턴스에서는 사용할 수 없습니다.

GarageHouse 클래스에서 정의된 getHasGarage 메서드와 getHouseDetails 메서드는 public으로 지정되어 있습니다. 따라서 GarageHouse 클래스 내부 및 인스턴스에서 사용할 수 있습니다.

이처럼, 필요에 따라 접근 제어자를 사용하면 클래스의 멤버를 안전하게 사용할 수 있습니다.

▼ 그림 9-4 접근 제어자별 스코프 이미지

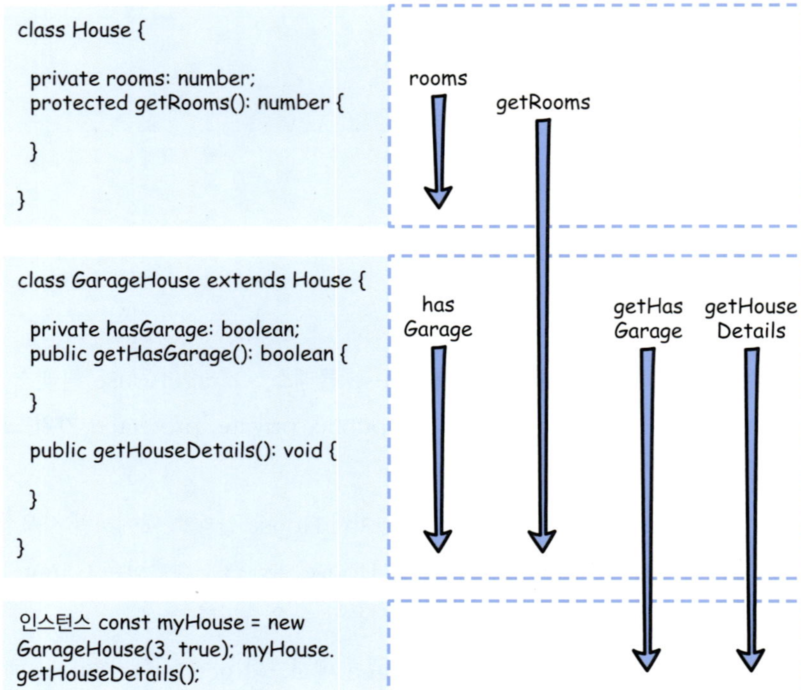

9.4

제네릭 메서드

keyword 제네릭 메서드

제네릭 메서드란 무엇일까?

TypeScript는 데이터 타입을 가진 언어로, 타입 정보를 활용해 안전성과 유연성을 높일 수 있습니다. 그중에서도 제네릭 메서드[8]는 중요한 기능 중 하나입니다. 일반적인 메서드는 메서드 내에서 사용할 데이터 타입이 미리 정해져 있지만, 제네릭 메서드는 메서드 내에서 사용할 데이터 타입을 특정하지 않아도 되므로 범용적으로 처리할 수 있습니다. 이 절에서는 제네릭 메서드에 대해 설명하겠지만, 제네릭 함수도 비슷한 개념으로 정의할 수 있습니다.

제네릭 메서드를 사용해보자

예를 들어, 숫자 배열을 인수로 받아 모든 값을 표시하는 printNumberArray 메서드와 문자 배열을 인수로 받아 모든 값을 표시하는 printStringArray 메서드를 [리스트 9-7]과 같이 정의할 수 있습니다.

리스트 9-7 숫자를 표시하는 메서드와 문자열을 표시하는 메서드 예

```
class MyUtility {
    printNumberArray(arr: number[]): void {
        for (const val of arr) {
```

8 옮긴이_ TypeScript의 제네릭 메서드는 다양한 종류의 데이터를 다루는 만능 도구라고 생각하면 됩니다.

```
            console.log(val);
        }
    }

    printStringArray(arr: string[]): void {
        for (const val of arr) {
            console.log(val);
        }
    }
}
```

printNumberArray 메서드와 printStringArray 메서드를 비교해보면 내부 코드가 완전히 같습니다. 인수의 데이터 타입이 다를 뿐이며, 중복된 상태입니다.

따라서 제네릭 메서드를 사용하여 이런 메서드들을 통합할 수 있습니다. 제네릭 메서드는 [구문 9-4]를 사용하여 정의합니다.

구문 9-4 제네릭 메서드

```
메서드명<T>(인수: T): T {
    // 메서드 기능
}
```

참고로 제네릭 함수는 [구문 9-5]로 정의합니다.

구문 9-5 제네릭 함수

```
function 함수명<T>(인수: T): T {
    // 함수 기능
}
```

구문에서는 알파벳 T를 사용하고 있습니다. 일반적으로 데이터 타입 'Type'의 첫 글자인 T를 많이 사용하지만, 임의의 식별자를 지정할 수도 있습니다.

정의한 메서드에서 T를 사용한 부분은 모두 〈T〉에 지정한 데이터 타입으로 대체됩니다. 따라서 사용할 때 〈T〉 부분에 number를 지정하면 메서드 내의 T 부분은 number로 대체됩니다. 마찬가지로 〈T〉 부분에 string을 지정하면 메서드 내의 T 부분은 string으로 대체되므로 범용 메서드로 사용할 수 있습니다.

앞서 정의한 [리스트 9-7]을 제네릭 메서드로 바꾸어 사용하는 예는 [리스트 9-8]과 같습니다.

리스트 9-8 제네릭 메서드 정의 및 사용 예

```
01: class MyUtility {
02:     printArray<T>(arr: T[]): void {
03:         for (const val of arr) {
04:             console.log(val);
05:         }
06:     }
07: }
08:
09: const nums = [1, 2, 3, 4, 5];
10: const names = ["Steve", "Bill", "Mark"];
11: const util = new MyUtility();
12: util.printArray<number>(nums);
13: util.printArray<string>(names);
```

제네릭 메서드 printArray는 배열의 요소를 순서대로 출력하는 메서드입니다. printArray는 제네릭 타입 T를 사용하여 정의되어 있고, 인수 arr의 데이터 타입도 T로 설정되어 있습니다.

9행 이후에서는 정의한 MyUtility 클래스를 사용하고 있습니다.

12행에서는 printArray를 숫자 타입으로 사용하기 위해 데이터 타입을 〈number〉로 설정했습니다. 그리고 13행에서는 printArray를 문자열 타입으로 사용하기 위해 데이터 타입을 〈string〉으로 설정했습니다.

이처럼 사용할 때 데이터 타입을 지정하면 T 부분이 해당 데이터 타입으로 대체되어 실행됩니다(그림 9-5).

▼ 그림 9-5 prinArray 메서드의 사용 이미지

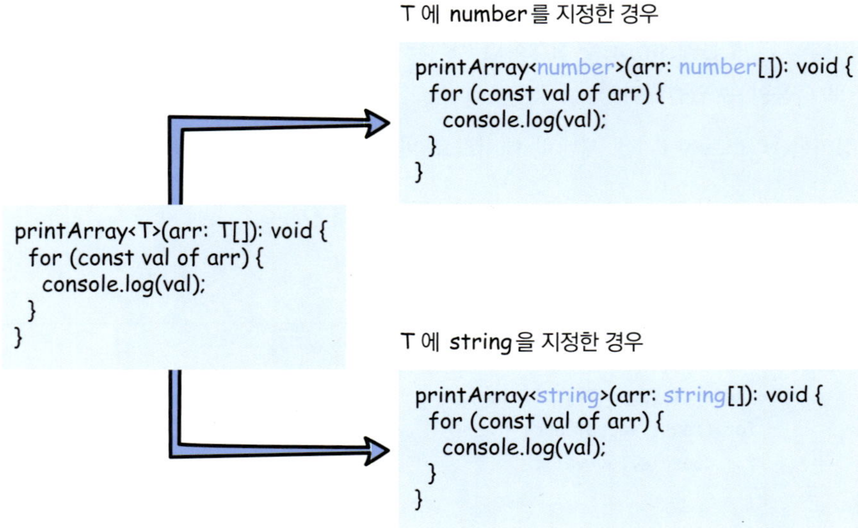

실제로 [리스트 9-8]을 실행하면 printArray 메서드가 호출되어 배열의 요소들이 순서대로 출력됩니다.

결과적으로 다음과 같은 결과를 얻을 수 있습니다.

```
1
2
3
4
5
Steve
Bill
Mark
```

이처럼 제네릭 메서드를 사용하면 다른 타입에 대해서도 동일한 메서드를 사용할 수 있습니다.

COLUMN | 제네릭의 타입 인수명에 사용되는 문자에 대하여

제네릭의 타입 인수명은 왜 T일까요? 이는 T가 Type의 약자이기 때문입니다.

타입 인수명은 반드시 한 글자만 사용해야 한다는 제한은 없습니다. 또한 반드시 T를 사용해야 하는 것도 아닙니다. 타입 인수명은 〈A〉도 가능하고, 〈Foo〉처럼 단어로 만들 수도 있습니다. 단, for나 class 등의 예약어나 〈1〉과 같은 숫자는 타입 인수명으로 사용할 수 없습니다. 일반적으로 〈T〉, 〈U〉, 〈V〉가 많이 사용됩니다.

여러 개의 타입 인수를 사용해야 하는 경우 〈T1〉, 〈T2〉, 〈T3〉과 같이 연속되는 번호를 붙이기도 합니다. 개인 개발의 경우에는 자유롭게 타입 인수명을 붙여도 되지만, 팀 개발의 경우에는 해당 팀의 개발 규칙에 따라 이름을 붙이는 것이 좋습니다.

9.5

제네릭 클래스

keyword 제네릭 클래스

제네릭 클래스란 무엇일까?

제네릭 메서드와 제네릭 클래스는 모두 타입 정보를 유연하게 다루기 위한 기능이지만, 각각 다른 용도로 사용됩니다. 제네릭 메서드는 메서드의 인수와 반환값의 타입을 동적으로 변경할 수 있습니다.

그러나 제네릭 클래스는 클래스의 생성자, 프로퍼티, 메서드 등 전체에서 타입을 유연하게 다룰 수 있습니다. 제네릭 클래스를 사용하면, 클래스를 사용하는 동안 다른 타입의 데이터를 저장하거나 다른 타입으로 메서드를 호출할 수 있습니다.

제네릭 타입 T는 모든 멤버에 사용될 필요는 없으며, 필요한 부분에만 적용할 수 있습니다. 제네릭 클래스를 정의하려면 [구문 9-6]을 사용합니다. 이를 통해 클래스 내 다양한 위치에서 타입 정보를 유연하게 다룰 수 있습니다.

구문 9-6 제네릭 클래스

```
class 클래스명<T> {
    프로퍼티명: T;

    constructor(인수: T) {
    }

    메서드: T {
    }
}
```

제네릭 클래스를 사용해보자

[리스트 9-9]는 MyData라는 제네릭 클래스를 정의하고 사용하는 예입니다. 이 클래스는 임의의 데이터 타입의 배열을 만들어 데이터를 저장하거나 검색하는 기능이 있습니다.

리스트 9-9 제네릭 클래스 사용 예

```
01: class MyData<T> {
02:     private vals: T[] = [];
03:
04:     addValue(item: T) {
05:         this.vals.push(item);
06:     }
07:
08:     getValue(index: number): T {
09:         return this.vals[index];
10:     }
11: }
12:
13: const dataNum = new MyData<number>();
14: dataNum.addValue(5);
15: dataNum.addValue(3);
16: console.log(dataNum.getValue(1)); // 3
17:
18: const dataStr = new MyData<string>();
19: dataStr.addValue("apple");
20: dataStr.addValue("orange");
21: console.log(dataStr.getValue(1)); // orange
```

1행에서 제네릭 클래스를 정의합니다. MyData라는 클래스명 뒤에 〈T〉가 있으므로, 클래스 내의 T는 모두 지정된 데이터 타입으로 대체됩니다.

2행에서는 vals라는 T 타입의 배열 프로퍼티를 선언합니다. 이 프로퍼티는 클래스 내에 정의된 메서드를 통해 접근합니다.

4행에서는 addValue라는 메서드를 정의합니다. 이 메서드는 item이라는 T 타입의 값을 인수로 받습니다. 메서드 내부에서는 프로퍼티 vals의 push 메서드로 값을 추가합니다.

8행에서는 getValue라는 메서드를 정의합니다. 이 메서드는 index라는 이름의 number 타입의 값을 인수로 받습니다. 메서드 내부에서는 프로퍼티 vals에서 index 위치의 데이터를 참조하여 반환합니다.

클래스의 정의를 이해했다면 실제로 사용해봅시다.

13행에서는 MyData 클래스의 인스턴스 dataNum을 생성합니다. 이때 제네릭 타입 T는 number이므로, 이 인스턴스는 숫자 타입의 데이터를 저장하고 조작합니다. 14행에서는 addValue에 5를, 15행에서는 3을 저장하고, 16행에서는 인수로 1을 전달하여 인덱스 1의 위치에 있는 데이터 '3'을 출력합니다.

18행에서는 MyData 클래스의 인스턴스 dataStr을 생성합니다. 이때 제네릭 타입 T는 string이므로, 이 인스턴스는 문자열 타입의 데이터를 저장하고 조작합니다. 19행에서는 addValue에 apple을, 20행에서는 orange를 저장하고, 21행에서는 인수로 1을 전달하여 인덱스가 1인 데이터 'orange'를 출력합니다.

확인 문제

문제 9-1 파생 클래스 만들기

기본 클래스인 House를 만들고, 이를 기반으로 파생 클래스인 FlyingHouse를 만듭니다.

기본 클래스는 [리스트 9-1]에서 정의한 House 클래스를 사용합니다.

파생 클래스인 FlyHouse에는 Fly라는 메서드를 정의하고, 이 메서드를 실행하면 '하늘을 납니다'라는 메시지가 출력되도록 합니다.

파생 클래스를 정의한 후에는, fh라는 이름의 인스턴스를 생성하고 Fly 메서드를 실행해봅시다.

문제 9-2 메서드 오버로드하기

Calculator라는 클래스를 만들고, add라는 이름의 오버로드 메서드를 정의합니다. 첫 번째 add 메서드는 두 개의 number 타입의 인수를 받아, 메서드 내에서 이들을 합산하여 반환합니다. 두 번째 add 메서드는 세 개의 number 타입의 인수를 받아, 메서드 내에서 이들을 합산하여 반환합니다.

제 10 장

추상 클래스와 인터페이스

10.1 추상 클래스

10.2 인터페이스

10.3 인터페이스 상속

소프트웨어 개발에서 클래스 추상화와 인터페이스 설계는 유연성과 확장성을 제공하는 중요한 역할을 합니다. 이 장에서는 추상 클래스와 인터페이스의 특징을 설명하고, 추상 클래스와 인터페이스를 능숙하게 다룰 수 있도록 실제 코드를 통해 학습합니다.

10.1

추상 클래스

keyword 추상 클래스, 추상 메서드, abstract

추상 클래스란 무엇일까?

9장에서 배운 오버라이드는 기본 클래스의 메서드를 파생 클래스에서 재정의하는 기능입니다. 하지만 재정의할 메서드라면 기능을 구현하는 것은 불필요합니다. 이런 불필요한 구현을 피하기 위해 **추상 클래스**와 **추상 메서드**를 사용합니다.

추상 클래스abstract class[9]는 여러 클래스에 공통적인 메서드를 정의하는 데 사용됩니다. 또한 내용이 없는(기능이 없는) 메서드인 추상 메서드abstract method[10]를 정의할 수 있습니다. 추상 메서드를 포함하는 추상 클래스를 상속받은 파생 클래스는 반드시 그 추상 메서드를 구현해야 합니다.[11]

예를 들어, 도형 클래스를 추상 클래스로 정의하고 '그리기'라는 추상 메서드를 정의하면, 삼각형 클래스에서는 반드시 해당 추상 메서드를 구현하여 도형을 그리는 기능을 구현해야 합니다(그림 10-1).

이처럼 추상 클래스는 공통된 성질을 가진 클래스를 모아 메서드 오버라이드를 강제함으로써 소프트웨어 설계의 유연성과 효율성을 향상시킬 수 있습니다.

9 옮긴이_ 하나 이상의 추상 메서드를 포함하는 클래스를 가리켜 추상 클래스라고 합니다. 이러한 추상 클래스는 객체지향 프로그래밍에서 중요한 특징인 다형성을 가지는 메서드의 집합을 정의할 수 있도록 해줍니다.

10 옮긴이_ 파생 클래스에서 반드시 오버라이드해야만 사용할 수 있는 메서드를 의미합니다.

11 옮긴이_ 추상 클래스와 추상 메서드는 마치 미완성 설계도와 같다고 생각하면 됩니다. 완벽하게 모든 기능이 구현된 설계도가 아니라, 채워 넣어야 할 부분을 남겨둔 설계도인 셈이죠.

▼ 그림 10-1 추상 클래스 이미지

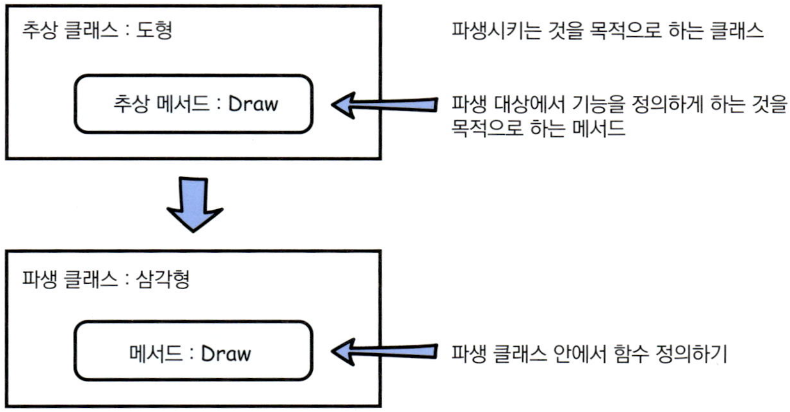

추상 클래스 정의하기

추상 클래스는 [구문 10-1]을 사용하여 정의합니다.

추상 클래스는 **abstract** 키워드 뒤에 클래스명을 기술하고, 추상 메서드는 abstract 키워드 뒤에 메서드명, 인수, 반환값만 기술하고 메서드의 내용은 기술하지 않습니다.

추상 클래스에는 추상 메서드 외에 생성자, 프로퍼티, 내용을 구현한 일반 메서드도 작성할 수 있습니다.

구문 10-1 추상 클래스

```
abstract 클래스명 {
    abstract 메서드명(인수 리스트): 데이터 타입;
}
```

이제 실제로 추상 클래스를 정의하고 파생 클래스에 상속하도록 해봅시다(리스트 10-1).

리스트 10-1 추상 클래스 정의 및 활용 예

```
01: abstract class Figure   {
02:     abstract Draw(): void;
03: }
04:
05: class Triangle extends Figure {
06:     Draw(): void {
07:         console.log("삼각형을 그립니다.")
08:     }
09: }
10:
11: const tri = new Triangle();
12: tri.Draw(); // "삼각형을 그립니다."를 출력한다.
```

[리스트 10-1]의 1행에서는 Figure라는 이름의 추상 클래스를 만들고 있습니다. 이 추상 클래스의 내부에는 도형을 그리는 것을 목적으로 하는 추상 메서드 Draw를 정의하고 있습니다. Draw 메서드는 파생 클래스에서 구현될 예정이므로, 여기서는 메서드의 정의만 기술하고 있습니다.

다음으로 5행에서는 삼각형을 그리는 것을 목적으로 하는 Triangle이라는 클래스를 만들고 있습니다. 이 클래스는 추상 클래스인 Figure를 상속받았으므로 Draw 메서드를 가지게 됩니다. 하지만 상속받은 Draw 메서드에는 내용이 없으므로, 삼각형 클래스에서는 Draw 메서드를 오버라이드하여 적합한 기능을 구현합니다. 이 예에서는 '삼각형을 그립니다.'라는 메시지를 출력하고 있습니다.

마지막으로 11행에서는 Triangle 클래스의 인스턴스인 tri를 만들고 Draw 메서드를 호출하고 있습니다. 그 결과로 "삼각형을 그립니다."라는 메시지를 출력합니다.

마찬가지로, Figure 클래스를 상속받은 사각형 클래스나 타원 클래스도 만들 수 있습니다. Figure 클래스를 상속받았기 때문에, 사각형 클래스와 타원 클래스도 Draw 메서드를 가지게 되어 도형을 그리는 방법을 통일할 수 있습니다.

10.2

인터페이스

keyword interface, implements

인터페이스란 무엇일까?

이전 절에서는 추상 클래스가 처리 기능이 없는 추상 메서드를 정의하고, 파생 클래스에서 이를 오버라이드하여 사용한다는 것을 배웠습니다.

이번 절에서는 추상 클래스와 비슷한 개념인 인터페이스에 대해 알아봅니다.

인터페이스는 서로 다른 객체나 시스템이 상호 작용하는 데 필요한 사양이나 규칙을 의미합니다. 예를 들어, 사용자 인터페이스는 애플리케이션과 사용자가 상호작용하기 위한 사양이나 규칙을 말합니다(그림 10-2).[12]

▼ 그림 10-2 인터페이스 이미지

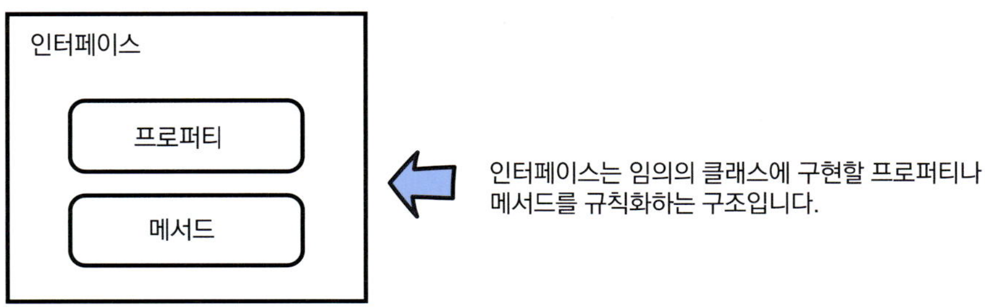

반면 TypeScript의 인터페이스는 클래스의 프로퍼티와 메서드 정의를 기술하기 위한 구조입니다. 인터페이스를 정의하면, 해당 인터페이스를 구현하는 클래스는 반드시 해당 인터페이스

12 옮긴이_ 추상 클래스는 '어떤 기능을 해야 한다'는 것을, 인터페이스는 '어떤 기능을 할 수 있어야 한다'는 것을 정의하는 것입니다.

에 정의된 프로퍼티와 메서드를 정의해야 합니다. 이를 통해 클래스 간의 호환성과 일관성을 유지할 수 있습니다.

추상 클래스와 인터페이스의 차이점

추상 클래스와 인터페이스는 메서드의 구체적인 구현을 정의하지 않는다는 점에서는 같지만, 몇 가지 차이점이 있습니다.

먼저 상속의 관점에서 보면, 클래스는 하나의 추상 클래스만 상속할 수 있지만, 인터페이스는 여러 개의 인터페이스를 구현할 수 있습니다. 이를 통해 클래스에 여러 기능을 부여할 수 있습니다.

다음으로 구현의 관점에서 보면, 추상 클래스는 추상 메서드와 구현된 메서드를 모두 포함할 수 있습니다. 반면, 인터페이스는 메서드의 구현을 정의할 수 없습니다. 인터페이스는 프로퍼티나 메서드를 정의하는 데만 사용됩니다.

마지막으로 인스턴스화 관점에서 보면, 추상 클래스와 인터페이스는 인스턴스화할 수 없다는 점에서 동일합니다.

요약하면, 추상 클래스와 인터페이스는 모두 공통된 성질을 가진 클래스를 하나로 묶는 데 사용됩니다. 추상 클래스는 오버라이드를 강제하는 기능이 있고, 인터페이스는 클래스 간의 호환성을 유지하는 기능이 있습니다.

인터페이스를 정의하자

인터페이스는 [구문 10-2]와 같이 정의합니다. 인터페이스의 메서드는 기능의 정의만 있고, 실제 코드는 포함되지 않습니다.

구문 10-2 인터페이스 정의

```
interface 인터페이스명 {
    프로퍼티명: 데이터 타입; 메서드명(인수 리스트): 데이터 타입
}
```

또한 클래스로 인터페이스를 구현하려면 [구문 10-3]을 사용합니다.

클래스 상속과 달리 클래스명 뒤에 **implements** 키워드를 붙이고, 그 뒤에 인터페이스명을 적습니다.

구문 10-3 인터페이스 구현

```
class 클래스명 implements 인터페이스명 {
    // 인터페이스에서 정의한 프로퍼티나 메서드의 실제 정의를 기술한다.
}
```

이제 인터페이스를 정의하고 클래스로 구현해봅시다.

[리스트 10-2]는 음악 재생 기능이 있는 PlaySound 인터페이스를 정의하고, MusicPlayer 클래스에 음악 재생 기능을 적용한 예입니다.

리스트 10-2 음악 재생 인터페이스 구현 예

```
interface PlaySound {
    name: string;
    play(): void;
    stop(): void;
}

class MusicPlayer implements PlaySound {
    name: string = "sample";

    play() {
        console.log(`${this.name}을 재생했습니다.`);
    }

    stop() {
        console.log(`${this.name}을 중지했습니다.`);
    }
}

```

```
19: const mp = new MusicPlayer();
20: mp.play();
21: mp.stop();
```

1~5행은 PlaySound 인터페이스를 정의하는 부분입니다. 이 인터페이스는 음악 재생 기능에 필요한 name(재생할 음악) 프로퍼티와 play(재생) 메서드, stop(중지) 메서드를 정의하고 있습니다. 메서드의 내용은 구현할 때 작성하므로, 여기서는 메서드의 기능만 정의하고 있습니다.

다음으로 7행에는 MusicPlayer 클래스를 정의하고 있습니다. 클래스명 뒤에 'implements 인터페이스명'을 적어 인터페이스를 구현할 수 있습니다.

그러면 어떻게 적용되는지 살펴봅시다.

name 프로퍼티는 "sample"이라는 값으로 초기화하고 있습니다. play 메서드는 name 프로퍼티의 값을 사용하여 '○○을 재생했습니다.'라는 문자열을 출력하고, stop 메서드도 name 프로퍼티의 값을 사용하여 '○○을 중지했습니다.'라는 문자열을 출력합니다.

마지막으로 19행부터 실제로 사용하는 부분을 살펴봅시다.19행에서는 MusicPlayer 클래스의 인스턴스 mp를 생성하고 있습니다. 이 mp 인스턴스를 이용하여 mp.play() 메서드를 호출하면 "sample을 재생했습니다."라는 메시지가 출력됩니다. 또한 mp.stop() 메서드를 호출하면 "sample을 중지했습니다."라는 메시지가 출력됩니다.

이렇게 인터페이스를 적용함으로써 정해진 규칙에 따라 클래스를 정의할 수 있습니다.

POINT

프로그래밍에서 '구현'이란 사양이나 설계를 바탕으로 실제 프로그램을 작성하는 것을 말합니다. 즉, 프로그래밍 언어로 소스 코드를 작성하는 것입니다.

10.3

인터페이스 상속

keyword interface, extends

인터페이스 상속하기

앞에서 배운 것처럼, 인터페이스는 다른 인터페이스를 상속하여 새로운 인터페이스를 정의할 수 있습니다.

예를 들어, 앞에서 만든 인터페이스는 음악을 재생하는 기능이 있었습니다. 이 음악 재생 인터페이스를 유지하면서 동영상 재생 기능을 추가하고 싶은 경우를 생각해봅시다.

이럴 때는 동영상 재생용 인터페이스를 새로 만들고, 기존의 음악 재생용 인터페이스를 상속하면 됩니다(그림 10-3).

인터페이스 상속[13]은 [구문 10-4]를 사용합니다. 클래스 상속과 마찬가지로 **extends** 키워드를 사용합니다.

구문 10-4 인터페이스 상속

```
interface 인터페이스명 extends 상속할 인터페이스명 {
    프로퍼티명: 데이터 타입
    메서드명(인수 리스트): 데이터 타입;
}
```

13 옮긴이_ 인터페이스 상속은 객체지향 프로그래밍에서 코드의 재사용성과 유연성을 높이는 데 매우 중요한 개념입니다. 인터페이스 상속을 잘 활용하면 더욱 효율적이고 확장 가능한 프로그램을 만들 수 있습니다.

▼ 그림 10-3 인터페이스 상속 이미지

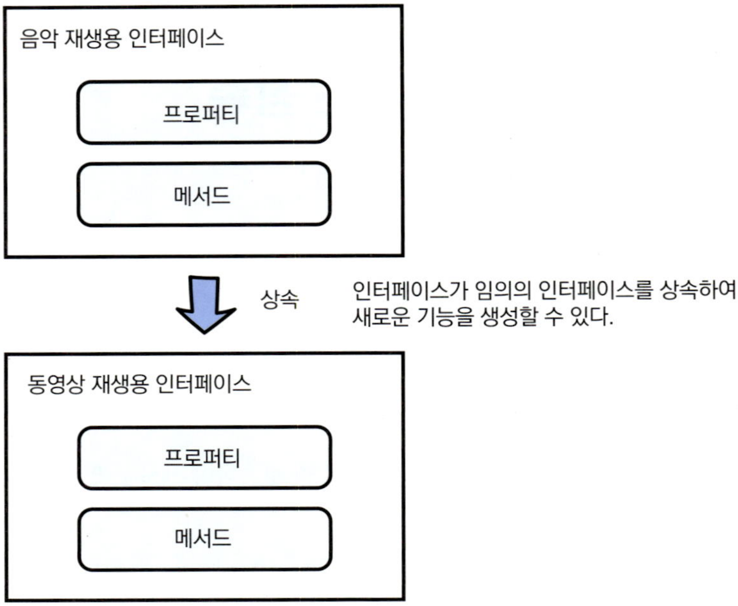

[리스트 10-3]은 동영상 재생 기능이 있는 PlayVideo라는 인터페이스를 만들고, 음악 재생 기능이 있는 PlaySound라는 인터페이스를 상속시키는 예입니다.

리스트 10-3 인터페이스 상속 예

```
interface PlaySound {
    name: string;
    play(): void;
    stop(): void;
}

interface PlayVideo extends PlaySound {
    videoName: string;
    playVideo(): void;
    stopVideo(): void;
}

```

```
13: class VideoPlayer implements PlayVideo {
14:     videoName: string = "Sample Video";
15:
16:     playVideo(): void {
17:         console.log(`${this.videoName}을 재생했습니다.`);
18:     }
19:     stopVideo(): void {
20:         console.log(`${this.videoName}을 중지했습니다.`);
21:     }
22:
23:     name: string = "sample";
24:
25:     play() {
26:         console.log(`${this.name}을 재생했습니다.`);
27:     }
28:
29:     stop() {
30:         console.log(`${this.name}을 중지했습니다.`);
31:     }
32: }
33:
34: const vp = new VideoPlayer();
35: vp.playVideo();
36: vp.stopVideo();
37: vp.play();
38: vp.stop();
```

PlaySound 인터페이스에 대해서는 앞 절에서 설명했으므로 생략합니다.

7행의 PlayVideo 인터페이스는 PlaySound를 상속하고 있습니다. 또한 videoName이라는 문자열 타입의 프로퍼티와 playVideo와 stopVideo라는 메서드를 추가하고 있습니다. 이렇게 동영상 재생 기능이 있는 인터페이스를 만들었습니다.

13행 이후의 VideoPlayer 클래스는 PlayVideo 인터페이스를 구현하고 있습니다. 7행의 PlayVideo 인터페이스가 1행의 PlaySound 인터페이스를 상속받았기 때문에, VideoPlayer 클래스 내부에는 두 인터페이스의 프로퍼티와 메서드를 모두 정의해야 합니다.

PlayVideo 인터페이스에서는 14행의 videoName 프로퍼티, 16행의 playVideo 메서드,

19행의 stopVideo 메서드를 구현하고 있습니다.

또한 PlaySound 인터페이스에서는 23행의 name 프로퍼티, 25행의 play 메서드, 29행의 stop 메서드를 구현하고 있습니다.

마지막으로 VideoPalyer 클래스의 사용 부분을 살펴봅시다.

34행에서 vp라는 이름으로 인스턴스를 생성합니다. 그리고 35~38행에서 vp.playVideo, vp.stopVideo, vp.play, vp.stop 메서드를 호출하고 있습니다.

이렇게 인터페이스는 상속을 통해 기능을 추가할 수 있습니다.

확인 문제

문제 10-1 추상 클래스 만들기

Figure라는 이름의 추상 클래스를 만들고, 그림을 그리는 기능을 가진 Draw라는 추상 메서드를 작성해봅시다.

문제 10-2 추상 클래스의 상속과 사용

[문제 10-1]에서 만든 Figure 클래스를 상속하여 Ellipse라는 클래스를 만듭니다. 그리고 Draw 메서드를 오버라이드하여 "타원을 그립니다."는 메시지를 표시하는 기능을 추가하세요.

다음으로 Ellipse 클래스에서 ep라는 이름의 인스턴스를 만들고 Draw 메서드를 실행해봅시다.

문제 10-3 인터페이스 만들기

Telephone이라는 이름의 인터페이스를 만들고, call이라는 메서드를 정의해봅시다.

제 11 장

예외 처리

11.1 예외 처리

11.2 try catch finally

11.3 Error 객체

11.4 커스텀 예외 클래스

예외 처리는 프로그램 실행 중에 발생하는 오류를 적절히 처리하는 방법입니다. 오류가 발생할 수 있는 부분을 미리 예측하고, 오류가 발생했을 때 어떻게 대응할지를 코드에 정의해 두면 프로그램의 안정성과 신뢰성을 향상시킬 수 있습니다.

오류 처리의 중요성을 이해하고 적절한 오류 처리 방법을 배우면 프로그램의 안정성과 신뢰성을 높일 수 있습니다.

11.1

예외 처리

keyword 예외, 예외 처리

예외 처리란 무엇일까?

TypeScript는 트랜스파일 시 타입 검사와 오류 검사를 실행합니다. 이를 통해 프로그램을 실행하기 전에 오류를 찾아 수정할 수 있습니다. 그러나 모든 오류를 트랜스파일 시점에 발견할 수 있는 것은 아닙니다. 트랜스파일 시 오류가 없더라도 실행 시 오류가 발생할 수 있습니다. 이러한 프로그램 실행 중에 발생하는 오류나 비정상적인 상태를 **예외**exception라고 합니다.

예를 들어, 프로그램이 시작될 때 'settings.json' 파일에서 특정 값을 읽어와 변수에 저장한다고 가정해봅시다. 만약, 파일을 읽는 도중에 누군가가 'settings.json' 파일을 삭제했다면 어떻게 될까요?

이런 경우 파일을 불러올 수 없어 예외가 발생하고 프로그램이 멈추게 됩니다(그림 11-1 왼쪽). 그렇다면 예외가 발생했을 때 프로그램을 멈추지 않고 계속 처리할 수 있는 방법은 없을까요?

이런 상황을 해결하기 위한 방법이 바로 **예외 처리**exception handling[14]입니다. 예외 처리는 발생한 예외를 적절히 처리하여 프로그램이 계속 실행될 수 있게 합니다(그림 11-1 오른쪽).

---

14 옮긴이_ 예외 처리란 예외가 발생했을 때 프로그램이 멈추지 않고, 그 상황을 적절하게 처리하여 프로그램이 계속 실행될 수 있도록 하는 것을 의미합니다. 마치 자동차 엔진에 문제가 생겼을 때, 정비소에 가서 수리하거나 다른 교통수단을 이용하는 것과 같습니다.

▼ 그림 11-1 예외 처리의 이미지

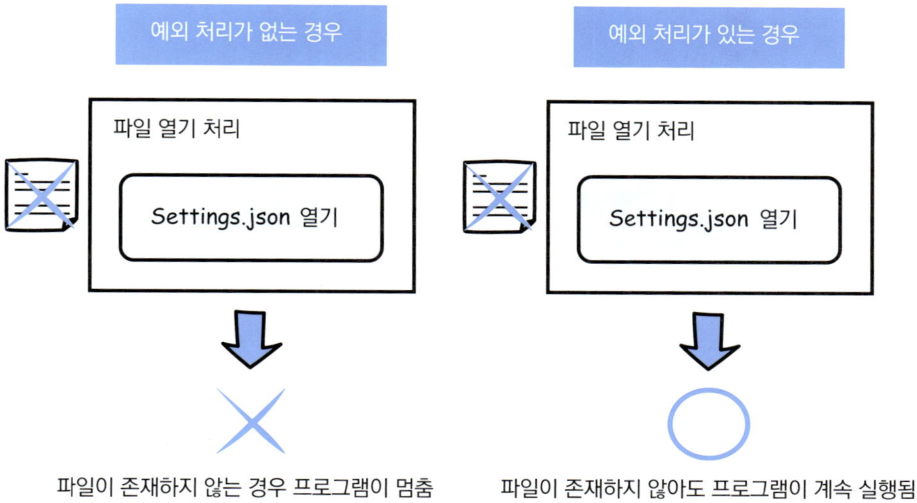

예외 처리의 예

앞서 언급한 예외는 [그림 11-2]처럼 파일이 없는 경우로, 적절한 오류 처리를 통해 해결할 수 있습니다. 그러나 예외가 발생하는 위치를 항상 알 수 있는 것은 아닙니다. 그래서 다음 절에서는 예외를 전문적으로 처리하는 방법을 살펴보겠습니다.

▼ 그림 11-2 if 문의 예외 처리

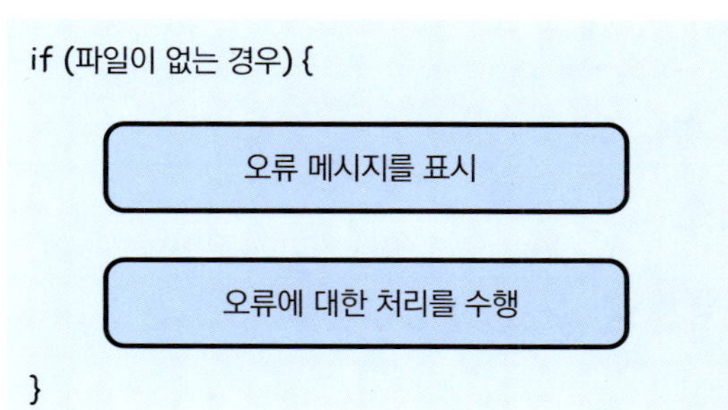

11.2

try catch finally

keyword try, catch, finally, throw, Error

throw에 의한 예외 발생

프로그래밍에서 예외 처리는 중요한 부분입니다.

throw[15] 문을 사용하면 의도적으로 예외를 발생시킬 수 있고, 이후에 설명할 try ~ catch ~ finally 구문을 사용하여 예외를 효율적으로 처리할 수 있습니다.

throw 문은 [구문 11-1]을 사용하며, throw 뒤에는 오류 객체의 인스턴스를 위치시킵니다. 오류 객체의 인스턴스를 생성하려면 [구문 11-2]를 사용합니다. **예외를 발생**시키는 것을 **예외를 던진다**throw라고 합니다.

구문 11-1 throw 문

```
throw 오류 객체;
```

구문 11-2 오류 객체

```
new Error(오류 메시지)
```

15 옮긴이_ throw 문은 프로그램에서 의도적으로 오류를 발생시키는 명령어입니다. 마치 "이 부분에서 문제가 발생했으니 프로그램을 중단시켜!"라고 알리는 신호탄과 같습니다. 이렇게 발생된 오류를 예외라고 합니다.

[리스트 11-1]은 x÷y를 계산하는 프로그램입니다. 그러나 수학적으로 0으로 나누는 것은 불가능하므로, 계산하기 전에 y가 0인지 확인하고, 0인 경우 throw를 사용하여 예외를 발생시킵니다. 이 예에서는 '0으로 나눌 수 없습니다.'라는 오류 메시지를 표시합니다.

리스트 **11-1** 예외를 발생시키는 예

```
const x: number = 5;
const y: number = 0;

if (y === 0) {
    // y가 0이면 예외를 던지고 프로그램을 종료한다.
    throw new Error("0으로 나눌 수 없습니다.");
}

const ans = x / y;
```

try catch finally란 무엇일까?

프로그램 내에서 발생하는 예외를 if 문으로 회피할 수 있는 경우가 있음은 이미 설명했습니다.

그러나 단순히 if 문만 사용한다고 해서 모든 예외를 피할 수 있는 것은 아닙니다. 특정 범위 내에서 오류가 발생할 가능성이 있습니다.

이런 경우를 대비하여 TypeScript에는 예외를 전용으로 처리하는 try ~ catch ~ finally라는 구문이 있습니다(그림 11-3). 'try', 'catch', 'finally'는 각각의 블록으로 구성되어 있습니다. **try**는 예외가 발생할 수 있는 코드를 작성하는 블록으로, try 블록에서 예외가 발생하면 후속 처리를 실행하지 않고 바로 catch 블록의 첫 부분으로 이동하며, try 블록의 코드를 모두 성공적으로 실행하면 catch 블록을 건너뛰고 finally 블록으로 이동합니다.

catch는 try 블록에서 발생한 예외의 종류를 식별하고, 해당 예외를 적절히 처리하기 위한 블록으로, catch 블록 내의 처리가 완료되면 finally 블록으로 이동합니다.

finally는 예외 발생 여부와 상관없이 마지막에 반드시 실행하려는 처리를 작성하는 블록으로, 생략할 수도 있습니다.

▼ 그림 11-3 try ~ catch ~ finally의 이미지

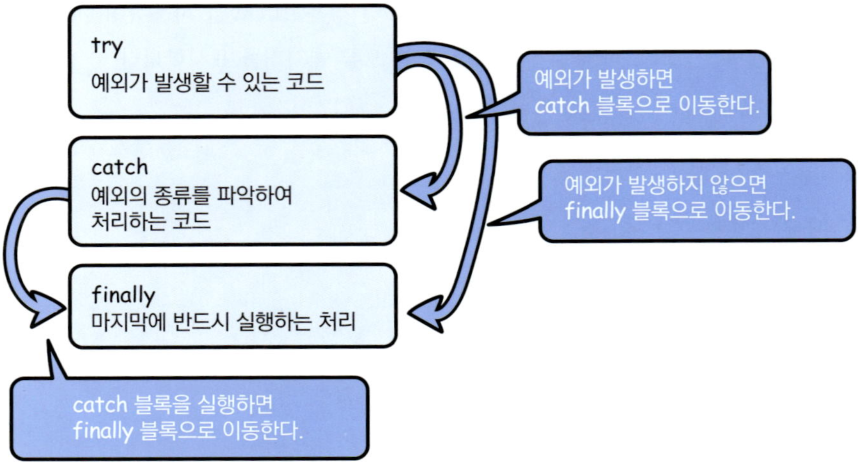

try ~ catch ~ finally를 사용해보자

try ~ catch ~ finally는 [구문 11-3]과 같이 사용합니다. 구문을 이해했다면 실제 사용 예를 살펴봅시다.

[리스트 11-2]는 try 블록 안에서 나눗셈을 실행하는 예입니다.

구문 11-3 try ~ catch ~ finally

```
try {
    // 예외가 발생할 수 있는 코드
}
catch {
    // 예외를 처리하는 코드
}
finally {
    // 마지막에 반드시 실행할 처리
}
```

리스트 11-2 try ~ catch ~ finally 사용 예

```
01: try {
02:     const x = 10;
03:     const y = 0;
04:     if (y === 0) {
05:         throw new Error("0으로 나눌 수 없습니다.");
06:     }
07:
08:     const ans = x / y; // 예외가 발생하므로 여기서는 실행되지 않는다.
09:     console.log(ans);
10: } catch {
11:     console.log("오류가 발생했습니다.")
12: } finally {
13:     console.log("프로그램을 종료합니다.");
14: }
```

[리스트 11-2]는 x÷y를 계산하고 그 결과를 출력하는 과정을 통해 예외 처리(오류 처리)의 기본 개념을 설명합니다.

먼저 변수 x와 y를 선언하고, 4행의 if 문에서 y가 0인지 확인합니다. 만약 y가 0이면 나눌 수 없으므로 throw 문을 사용하여 오류를 발생시킵니다. 오류 메시지에는 다음의 내용을 지정하고 있습니다.

```
"0으로 나눌 수 없습니다."
```

참고로 이 오류 메시지는 콘솔에 표시되지 않습니다. 이 점에 대해서는 아래에서 설명하겠습니다. 또한 오류가 발생하면 try 블록 내의 나머지 처리는 실행되지 않으며, y가 0이 아닌 경우 오류가 발생하지 않으므로 9, 10행을 실행하여 계산 결과를 출력하고 finally 블록으로 이동합니다.

오류가 발생하면 프로그램의 제어권은 catch 블록으로 넘어갑니다. 이 예에서는 예외가 발생했음을 알리는 메시지로 다음을 콘솔에 출력합니다.

```
"오류가 발생했습니다."
```

참고로 catch 블록 내 코드를 실행한 후 finally 블록으로 넘어가는데, finally 블록은 예외 여부와 상관없이 항상 실행되는 코드를 작성합니다. 이 예에서는 다음 메시지를 콘솔에 출력합니다.

```
"프로그램을 종료합니다."
```

그러나 y가 0이기 때문에 나눌 수 없어 예외가 발생합니다. 따라서 try 블록 내에서 9행의 `console.log(ans);`는 실행되지 않습니다. 대신 catch 블록에서 오류 메시지를 표시하고, 마지막으로 finally 블록이 실행되어 프로그램이 종료됩니다.

POINT 예외가 발생할 수 있는 코드는 try ~ catch ~ finally로 처리합시다.

11.3

Error 객체

keyword Error, catch, instanceof

오류의 상세 정보를 알아보자

try 블록에서 발생한 예외는 catch 블록에서 처리할 수 있습니다.

[구문 11-4]처럼 catch(변수명) 형식으로 작성하면, try 블록에서 발생한 오류의 상세 정보를 해당 변수에 대입할 수 있습니다. 이 상세 정보를 Error 객체라고 합니다.

구문 11-4 오류 상세 정보 가져오기

```
catch (변수명) {
    // 예외를 처리하는 코드
}
```

Error 객체에는 오류의 이름을 나타내는 name 프로퍼티와 오류에 대한 설명이 저장되는 message 프로퍼티 등이 있습니다.

Error 객체의 종류

TypeScript에서 발생하는 Error 객체는 [표 11-1]과 같이 분류됩니다. 모든 것을 지금 바로 이해할 필요는 없습니다. 예외가 발생할 때마다 확인해보세요.

▼ 표 11-1 Error 객체 종류

Error 객체	설명
Error	오류 객체 'new Error' 구문을 사용하여 발생한 예외를 나타낸다.
InternalError	JavaScript 엔진 내부에서 발생하는 오류로, 주로 JavaScript 엔진 자체의 버그나 제약 조건과 관련된 오류를 나타낸다.
RangeError	숫자나 데이터의 범위를 벗어난 조작이 발생했을 때 발생하는 오류를 나타낸다. 예를 들어 배열에서 범위를 벗어난 요소에 접근하려고 하거나 유효 범위를 벗어난 수치를 조작하려고 할 때 이 예외가 발생한다.
ReferenceError	존재하지 않는 변수나 함수에 접근했을 때 나타나는 오류를 나타낸다. 변수가 선언되지 않았거나, 스코프 내에서 사용할 수 없는 경우 이 예외가 발생한다.
SyntaxError	문법과 관련된 오류를 나타낸다. 잘못된 키워드 사용, 괄호를 닫지 않는 등 문법 규칙을 위반한 경우 이 예외가 발생한다.
TypeError	지정한 값이 예상한 타입과 호환되지 않을 때 발생하는 오류를 나타낸다. 예를 들어, 함수나 메서드에 전달된 인수의 타입이 일치하지 않거나(호환되지 않는 경우), 변경할 수 없는 값을 변경하려고 할 때 이 예외가 발생한다.
URIError	URI 처리와 관련된 오류를 나타내며, URI 인코딩이나 디코딩 문제가 생기면 예외가 발생한다.

[리스트 11-3]은 [리스트 11-2]를 수정하여 발생한 예외의 상세 정보를 표시하는 예입니다. 수정할 부분은 10행의 `catch (err)` 부분입니다. 예외가 발생하면 err 변수에 예외의 상세 정보가 저장됩니다.

리스트 11-3 Error 객체 활용 예

```
01: try {
02:     const x = 10;
03:     const y = 0;
04:     if (y === 0) {
05:         throw new Error("0으로 나눌 수 없습니다.");
06:     }
07:
08:     const ans = x / y; // 예외가 발생하므로 여기서는 실행되지 않는다.
09:     console.log(ans);
```

```
10: } catch (err) {
11:     console.log(err);
12: } finally {
13:     console.log("프로그램을 종료합니다.")
14: }
```

실제로 실행했을 때의 출력 결과는 다음과 같습니다.

```
Error: 0으로 나눌 수 없습니다.
    at Object.<anonymous> (C:\Work\tsSample\sample1.js:5:15)
    at Function.executeUserEntryPoint [as runMain] (node:internal/modules/run_main:174:12)
프로그램을 종료합니다.
```

'Error: 0으로 나눌 수 없습니다.'는 오류 메시지 본문으로, 오류의 종류와 내용을 나타냅니다. [리스트 11-3]의 5행에서 throw 구문으로 설정한 오류 메시지가 출력되고 있습니다.

'at Object.〈anonymous〉' 부분은 오류가 발생한 위치를 나타냅니다. 또한 'at Function.executeUserEntryPoint' 부분은 오류 발생 지점과 관련된 Node.js의 내부 정보를 보여주고 있지만, Node.js의 정보는 직접적인 오류의 원인이 아니므로 무시해도 됩니다. 마지막의 '프로그램을 종료합니다.'는 finally 블록에서 출력한 메시지입니다.

이처럼 Error 객체를 이용하면 자세한 정보를 얻을 수 있어 오류 해결에 도움이 됩니다.

특정 예외를 처리하자

[표 11-1]과 같이 Error 객체에는 다양한 종류가 있습니다.

[구문 11-5]의 instanceof 연산자[16]를 사용하여 발생한 예외가 어떤 Error 객체인지 확인할 수 있습니다.

---

16 옮긴이_ JavaScript에서 클래스 관련 문법이 지원되면서 어엿한 객체지향 프로그래밍 언어로서 점점 자리를 잡아가고 있습니다. 그에 따라서 코딩을 할 때 어떤 객체가 어떤 클래스의 인스턴스인지를 알아내야 할 때가 자주 생기는데요. 이럴 때 instanceof 연산자를 사용해 어떤 클래스의 인스턴스인지를 알아냅니다. 자세한 내용은 다음 사이트를 참고하세요.

- https://www.daleseo.com/js-instanceof/

instanceof 연산자는 왼쪽의 변수와 오른쪽의 객체가 같은지 검사합니다. 변수와 객체가 같으면 true가 됩니다.

구문 11-5 instanceof 연산자

```
변수 instanceof 객체
```

[리스트 11-4]는 if 문을 사용하여 Error 객체의 종류를 검사하는 예입니다. try 블록에서 RangeError 객체를 던지고[throw], catch 블록에서 err 변수에 예외 정보를 저장합니다. Error 객체의 종류를 비교하고, RangeError 객체의 경우 "범위를 벗어난 조작이 발생했습니다."를 출력합니다.

리스트 11-4 예외를 유형별로 처리하는 예

```
try {
    throw new RangeError("범위 외 오류");
} catch (err) {
    if (err instanceof SyntaxError) {
        console.log("구문 오류가 발생했습니다.");
    } else if (err instanceof RangeError) {
        console.log("범위를 벗어난 조작이 발생했습니다.");
    } else {
        console.log("기타 예외가 발생했습니다.");
    }
} finally {
    console.log("프로그램을 종료합니다.");
}
```

11.4

커스텀 예외 클래스

keyword Error, extends

예외 클래스를 직접 만들어보자

typescript에서는 자신만의 예외 클래스(커스텀 예외 클래스custom exception class[17])를 만들 수 있습니다.

[표 11-1]에서 설명한 Error 객체는 모두 Error라는 기본 클래스를 상속받아 생성된 파생 클래스입니다.

마찬가지로 Error 클래스를 상속하여 커스텀 예외 클래스를 생성할 수 있습니다. 이를 통해 Error 클래스가 가지고 있는 기능 외에 고유한 프로퍼티와 메서드를 추가할 수 있습니다. 커스텀 예외 클래스의 기본 타입은 [구문 11-6]과 같습니다.

구문 11-6 커스텀 예외 클래스

```
class 클래스명 extends Error {
    constructor(message: string) {
        super(message);
        this.name = "예외명";
    }
    // 커스텀 예외 클래스의 프로퍼티나 메서드
}
```

17 옮긴이_ TypeScript의 기본 오류 클래스는 일반적인 오류를 표현하기에 충분하지만, 더욱 세분화된 오류를 관리하고 특정 상황에 맞는 오류 메시지를 제공하기 위해서는 커스텀 예외 클래스가 필요합니다.

커스텀 예외를 정의하고 사용하는 예는 [리스트11-5]와 같습니다.

리스트 11-5 커스텀 예외 클래스를 정의하고 사용하는 예

```
01: class MyException extends Error {
02:     constructor(message: string) {
03:         super(message);
04:         this.name = "MyException";
05:     }
06: }
07:
08: try {
09:     throw new MyException("커스텀 예외가 발생했습니다.");
10: } catch (err) {
11:     console.log(err);
12: }
```

이 예에서는 Error 객체를 상속받아 MyException 클래스를 정의하고 있습니다.

생성자에서는 인수로 받은 오류 메시지를 기본 클래스의 생성자에 전달하고 있으며(3행), 4행에서는 커스텀 예외 클래스의 이름을 설정하고 있습니다. 커스텀 예외 클래스의 사용 방법은 다른 예외 클래스와 동일합니다(9행).

실행하면 예외가 발생하여 아래와 같은 메시지가 출력됩니다.

```
MyException: 커스텀 예외가 발생했습니다.
    at new MyException (C:\Work\tsSample\sample1.js:19:28)
    at node:internal/main/run_main_module:28:49
```

이 예에서 보듯이 커스텀 예외를 생성하여 애플리케이션에 맞는 오류 메시지를 출력하거나 상황에 맞는 오류 처리를 할 수 있습니다.

확인 문제

문제 11-1 try ~ catch ~ finally의 활용(try 블록)

try ~ catch ~ finally 구문을 사용하여 예외를 처리하는 프로그램을 작성합니다.

try 블록에서 Error 객체를 사용하여 "알 수 없는 오류가 발생했습니다."라는 예외를 발생시키는 코드를 작성하세요.

문제 11-2 try ~ catch ~ finally의 활용(catch 블록)

catch 블록에서 예외를 err 변수로 받고, 예외가 발생하면 예외 메시지를 출력하는 코드를 작성하세요.

확인 문제

문제 11-3 try ~ catch ~ finally의 활용(finally 블록)

finally 블록에서 "처리가 성공적으로 완료되었습니다."라는 메시지를 출력하는 코드를 작성하세요.

문제 11-4 사용자 지정 예외 클래스 생성하기

다음 요구사항에 따라 커스텀 예외 클래스를 작성합니다.

- MyException 클래스를 생성한다.
- MyException 클래스는 Error 클래스를 상속한다.
- 생성자는 메시지를 받아 부모 클래스의 생성자에게 전달한다.
- MyException 클래스의 인스턴스를 생성하여 예외를 발생시킨다.

문제 11-5 예외 클래스 생성하기

다음 요구사항에 따라 파일이 존재하지 않을 때 발생하는 예외 클래스를 작성합니다.

- FileNotFoundException 클래스를 생성한다.
- FileNotFoundException 클래스는 Error 클래스를 상속한다.
- 생성자는 메시지를 받아 부모 클래스의 생성자에게 전달한다.
- FileNotFoundException 클래스의 인스턴스를 생성하여 예외를 발생시킨다.

제 12 장

모듈

12.1 모듈

12.2 기본 내보내기/가져오기

12.3 모듈 분할 및 계층화

TypeScript로 소규모 프로그램을 만들면 모든 코드를 한 파일에 담을 수 있지만, 프로그램이 클 때 하나의 파일에 모든 코드를 넣으면 가독성이 떨어지고 수정 범위가 넓어집니다. 또한 이전에 작성한 프로그램의 일부를 재사용하려면 필요한 부분만 추출하기 어렵습니다. 이 장에서는 이런 문제를 해결하기 위한 모듈에 대해 배우고, 유지보수성과 재사용성이 높은 프로그램을 만드는 방법을 알아봅니다.

12.1 모듈

keyword 모듈, export, import

모듈이란 무엇일까?

프로그래밍에서는 소프트웨어를 구성하는 요소들을 독립적인 부품으로 나누고, 이 부품들을 조합하여 개발하는 것이 중요합니다. 이러한 부품화 개념을 실현하는 구조가 바로 모듈입니다.

모듈은 관련된 클래스, 함수, 상수 등을 그룹화하여 다른 코드와 독립적으로 다룰 수 있는 단위입니다. 즉, 프로그램 전체를 하나의 큰 파일로 작성하는 것이 아니라, 모듈 단위의 작은 파일로 나누어 관리할 수 있습니다.

예를 들어, 어떤 파일에 기록된 개인 정보를 읽어 특정 지역에 거주하는 연령별 인구를 구하는 프로그램을 작성한다고 생각해봅시다. 이 프로그램을 만들기 위해서는 '파일 조작 클래스', '커스텀 예외 클래스', '개인정보 관리 클래스'가 필요하며, 이 모든 것이 AppDefinition.ts라는 하나의 파일 안에 정의되어 있다고 가정해봅시다.

새로운 프로그램을 만들 때 이 '개인정보 관리 클래스'를 재사용하려면 AppDefinition.ts에서 '개인정보 관리 클래스'를 잘라내어 새로운 파일로 재정의해야 합니다.

모듈을 사용하면 각각의 요소를 별도의 파일(모듈)로 분할할 수 있습니다. 이를 통해 '프로그램 A'를 만들 수 있을 뿐만 아니라 다른 '프로그램 B'에서도 재사용할 수 있습니다(그림 12-1).

또한 모듈로 분할하면 개별 프로그램이 짧아져 가독성이 향상됩니다. 따라서 프로그램 수정이 필요한 경우에도 특정 범위에 한정하여 수정할 수 있어 유지보수성이 향상됩니다.

▼ 그림 12-1 모듈 이미지

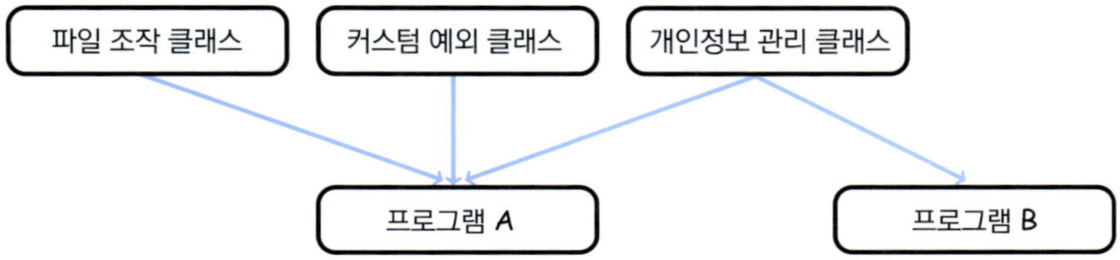

내보내기 및 가져오기

모듈을 사용하려면 여러 파일 간에 변수나 함수를 공유할 수 있어야 합니다. TypeScript에서는 변수나 함수 등을 다른 파일에서 재사용할 수 있도록 **내보내기**export 기능을 제공합니다. 내보내기는 코드의 재사용성Reusability[18]을 높여 대규모 애플리케이션 개발에 도움이 됩니다.

[구문 12-1]과 같이 **export** 키워드를 사용하여 변수 또는 함수를 선언합니다.

구문 12-1 export 선언

```
export 변수 또는 함수;
```

[리스트 12-1]은 변수와 함수를 하나의 모듈(여기서는 list12-1.ts)로 묶어 내보내는 예입니다. 이 예에서는 변수 msg와 version, 함수 showMsg의 앞에 export 키워드를 추가하여 이들 요소를 외부 파일에서 사용할 수 있도록 내보내고 있습니다.

---

18 옮긴이_ 재사용성은 기존 시스템이나 코드를 최소한의 수정으로 다시 활용할 수 있는 능력을 의미합니다. 객체지향 프로그래밍에서는 주로 클래스 상속을 통해 구현되며, 이를 통해 개발 효율성과 유지보수성이 향상됩니다.

리스트 12-1 변수와 함수를 내보내기(list12-1.ts)

```
export const msg = "Hello, TypeScript";
export const version = "5";

export function showMsg() {
    console.log("함수를 가져왔습니다.");
}
```

다음으로 내보낸 변수와 함수를 활용하는 방법에 대해 설명합니다. [구문 12-2]의 import 선언을 사용하면 내보낸 변수와 함수를 활용할 수 있습니다.

import 선언은 다른 모듈에서 변수나 함수를 **가져오기** 위한 선언으로, **import** 키워드 뒤 { } 안에 가져올 변수나 함수를 지정합니다. 그리고 그 뒤에는 가져올 모듈 파일의 경로를 지정합니다.

구문 12-2 import 선언

```
import { 변수1, 변수2, 함수1, 함수2 } from "가져올 모듈 파일의 경로";
```

예를 들어, [리스트 12-1]에서 내보낸 변수 msg와 version, 함수 showMsg를 다른 파일에서 사용하려면 [리스트 12-2]와 같이 import 선언을 합니다.

리스트 12-2 변수와 함수를 가져오기(list12-2.ts)

```
import { msg, version, showMsg } from "./list12-1.js";

console.log(msg);
console.log(version);
showMsg();
```

import 선언에서 가져오는 변수나 함수 이름은 내보낼 때의 이름과 일치해야 합니다. 또한 './list12-1.js'는 가져올 모듈 파일의 상대 경로Relative Path[19]를 지정합니다. 참고로 TypeScript로 작성한 모듈은 JavaScript 파일로 변환되어 실행됩니다. 따라서 import 선언의 경로에는 JavaScript 파일의 확장자인 '.js'를 지정해야 합니다.

이제 가져온 변수나 함수를 다른 파일 내에서 자유롭게 사용할 수 있게 됩니다. 이 예에서는 console.log로 msg와 version 값인 'Hello, TypeScript'와 '5'를 표시하고, showMsg() 함수를 실행하여 '함수를 가져왔습니다.'라는 문자열을 출력하고 있습니다.

이처럼 변수나 함수를 정의한 파일을 준비하여 내보내기, 가져오기를 통해 재사용성과 유지보수성을 향상시킬 수 있습니다.

COLUMN | VSCode로 코드를 자동으로 정리하기

프로그래밍을 처음 시작하거나 TypeScript를 처음 사용하는 분들은 띄어쓰기, 들여쓰기, 빈 줄의 사용법을 잘 몰라서 코드 작성에 어려움을 겪을 수 있습니다. 이럴 때 VSCode의 'Prettier' 확장 기능을 사용하면 코드를 자동으로 정리할 수 있습니다. 아래는 그 방법입니다.

① VSCode에서 'Prettier' 확장 프로그램을 설치합니다.

② Ctrl + Shift + P를 눌러 명령 팔레트를 열고(Mac인 경우에는 Command + Shift + P), 'Format'을 입력합니다.

③ 'Format Document'를 선택하면 현재 열려 있는 코드가 정리됩니다.

이후에는 ②와 ③을 반복하여 코드를 보기 좋게 정리할 수 있습니다.

19 옮긴이_ 상대 경로는 현재 파일의 위치를 기준으로 연결하려는 파일의 상대적인 경로를 적는 것을 의미합니다. 상대 경로는 주소나 프로젝트 디렉터리 위치가 바뀌어도 내부 구조만 그대로라면 수정없이 그대로 사용할 수 있다는 장점이 있습니다. 그러나 자기 자신이 기준이기 때문에 자기 자신의 위치가 바뀌는 것에 취약하다는 단점이 있습니다.

12.2

기본 내보내기/가져오기

keyword export default, import default

'기본 내보내기'와 '기본 가져오기'란 무엇일까?

export default와 **import default**는 내보내기와 가져오기의 또 다른 방식입니다(구문 12-3, 구문 12-4). 이들은 한글로 '기본 내보내기'나 '기본 가져오기'로 표현합니다.

구문 **12-3** 기본 내보내기

```
export default 식;
```

구문 **12-4** 기본 가져오기

```
import 변수명 from "가져올 모듈의 파일 경로";
```

'export'는 여러 변수나 함수를 내보낼 수 있지만, 'export default'는 단 하나의 요소만 내보낼 수 있다는 점에서 차이가 있습니다.

[리스트 12-3]은 기본 내보내기를 사용하는 예입니다. 이 예에서는 showName이라는 함수를 정의하고 있습니다. 이 함수는 name 인수로 받은 값으로 '○○씨'를 출력합니다. 이 showName 함수 앞에 'export default'를 붙여 기본 내보내기를 합니다.

리스트 12-3 기본 내보내기 예(list12-3.ts)

```
export default function showName(name: string) {
    console.log(`${name}씨`);
}
```

기본 내보내기한 함수 showName을 다른 파일에서 사용하려면, [리스트 12-4]처럼 기본 가져오기를 하면 됩니다. 이때 기본 가져오기는 내보낸 변수나 함수에 다른 이름을 붙여서 가져올 수 있다는 특징이 있다는 것이 import와의 차이점입니다.

예를 들어 [리스트 12-3]에서는 showName이라는 함수를 기본적으로 내보내고 있지만, [리스트 12-4]에서는 callName이라는 다른 이름을 붙여서 가져옵니다. 그래서 `callName("스티브");`를 실행하면, [리스트 12-3]에서 정의한 showName이 호출되어 '스티브 씨'를 출력합니다.

리스트 12-4 기본 가져오기 예(list12-4.ts)

```
import callName from "./list12-3.js";
callName("스티브");
```

또 다른 예를 살펴봅시다.

[리스트 12-5]에서는 add(덧셈 함수)와 subtract(뺄셈 함수) 두 개의 함수에 대해 기본 내보내기를 실행하는 예입니다. 기본 내보내기는 원칙적으로 하나의 요소만 내보낼 수 있지만, 'export default' 뒤에 { }를 붙이면 여러 개의 변수나 함수를 하나의 요소로 간주하여 내보낼 수 있습니다.

리스트 12-5 두 개의 함수에 대해 기본 내보내기를 실행하는 예

```
function add(x: number, y: number) {
    return x + y;
}

function subtract(x: number, y: number) {
    return x - y;
}

export default {
    add,
    subtract,
};
```

여러 개의 함수나 변수를 기본값으로 가져오자

export default{ }로 기본 내보내기한 변수나 함수는 이름을 지정하여 기본 가져오기를 할 수 있습니다. 또한 export default{ }로 기본 내보내기한 여러 값을 기본 가져오기를 할 수 있습니다. 예를 들어, [리스트 12-6]에서는 [리스트 12-5]에서 기본 내보내기한 요소에 math라는 이름을 붙여서 기본 가져오기를 하고 있습니다.

math라는 이름을 붙였기 때문에 각각의 함수를 사용할 때는 앞에 'math.'를 붙여 'math.add(1, 3)'이나 'math.subtract(3, 1)'처럼 사용할 수 있습니다.

리스트 12-6 기본 가져오기 예

```
import math from "./list12-5.js";

console.log(math.add(1, 3));      // 4
console.log(math.subtract(3, 1)); // 2
```

12.3

모듈 분할 및 계층화

keyword 분할, 계층화

하위 디렉터리를 이용한 모듈 계층화

프로그램을 모듈로 나누면 가독성과 유지보수성이 향상됩니다. 모듈로 나누면 프로그램을 논리적인 단위로 관리할 수 있으며, 각 부분을 독립적으로 개발, 테스트, 유지보수할 수 있습니다.

여기서는 모듈을 하위 디렉터리에 배치하여 효율적으로 관리하는 방법을 소개합니다. 하지만 이 방법이 항상 최선은 아닙니다. 자신이 만드는 애플리케이션에 맞게 커스터마이징하는 것이 중요합니다.

[그림 12-2]는 src라는 디렉터리 아래에 common, components, utils라는 세 개의 하위 디렉터리를 생성하여 모듈을 관리하는 예를 보여줍니다.

'src'는 source(소스)의 약자로, 소스 코드를 저장하는 위치를 의미합니다.

다음으로 'common'은 '공통'이라는 의미로, 애플리케이션 내에서 공통적으로 사용하는 모듈을 배치하는 장소로 사용합니다. 예를 들어, 전체 페이지에서 공통적으로 사용하는 header(헤더)나 footer(푸터)와 같은 페이지 부품은 여기에 배치합니다.

▼ 그림 12-2 하위 디렉터리를 이용한 모듈 관리

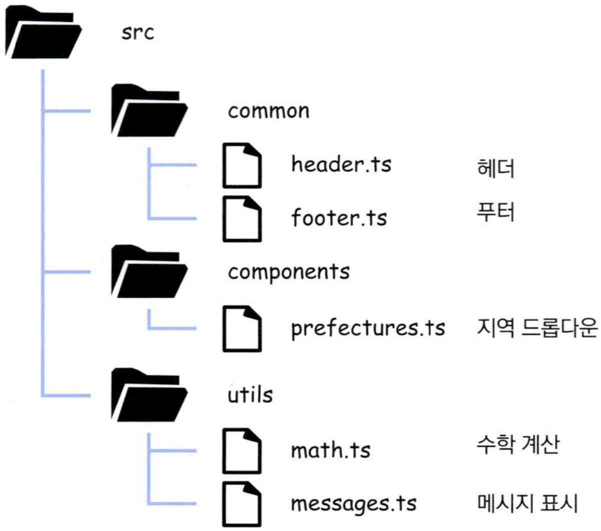

components는 '부품'이라는 의미입니다. 사용자가 지역을 선택할 수 있도록 하는 지역 드롭다운과 같은 모듈을 만들어 배치합니다. 이렇게 하면 UI 컴포넌트를 개별적으로 관리하고 재사용할 수 있습니다.

utils는 'utility'의 약자로 '다목적'이나 '실용적'이라는 의미입니다. 이곳에는 자체 제작한 수학 계산용 모듈이나 전용 메시지 표시를 위한 모듈 등을 배치합니다. 범용적인 함수나 유틸리티가 여기에 포함됩니다.

이런 식으로 필요에 따라 여러 개의 하위 디렉터리를 생성하고 모듈을 적절히 배치하면 프로젝트의 유지보수성이 향상됩니다. 각 모듈은 특정 역할을 실행하며, 개별적으로 개발, 테스트, 유지보수를 할 수 있습니다. 이를 통해 프로그램의 가시성이 높아지고, 변경 및 확장이 유연해집니다.

COLUMN | VSCode 확장 기능(Visual Studio IntelliCode)

Visual Studio IntelliCode는 마이크로소프트에서 개발한 코드 완성 및 코드 생성을 지원하는 확장 기능입니다. 머신러닝[20]을 활용하여 코드의 형식과 구조를 분석하고, 입력한 코드에 맞춰 후보 코드를 보완하거나 새로운 코드를 자동으로 생성합니다.

주요 기능은 다음과 같습니다.

- 코드 완성

  입력한 코드에 맞춰 후보 코드를 보완합니다. 타입 힌트type hint와 함수 시그니처function signature도 표시합니다.

- 코드 생성

  새로운 코드를 자동으로 생성합니다. 메서드, 클래스, 함수 등의 코드를 생성할 수 있습니다.

- 코드 분석

  코드의 타입과 구조를 분석하여 잠재적인 문제를 감지합니다.

- 지원 언어

  TypeScript, C#, C, Python, Java, JavaScript 등 다양한 언어를 지원합니다.

Visual Studio intelliCode는 아래에서 다운로드할 수 있습니다. 프로그래밍 작업의 효율성을 높이는 데 도움이 되는 확장 기능입니다. 설치하여 활용해보기 바랍니다.

- https://marketplace.visualstudio.com/items?itemName=VisualStudioExptTeam.vscodeintellicode

20 옮긴이_ 인공지능의 한 분야로, 대량의 데이터를 통해 시스템이 자율적으로 학습하고 개선하는 기술입니다. 신경망과 딥러닝을 활용하여 명시적 프로그래밍 없이 '경험'을 쌓아 성능을 향상시키며, 더 많고 다양한 데이터로 시스템의 능력을 높일 수 있습니다.

확인 문제

문제 12-1 export와 import

변수 message를 export할 모듈과 import할 모듈을 만듭니다. export할 모듈의 이름은 messageModule.ts, import할 모듈의 이름은 mainMsg.ts로 지정합니다.

문제 12-2 기본 내보내기

다음 요구사항에 따라 기본 내보내기를 하는 모듈을 만듭니다.

- 모듈 파일명은 'calculator.ts'로 한다.
- 두 개의 숫자를 더하여 결과를 반환하는 'addition' 함수를 만들고 기본 내보내기를 한다.

확인 문제

문제 12-3 기본 가져오기

다음 요구사항에 따라 기본 가져오기를 하는 모듈을 만듭니다.

- 모듈 파일명은 'mainCalc.ts'로 한다.
- [문제 12-2]에서 만든W addition 함수를 기본값으로 가져와서 add라는 이름을 붙인다.
- add 함수로 2+3을 계산하여 결과를 표시한다.

제 13 장

React를 이용한 웹 앱 개발

13.1 웹 페이지 만들기

13.2 React

13.3 개발용 프로젝트 만들기

13.4 React 기본 파일

13.5 카운터 앱 만들기

13.6 날씨 앱 만들기

TypeScript의 기초 학습이 끝났습니다. 이제 React를 사용하여 웹 애플리케이션을 만드는 방법을 알아보겠습니다. React는 Meta(구 Facebook)와 커뮤니티에서 개발한 JavaScript 라이브러리로, 웹 애플리케이션 개발에 널리 사용됩니다. 이번 장에서는 React를 사용한 개발 환경을 구축하고, 간단한 애플리케이션 두 가지를 만들어 보겠습니다.

13.1

웹 페이지 만들기

keyword HTML, CSS

HTML 페이지 만들기

React를 배우기 위해서는 먼저 HTML 페이지를 만드는 방법을 알아야 합니다. 이 절에서는 HTML 페이지를 작성하는 기본을 알아보겠습니다.

HTML은 Hyper Text Markup Language(하이퍼텍스트 마크업 언어)의 머리글자로, 웹 페이지를 만드는 마크업 언어입니다. **하이퍼텍스트**는 여러 문서를 연결하는 구조로, 웹 페이지에서는 하이퍼링크를 통해 다른 웹 페이지나 내부 콘텐츠로 이동할 수 있습니다. 마크업 언어는 **태그**tag를 사용하여 문자에 의미를 부여합니다. 예를 들어, 태그를 사용하여 '제목용 글자 만들기', '단락 만들기' 등을 표현합니다.

[그림 13-1]은 h1 태그와 p 태그를 사용하는 예입니다.

▼ 그림 13-1 태그의 예

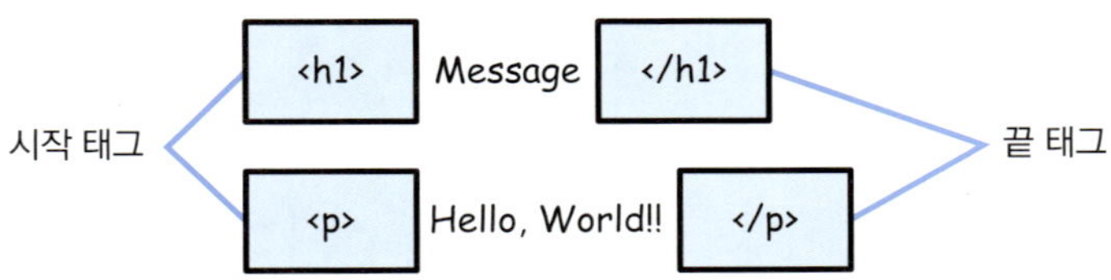

태그는 시작 태그와 끝 태그로 구성되며, 의미를 부여하려는 부분의 시작과 끝에 각각 배치합니다. 예를 들어, 〈h1〉 태그는 웹 사이트의 큰 제목heading을 나타냅니다. 끝 위치에 〈/h1〉을 넣으면 'Message'라는 문자열이 큰 제목으로 표시됩니다.

〈p〉는 문단paragraph을 나타내는 태그입니다. 시작 태그인 〈p〉부터 끝 태그인 〈/p〉까지가 하나의 문단이 되며, 브라우저에서 표시할 때 끝 태그의 위치에서 줄 바꿈이 이루어집니다.

대부분의 태그는 시작 태그에서 시작하여 끝 태그로 끝납니다. 시작 태그는 〈키워드〉, 끝 태그는 슬래시 기호를 붙여 〈/키워드〉와 같이 표현합니다.

HTML 템플릿을 살펴보자

태그를 이해했다면 이제 실제 HTML 템플릿 코드를 살펴봅시다. [리스트 13-1]은 가장 기본적인 HTML 코드입니다.

리스트 13-1 HTML 기본 코드

```
<!DOCTYPE html>
<html lang="ko">
<head>
    <meta charset="UTF-8">
    <title>페이지 제목</title>
</head>
<body>
    <! -- 이곳에 내용 기술 -->
</body>
</html>
```

각 태그마다 어떤 의미가 있는지 살펴봅시다.

MEMO

HTML에는 표준 사양이 존재하며, 2024년 10월 현재 HTML Living Standard[21]라는 사양이 세계 표준으로 채택되어 있습니다. 이 사양은 Apple, Mozilla, Opera의 개발자들이 설립한 조직인 WHATWGWeb Hypertext Application Technology Working Group에서 제정하고 있습니다.

21 옮긴이_ Living standard를 직역하면 '살아있는 표준'입니다. 간단하게 HTML 문법 등을 규정한 표준이라고 생각하면 됩니다.

■ 〈!DOCTYPE html〉

〈!DOCTYPE〉은 문서 형식 선언Document Type Declaration[22]의 약자로, 파일이 HTML로 작성되었음을 나타내는 선언문입니다. 이 태그는 선언이므로 일반 HTML 요소처럼 시작 태그와 끝 태그 쌍을 가지지 않습니다. 단독 선언으로 문서의 맨 앞에 위치합니다.

■ 〈html lang="ko"〉

이 태그는 문서 내에 한 번만 위치하며, 문서 내의 텍스트가 어떤 언어로 작성되었는지 브라우저와 검색엔진에 알려줍니다. 'html' 뒤에 있는 'lang'이라는 키워드는 프로퍼티라고 합니다. lang 프로퍼티에 'ko'를 지정함으로써 이 문서의 주요 언어가 한국어임을 알 수 있습니다.

검색엔진은 언어 정보를 이용하여 적절한 검색 결과를 제공하기 때문에 lang 프로퍼티는 SEOSearch Engine Optimization(검색엔진 최적화) 향상에 도움이 됩니다.

■ 〈head〉

페이지의 헤더 정보를 정의하는 부분입니다. 여기에는 페이지의 제목, 스타일시트 등을 기술합니다.

■ 〈meta charset="UTF-8"〉

HTML 문서 내에서 문자 인코딩을 지정하는 중요한 요소입니다. 이 태그의 역할은 웹 페이지가 텍스트를 올바르게 표시하고 깨짐을 방지하는 것입니다.

인코딩에는 여러 종류가 있지만, 여기서는 문자 코드의 인코딩을 의미하며 `charset="UTF-8"`은 웹 페이지의 텍스트가 UTF-8로 인코딩되었음을 나타냅니다. 이는 대부분의 텍스트 문자를 인코딩할 수 있는 표준 문자 인코딩 방식입니다.

■ 〈title〉

HTML 문서 내에서 웹 페이지의 제목을 정의합니다. 여기서 지정한 텍스트는 웹 브라우저의 탭에 표시됩니다. 또한 사용자가 웹 페이지를 북마크할 때 이름으로 사용되거나 검색엔진의 검색 결과에 표시되는 제목으로 사용됩니다.

---

22 옮긴이_ 문서 형식 선언 또는 DOCTYPE이란 어떤 SGML이나 XML 기반 문서 내에 그 문서가 특정 문서 형식 정의(DTD)를 따른다는 것을 지정하는 것입니다.

■ 〈body〉

HTML 문서 내에서 실제 웹 페이지의 내용을 정의하는 부분입니다. 〈body〉 태그 안에 단락(〈p〉), 제목(〈h1〉 ~ 〈h6〉), 목록(〈ul〉, 〈ol〉, 〈li〉), 표(〈table〉), 양식(〈form〉), 문장 스타일(〈span〉, 〈div〉), 이미지(〈img〉), 하이퍼링크(〈a〉) 등의 태그를 사용하여 HTML 문서를 작성합니다.

■ 〈!-- --〉

HTML 내에서 주석을 작성하기 위한 표기법입니다. '〈!--'와 '--〉' 사이에 작성한 문자열이 주석으로 처리됩니다. 여기에 작성한 문자열은 브라우저에 표시되지 않습니다. 코드 설명 등에 사용됩니다.

13.2

React

keyword 웹 사이트, 웹 애플리케이션, React, DOM, 가상 DOM, SPA

웹 사이트와 웹 애플리케이션의 차이점

HTML 페이지에 대해 이해했다면, 이제 웹 사이트와 웹 애플리케이션의 차이점을 알아봅시다(그림 13-2).

▼ 그림 13-2 웹 사이트와 웹 애플리케이션 이미지

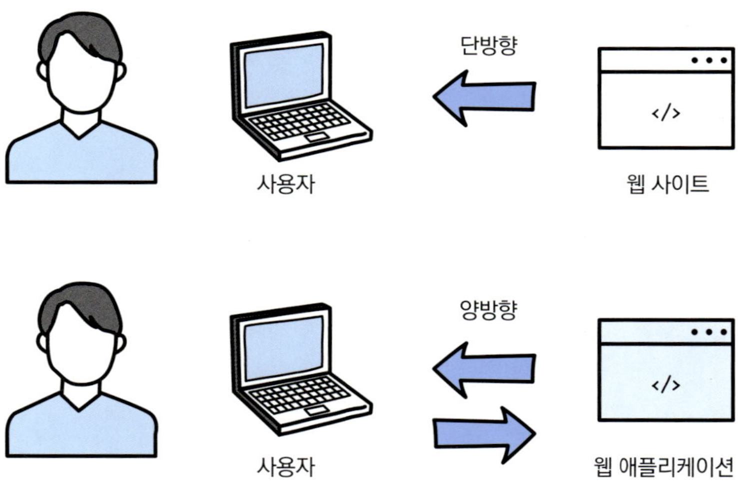

웹 사이트는 정보를 제공하는 정적인 콘텐츠 집합체입니다. 주로 정보를 열람하는 것이 목적이므로 데이터 입력이나 특정 조작을 요구하지 않습니다. 웹 사이트는 일반적으로 HTML이나 CSS 등으로 만들어지며, 뉴스 사이트나 기술 기사 등 변동되지 않는 콘텐츠를 담습니다.

웹 애플리케이션은 사용자와 양방향으로 상호작용할 수 있는 웹 내의 애플리케이션입니다. 웹 애플리케이션은 사용자가 입력한 정보를 바탕으로 정보를 처리하고 그 결과를 표시하며, 일반적으로 데이터베이스와 연동하여 정보를 저장하고 처리합니다. 즉, 웹 사이트는 단방향 정보 제공을 목적으로 하고, 웹 애플리케이션은 사용자와 애플리케이션이 양방향으로 데이터를 주고받으며 상황에 맞는 정보를 생성하는 것을 목적으로 합니다.[23]

React란 무엇일까?

React는 Meta(구 Facebook)와 커뮤니티가 개발한 JavaScript 라이브러리로, 사용자 인터페이스user interface, UI를 구축하기 위한 도구입니다.

React는 싱글 페이지 애플리케이션single-page application, SPA[24]이나 웹 애플리케이션의 프런트엔드[25] 개발에 많이 사용됩니다.

싱글 페이지 애플리케이션은 웹 애플리케이션의 한 종류로, 하나의 HTML 페이지에서 동적으로(필요에 따라) 콘텐츠를 전환하여 여러 페이지로 구성된 것처럼 보이는 애플리케이션을 말합니다.

React는 컴포넌트 기반 개발에 강점이 있습니다. 컴포넌트는 독립적으로 동작하는 작은 부품들을 말합니다. 컴포넌트는 재사용이 가능하고, 조합하여 사용할 수 있습니다. 예를 들어, 버튼

---

23 옮긴이_ 간단한 비유를 통해 두 개념의 기본적이 차이를 설명하자면, 웹 사이트는 정적인 정보를 제공하는 책과 같고, 웹 애플리케이션은 사용자와 상호작용하는 컴퓨터 프로그램과 유사합니다. 둘의 차이점을 표로 정리하면 다음과 같습니다.

구분	웹 사이트	웹 애플리케이션
목적	정보 제공	사용자와의 상호작용
특징	정적, 단방향	동적, 양방향
기술	HTML, CSS	HTML, CSS, JavaScript, 서버 사이드 언어
예시	뉴스 기사, 블로그	이메일, 소셜 미디어, 온라인 뱅킹

24 옮긴이_ 싱글 페이지 애플리케이션(SPA)은 새로운 페이지를 로드하지 않고 현재 페이지를 동적으로 갱신하는 웹 애플리케이션입니다. 이 방식은 페이지 전환을 부드럽게 하여 사용자 경험을 향상시키고, 데스크톱 애플리케이션과 유사한 동작을 웹에서 구현합니다. SPA에서 HTML, JavaScript, CSS 등 필요한 모든 코드는 하나의 페이지로 불러오거나, 적절한 자원들을 동적으로 불러들여서 필요하면 문서에 추가하는데, 보통 사용자의 동작에 응답하게 되는 방식입니다.

25 옮긴이_ 프런트엔드는 웹 페이지의 레이아웃, 메뉴, 디자인 요소, 버튼, 이미지, 그래프와 같이 사용자가 직접 상호작용할 수 있는 사용자 인터페이스입니다. 즉, 프런트엔드는 사용자가 1차적으로 보는 인터페이스이므로 사용하기 쉽고 보기 편해야 사용자의 참여를 이끌어낼 수 있습니다. 그렇기 때문에 프런트엔드 개발자는 사용자 경험을 핵심가치로 삼아 직관적이고 사용하기 쉬운 UI를 구축해야 합니다.

이나 텍스트 입력, 드롭다운, 라디오 버튼 등을 컴포넌트로 만들고 이를 조합하여 UI를 구성합니다(그림 13-3).

▼ 그림13-3 컴포넌트 이미지

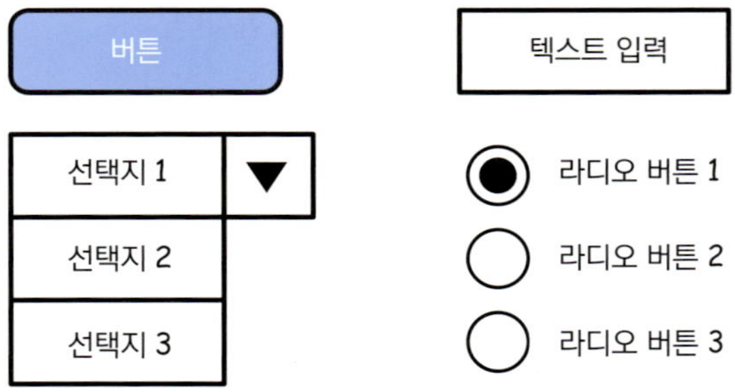

React의 또 다른 특징으로 성능 효율화를 위한 가상 DOM Virtual DOM[26]을 들 수 있습니다.

DOM은 웹 페이지나 웹 애플리케이션의 구조를 브라우저 내에서 표현하는 방법으로, DOM을 이용하면 JavaScript 등의 프로그래밍 언어를 사용하여 웹 페이지를 동적으로 변경할 수 있습니다.

DOM은 트리 tree 구조로 되어 있으며, 부모와 자식 관계를 갖는 요소들로 구성되어 있습니다. HTML 문서에서는 〈html〉 태그가 기본이며, 그 아래에 〈head〉(헤더 정보)와 〈body〉(본문 내용)가 존재합니다. 웹 애플리케이션에서는 이 HTML의 계층 구조를 JavaScript가 처리하기 쉬운 형태의 DOM으로 변환하여 웹 애플리케이션에 적용합니다. 하지만 DOM을 다시 그리는 것은 비용이 많이 들고, 성능 저하를 초래할 수 있습니다.

그래서 React는 가상 DOM을 사용하여 이 문제를 해결합니다. 가상 DOM은 실제 DOM과 별도로 메모리 내에 존재합니다. 가상 DOM은 실제 DOM에 반영되기 전에 변경사항의 차이만 계산합니다. 이를 통해 변경사항을 최소화하여 성능 향상을 기대할 수 있습니다.

예를 들어, 웹 애플리케이션에 텍스트 입력란이 있다고 해봅시다([그림 13-4] 왼쪽의 `<input type="text">` 부분). 이 입력란을 사용자 조작에 따라 라디오 버튼으로 바꿔야 한다면, 실제

26 옮긴이_ React는 렌더링이 발생될 상황에 놓이게 되면 새로운 화면에 들어갈 내용이 담긴 가상 돔을 생성하게 됩니다. 가상 돔은 실제 DOM의 가벼운 복사본으로 메모리 내에 존재하며, JavaScript 객체 형태로 존재합니다. React는 항상 렌더링 이전의 화면 구조와 렌더링 이후의 화면 구조를 가진 두 개의 가상 돔 객체를 유지하고 있습니다. 이 두 가상 돔을 비교하여 변경된 부분만 실제 DOM에 반영합니다.

DOM을 메모리에 복사하고, 가상 DOM에서 [그림 13-4] 오른쪽의 `<input type="radio">`를 만들어냅니다. 그 다음, 실제 DOM과 가상 DOM 사이의 차이점을 실제 DOM에 적용합니다.

이러 방식으로 필요한 부분만 효율적으로 업데이트하므로, 애플리케이션의 성능이 향상되고 불필요한 화면 그리기가 줄어듭니다.

DOM이나 가상 DOM에 대해 이해하지 못해도 걱정하지 마세요. 가상 DOM을 사용하면 성능이 향상된다는 사실만 기억해두면 됩니다.

▼ 그림 13-4 가상 DOM의 이미지

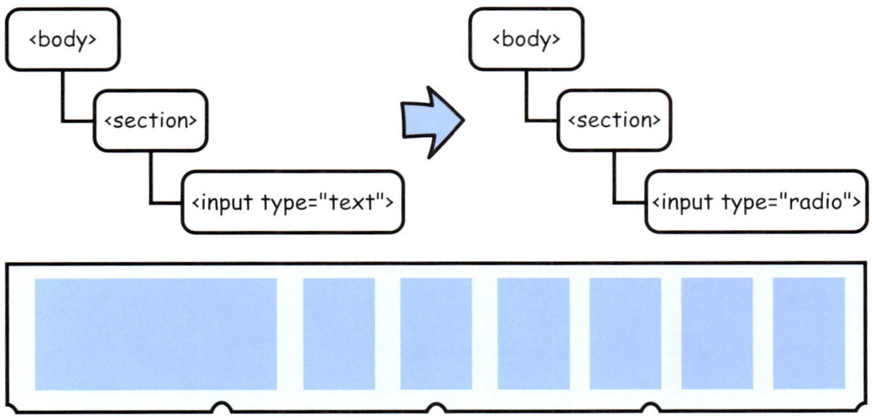

13.3

개발용 프로젝트 만들기

keyword npx, create-react-app

React용 프로젝트 만들기

React 개발을 시작하려면 React 프로젝트를 생성해야 합니다. 그리고 React용 프로젝트를 만들려면 [구문 13-1]을 사용합니다.

구문 13-1 React용 프로젝트 만들기

```
npx create-react-app 프로젝트명 --template typescript
```

이제 실제로 프로젝트를 만들어 보겠습니다.

명령 프롬프트를 열고, cd 명령어를 사용하여 프로젝트를 생성하려는 디렉터리로 이동합니다. 그 다음 `npx create-react-app` 명령을 실행하여 sample-app이라는 이름의 프로젝트를 생성합니다.

```
cd C:\Work
npx create-react-app sample-app --template typescript
```

'npx create-react-app'은 React 프로젝트를 생성하는 명령어입니다. 프로젝트명을 지정하려면 명령어 뒤에 프로젝트명을 적습니다. 또한 '--template typescript' 옵션을 추가하면 TypeScript를 사용하는 React 앱을 생성할 수 있습니다. 프로젝트명에는 'Sample-App'과 같이 대문자를 사용할 수 없으므로 'sample-app'으로 지정합니다.

명령어를 실행하면 [그림 13-5]처럼 프로젝트에 필요한 파일들이 설치됩니다.

▼ 그림 13-5 React용 프로젝트 만들기

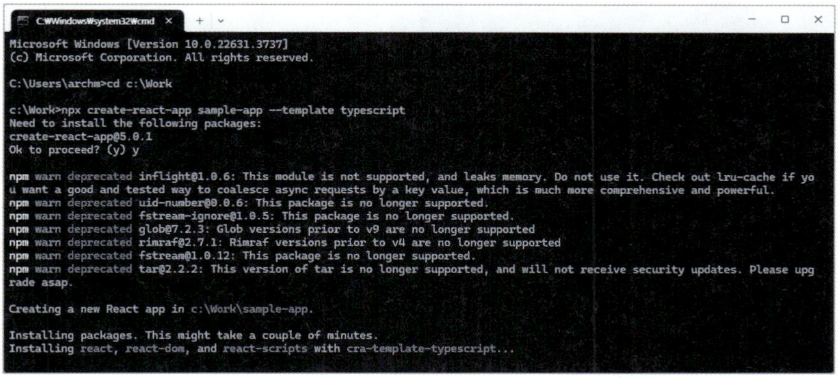

설치가 완료되면 cd 명령으로 프로젝트 폴더로 이동합니다.

```
cd C:\Work\sample-app
```

`npm start`를 실행하면 웹 브라우저가 열리고 React 애플리케이션이 표시됩니다(그림 13-6).

```
npm start
```

▼ 그림 13-6 React 애플리케이션 표시

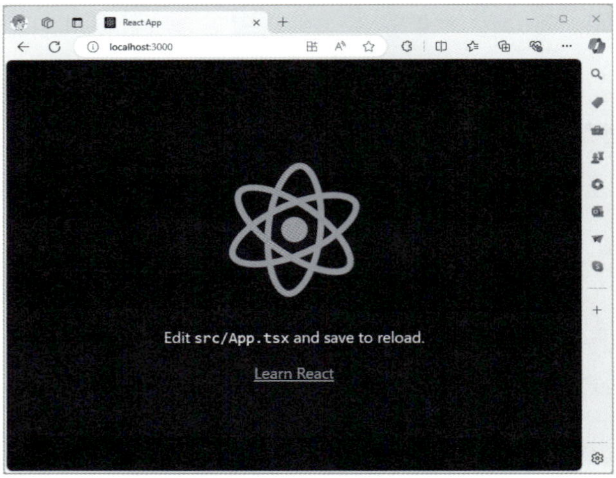

React 애플리케이션을 종료하려면 명령 프롬프트에서 Ctrl + C를 누릅니다. "일괄 작업을 끝내시겠습니까(Y/N)?"라는 메시지가 나타나면 Y와 Enter를 눌러 종료합니다(그림 13-7).

▼ 그림 13-7 React 애플리케이션 종료하기

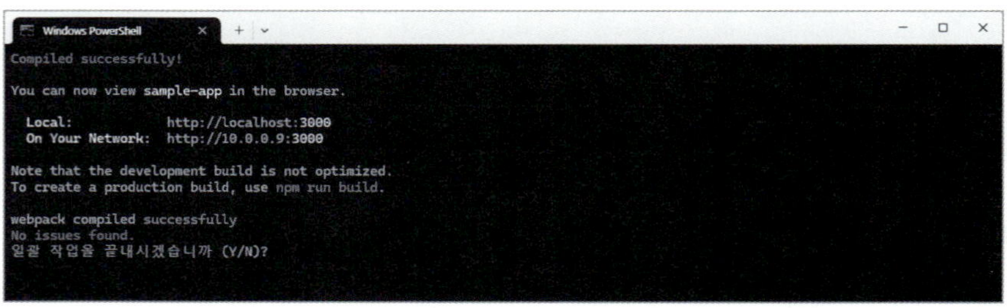

COLUMN | npm ERR!의 해결

npm[Node Package Manager27] 명령을 실행할 때 "npm ERR!" 오류가 발생할 수 있습니다. 이 오류를 해결하는 몇 가지 방법을 알아봅시다.

- npm 버전이 오래된 경우: npm을 최신 버전으로 업데이트하면 오류가 해결될 수 있습니다. 최신 버전으로 업데이트하려면 다음 명령어를 실행하세요. 특정 버전으로 업데이트하려면 @ 뒤에 임의의 버전 번호를 입력하세요.

```
npm install -g npm@latest
```

- 캐시 문제: npm의 캐시[cache28]로 인한 오류일 수 있습니다. 캐시를 지우고 다시 시도해보세요.

```
npm cache clean --force
```

- 패키지 종속성 문제: 패키지 종속성이 원인일 수 있습니다. 패키지를 제거하고 다시 설치해보세요.

```
npm uninstall 패키지명
npm install 패키지명
```

React의 파일 구조를 이해해보자

React 프로젝트가 생성되었으니, 이제 VSCode에서 프로젝트를 열어봅시다.

VSCode를 열고 [파일] → [폴더 열기]를 선택합니다(그림 13-8). 폴더 선택 대화 상자에서 방금 만든 'sample-app'을 선택합니다.

'sample-app'을 선택하면 [그림 13-9]와 같이 VSCode의 왼쪽에 폴더와 파일이 표시됩니다. 각 파일이 무엇인지 확인해봅시다(표 13-1).

27 옮긴이_ npm은 Node.js의 기본 패키지 관리자로, JavaScript를 위한 도구입니다. 명령행 인터페이스와 온라인 패키지 데이터베이스(npm 레지스트리)를 포함하며, 공개 및 유료 개인 패키지를 관리합니다.

28 옮긴이_ 캐시는 빠른 접근을 위해 데이터를 임시 저장하는 공간입니다. 원본 데이터 접근이나 재계산에 시간이 많이 소요될 때 사용되며, 데이터 접근 속도를 크게 향상시킵니다.

▼ 그림 13-8 폴더 열기

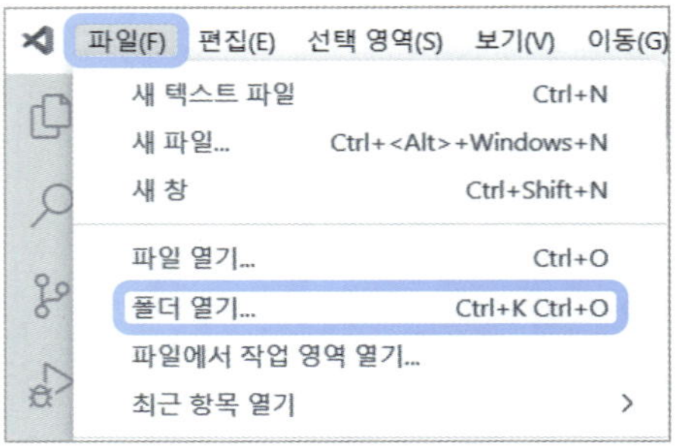

▼ 그림 13-9 프로젝트 구성

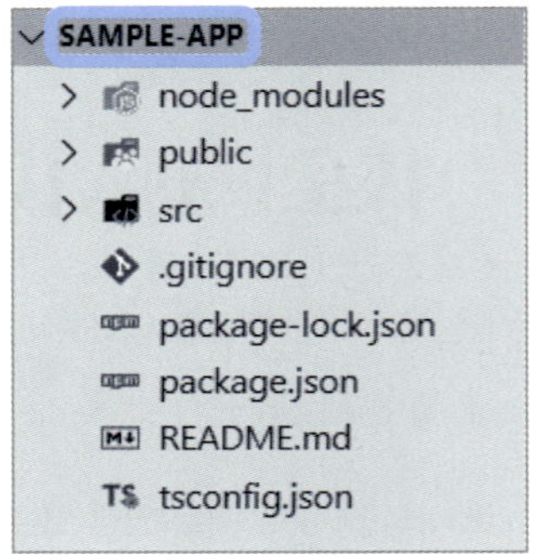

▼ 표 13-1 프로젝트를 구성하는 폴더와 파일

구성 폴더/파일	내용
node_modules 폴더	npm에서 다운로드한 필수 패키지가 저장됩니다.
pubic 폴더	온라인에 공개할 파일과 데이터가 저장됩니다.
src 폴더	개발할 파일을 저장합니다. src는 소스 코드를 의미합니다.
.gitignore	git은 프로그램의 소스 코드 등 변경 이력을 기록하고 추적하는 분산형 버전 관리 시스템입니다. .gitignore는 git에서 관리하지 않을 파일이나 디렉터리를 목록으로 작성해 둔 파일입니다.
package.json	앱 및 패키지 정보 등이 기록된 파일입니다.
package-lock.json	npm install 실행 시 생성되거나 갱신되는 파일로, npm install로 설치한 패키지 정보가 기록됩니다.
README.md	앱의 개요와 실행 방법이 적혀 있습니다.
tsconfig.json	TypeScript 개발에 필수적인 파일로, 타입 체크의 엄격성 등을 설정합니다.

src 폴더에 있는 파일을 확인합니다(그림 13-10, 표 13-2).

여러 폴더와 파일이 있지만, 최소한 src 폴더, public 폴더, 그리고 src 폴더 내의 index.tsx와 App.tsx 파일이 무엇인지 정도는 알아두어야 합니다.

▼ 그림 13-10 src 폴더

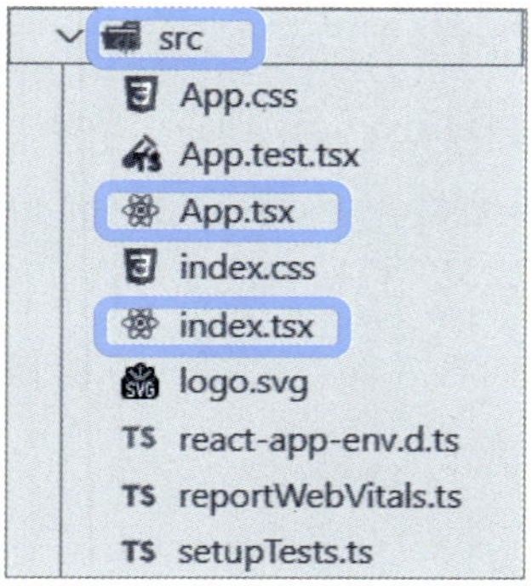

▼ 표 13-2 src 폴더 내 파일들

파일	내용
App.css	App.tsx와 관련된 CSS 파일로, 디자인을 정의합니다.
App.test.tsx	컴포넌트의 테스트 코드가 포함되어 있으며, Jest 테스트 프레임워크[29]를 사용하여 App.tsx 컴포넌트 동작을 테스트합니다.
App.tsx	애플리케이션의 메인 컴포넌트 파일로, 다양한 컴포넌트를 이 파일에 모아 앱을 만듭니다.
index.css	index.tsx와 관련된 CSS 파일입니다.
index.tsx	애플리케이션의 시작 페이지로, React의 render( ) 메서드를 사용하여 App.tsx 컴포넌트의 내용을 브라우저에 표시합니다.
logo.svg	애플리케이션의 로고를 나타내는 SVG 파일입니다.
react-app-env.d.ts	React 애플리케이션에서 사용되는 환경 변수 등의 타입을 정의하는 파일입니다.
reportWebVitals.ts	웹 성능 지표인 WebVitals[30]를 보고하기 위한 스크립트가 포함되어 있습니다.
setupTests.ts	테스트 설정과 관련된 파일로, Jest의 전역 설정, 모의 설정 등을 실행합니다.

---

29 옮긴이_ Jest는 Meta에서 개발된 테스트 프레임워크로, 단위 테스트, 통합 테스트, 스냅샷 테스트 등 다양한 유형의 테스트를 지원하는 범용적인 테스트 프레임워크입니다. JavaScript, TypeScript, React, Vue, Angular 등 다양한 프로젝트에서 사용할 수 있습니다.

30 옮긴이_ Google이 제시하는 웹 품질 평가 지표입니다. WebVitals에서 가장 중요하게 지켜야 하는 세 가지를 묶어 Core Web Vitals라고 하며, 이 점수가 잘 나와야 Google 검색 결과에서 유리합니다.

VSCode 내에서 터미널 열기

지금까지는 명령 프롬프트를 사용해 명령을 실행했지만, 이제부터는 VSCode 내에서 명령을 실행할 수 있습니다. VSCode의 메뉴에서 [보기] → [터미널]을 선택하면, VSCode 하단에 터미널이 표시됩니다(그림 13-11).

▼ 그림 13-11 터미널 표시

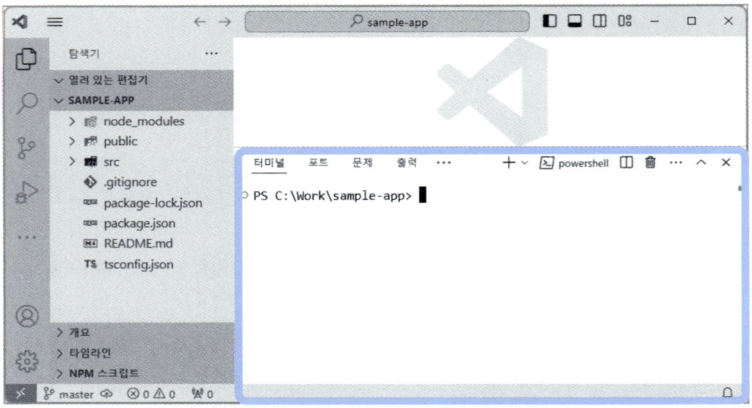

13.4

React 기본 파일

keyword index.tsx, App.tsx

index.tsx 이해하기

프로젝트를 실행하면 기본 React 애플리케이션이 표시되지만(그림 13-6 참조), 실제로 표시되는 것은 sample-app의 src 폴더에 있는 index.tsx라는 파일입니다.

VSCode에서 index.tsx를 더블 클릭하면 해당 코드(리스트 13-2)가 표시되므로, 그 내용을 확인해봅시다.

리스트 13-2 index.tsx 코드

```
import React from 'react';
import ReactDOM from 'react-dom/client';
import './index.css';
import App from './App';
import reportWebVitals from './reportWebVitals';

const root = ReactDOM.createRoot(
    document.getElementById('root') as HTMLElement
);
root.render(
    <React.StrictMode>
    <App />
    </React.StrictMode>
);
reportWebVitals();
```

index.tsx는 React 애플리케이션의 시작점, 즉 엔트리 포인트입니다.

MEMO

엔트리 포인트Entry Point는 프로그램이 실행될 때 가장 먼저 실행되는 위치나 파일을 말합니다. *.tsx 확장자는 TypeScript로 작성된 React 파일을 나타냅니다.

import 선언 부분을 살펴보겠습니다. "import React…"는 React 컴포넌트를 생성하는 데 필요하고, 'import ReactDOM…'는 React 컴포넌트를 실제 DOM에 렌더링(그리기)하는 데 필요합니다.

'import './index.css''는 페이지 디자인을 정의하는 CSS 파일을 가져오고, 'import App…'은 App 컴포넌트를 가져옵니다. App 컴포넌트에 대해서는 다음 절에서 자세히 설명합니다.

'import reportWebVitals…'는 웹 애플리케이션의 성능을 모니터링하는 라이브러리와 코드를 가져옵니다.

메인 코드를 살펴보면, ReactDOM.createRoot()는 메인 컴포넌트(루트 컴포넌트라고도 함)를 지정한 곳에 표시하기 위한 객체를 생성합니다. 생성한 객체는 root 변수에 대입합니다.

이 root 객체에 포함된 render() 메서드를 호출하여 지정한 컴포넌트(여기서는 <App />)를 렌더링(브라우저에 표시)합니다. 결국, index.tsx는 <App /> 컴포넌트를 표시하는 메인 페이지라고 할 수 있습니다.

App.tsx 이해하기

엔트리 포인트인 index.tsx는 <App/> 컴포넌트를 렌더링하고 있습니다. 이제 이 <App/> 컴포넌트의 내용을 살펴봅니다.

<App/> 컴포넌트는 App.tsx에 정의되어 있으므로, 해당 파일을 열어 확인하면 됩니다.

파일을 열어 확인해봅시다(리스트 13-3).

리스트 13-3 App.tsx

```
import React from 'react';
import logo from './logo.svg';
import './App.css';

function App() {
  return (
    <div className="App">
      <header className="App-header">
        <img src={logo} className="App-logo" alt="logo" />
        <p>
          Edit <code>src/App.tsx</code> and save to reload.
        </p>
        <a
          className="App-link"
          href="https://reactjs.org"
          target="_blank"
          rel="noopener noreferrer"
        >
          Learn React
        </a>
      </header>
    </div>
  );
}
export default App;
```

App.tsx를 열어보면, index.tsx와 마찬가지로 import 문이 있습니다. 'import React...' 부분은 React 컴포넌트를 생성하기 위한 라이브러리를 불러오는 부분입니다. 'import logo...' 부분은 logo.svg라는 파일을 불러오는 부분으로, 브라우저에 표시되어 회전하는 로고는 이 파일을 표시한 것입니다. 'import './App.css';'는 App 컴포넌트의 디자인을 정의하는 파일을 불러옵니다.

import 문 뒤에는 function App() 함수가 정의되어 있습니다. 이 함수 내에는 return 문이 있고, 그 안에는 HTML 태그가 적혀 있습니다. 방금 전 브라우저에 표시되었던 내용은 이곳에서 정의하고 있습니다. 예를 들어, '〈img src={logo} ...' 부분은 import한 logo.svg를 〈img〉

태그를 사용하여 브라우저에 표시하는 코드입니다.

파일의 마지막 줄에는 App이라는 이름으로 기본 내보내기가 되어 있습니다. index.tsx에서 App.tsx를 가져와 브라우저에 표시하고 있습니다(그림 13-12).

▼ 그림 13-12 index.tsx와 App.tsx의 관계

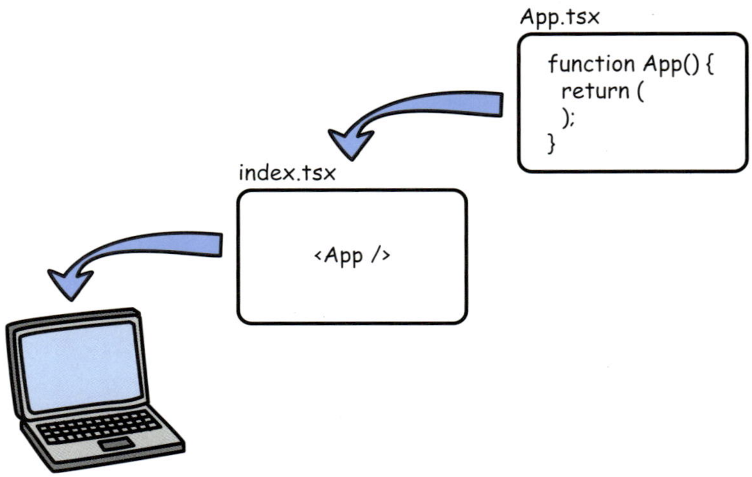

13.5

카운터 앱 만들기

keyword 프래그먼트

카운터 앱 사양

이번에는 버튼을 클릭하여 숫자를 증가시키거나 감소시키는 카운터 앱을 만들어봅니다.

앱의 제목으로 '카운터'를 표시하며, 그 아래에는 현재 카운트 값을 보여줍니다. 또한 [−1]과 [+1] 두 가지 버튼을 표시하며, [−1] 버튼을 누르면 카운트 값을 1 감소시키고, [+1] 버튼을 누르면 카운트 값을 1 증가시킵니다.

완성된 앱의 모습은 [그림 13−13]과 같습니다.

▼ 그림 13-13 카운터 앱

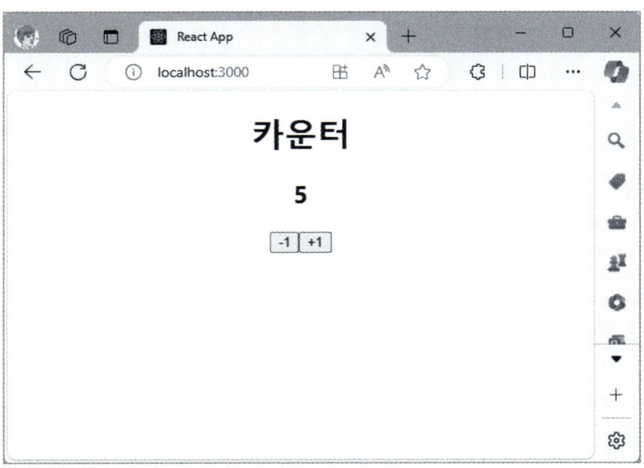

앱 개발에 필요한 폴더와 파일을 만들자

카운터 앱을 만들기 위해 필요한 폴더와 파일을 생성합니다. 폴더와 파일의 구조는 [그림 13-14]와 같습니다.

▼ 그림 13-14 앱 개발 구조

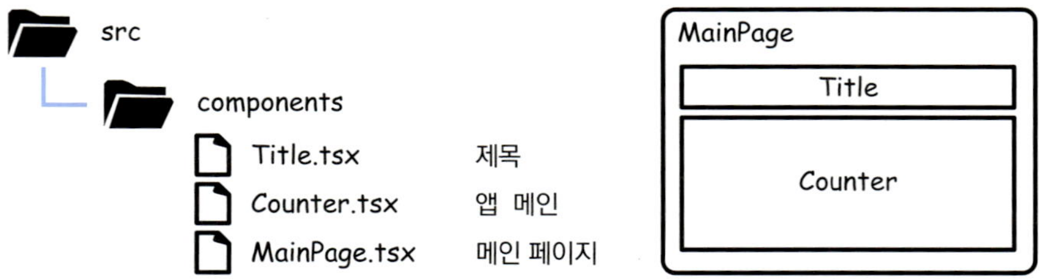

우선, components 폴더를 만듭니다.

VSCode의 사이드 바에서 src 폴더를 선택한 후, 폴더 이미지에 + 표시가 붙어 있는 아이콘을 클릭합니다. 새로운 폴더가 생성되면 'components'라는 이름을 지정합니다(그림 13-15).

▼ 그림 13-15 폴더 만들기

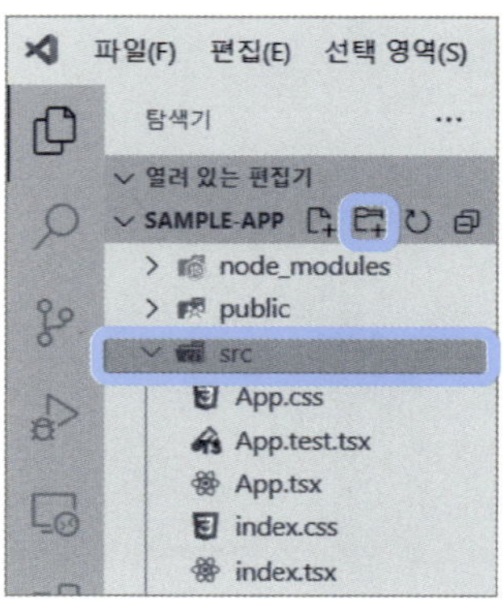

그 다음으로, 카운터 앱에 필요한 파일들을 생성합니다.

VSCode의 사이드 바에서 방금 만든 components 폴더를 선택한 후(그림 13-16), 파일 이미지에 +표시가 붙어 있는 아이콘을 클릭하여 Title.tsx 파일을 만듭니다. 같은 방법으로

Counter.tsx, MainPage.tsx 파일도 만듭니다.

Title.tsx는 앱의 제목을 표시하며, Counter.tsx는 앱의 주요 기능을 담당하는 컴포넌트를 표시합니다. MainPage.tsx는 Title.tsx와 Counter.tsx를 결합하여 전체 페이지를 구성하는 역할을 합니다.

▼ 그림 13-16 파일 만들기

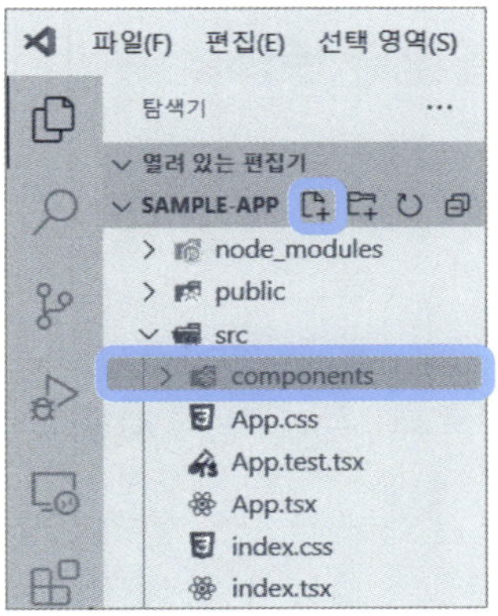

컴포넌트 템플릿을 이해하자

컴포넌트를 만들 때 사용하는 기본 코드 템플릿을 살펴봅시다(리스트 13-4). 이 코드를 기반으로 필요한 부분을 추가하여 컴포넌트를 만듭니다.

리스트 13-4 컴포넌트 템플릿 코드

```
function 컴포넌트명() {

    return (
        <>
        </>
    );
}

export default 컴포넌트명;
```

컴포넌트를 만드는 절차는 다음과 같습니다.

먼저 function 키워드 뒤의 '컴포넌트명'을 원하는 이름으로 변경합니다.

그 다음, function 내부의 return( ) 부분에 표시할 UI 요소를 작성합니다. return 내의 '〈〉.... 〈/〉'는 React에서 프래그먼트fragment[31]라고 부르는 것으로, 컴포넌트의 return 문은 하나의 요소만 반환해야 하는 제약이 있습니다. 따라서 〈h1〉과 〈p〉 두 개의 태그를 반환하도록 작성하면 '두 개의 요소가 반환값'이라고 판단되어 오류가 발생합니다.

```
return (
    <h1>카운터 앱</h1>
    <p>수치를 카운트업/다운합니다.</p>
);
```

이럴 때 프래그먼트〈〉〈/〉를 사용합니다. 프래그먼트는 여러 요소를 래핑rapping하여 하나의 요소로 취급하게 해줍니다. 〈h1〉과 〈p〉 두 개의 태그를 프래그먼트로 래핑하면 하나의 반환값으로 처리됩니다.

```
return (
    <>
        <h1>카운터 앱</h1>
        <p>수치를 카운트업/다운합니다.</p>
    </>
);
```

마지막으로 'export default component;'는 이 컴포넌트를 다른 파일에서도 사용할 수 있게 해줍니다.

제목 만들기

앞서 설명한 템플릿 코드를 활용하여 앱의 제목을 표시하는 컴포넌트를 만들어 보겠습니다.

Title.tsx 파일을 열고 [리스트 13-5]처럼 코드를 작성합니다.

31 옮긴이_ React의 일반적인 패턴은 컴포넌트가 여러 개의 요소를 반환하는 것입니다. Fragments를 사용하면 DOM에 별도 노드를 추가하지 않고 자식 목록을 그룹화할 수 있습니다.

리스트 13-5 Title.tsx

```
function Title() {

  return (
    <>
      <h1>카운터</h1>
    </>
  );
}

export default Title;
```

프래그먼트〈〉〈/〉 안에 〈h1〉 태그를 작성했습니다. Title.tsx는 하나의 요소만 포함하므로 프래그먼트가 필요하지 않지만, 향후 커스터마이징을 위해 관례적으로 작성해두는 것이 좋습니다.

〈h1〉은 HTML에서 가장 큰 제목[Heading]을 나타내는 태그입니다. 〈h1〉이 가장 큰 제목이고, 그 아래에 〈h2〉, 〈h3〉, ... 〈h6〉 순으로 제목의 크기가 작아집니다.

카운터 만들기

이제 앱의 핵심 부분인 카운터를 만들어 보겠습니다.

카운터는 현재 수치를 표시하는 부분과 값을 감소시키는 버튼, 값을 증가시키는 버튼의 세 가지 부분으로 구성됩니다.

Counter.tsx 파일을 열고 [리스트 13-6]과 같이 코드를 작성합니다.

리스트 13-6 Counter.tsx

```
import React, { useState } from "react";

function Counter() {
  const [currentValue, setValue] = useState(0);
```

```
  return (
    <>
      <h2>{currentValue}</h2>
      <button onClick={() => setValue(currentValue - 1)}>-1</button>
      <button onClick={() => setValue(currentValue + 1)}>+1</button>
    </>
  );
}
```

먼저 React 라이브러리의 useState를 가져왔는데, 이는 컴포넌트 내에서 상태[state]를 관리하는 데 사용됩니다. 웹 애플리케이션은 페이지가 갱신될 때마다 이전 정보가 모두 사라지는데, 이때 상태를 유지하기 위해 useState를 사용합니다.

Counter라는 함수 내에 `const [currentValue, setValue] = useState(0);`이라는 부분을 볼 수 있습니다(그림 13-17). 이는 현재 값(현재 상태)을 저장하는 변수 currentValue와 currentValue의 값을 갱신하는 함수 setValue를 선언하며, useState(0)은 초기 상태 값을 0으로 설정한다는 의미입니다.

▼ 그림 13-17 useState 선언 이미지

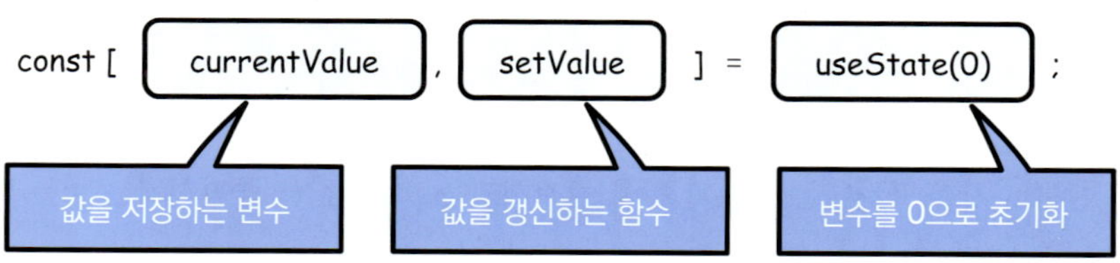

다음으로 〈h2〉 태그와 〈button〉 태그를 살펴보겠습니다(그림 13-18).

〈h2〉 태그는 제목을 나타내는 태그로, 〈h1〉 태그보다 작은 제목을 생성합니다. React에서는 중괄호 { } 안에 변수나 수식을 넣으면 그 값을 출력할 수 있습니다.

▼ 그림 13-18 〈h2〉 태그와 { }의 이미지

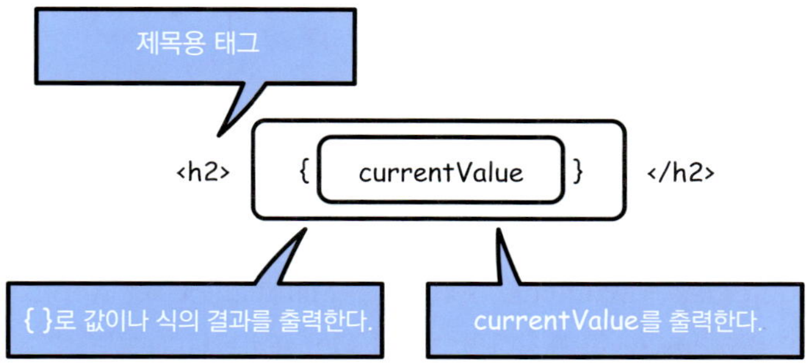

다음으로 두 개의 버튼을 생성하는데, 하나는 '-1'이라는 텍스트가 있는 버튼이고, 다른 하나는 '+1'이라는 텍스트가 있는 버튼입니다.

먼저 [-1] 버튼의 코드를 살펴보겠습니다(그림 13-19).

onClick은 버튼이 클릭되었을 때 실행되는 처리를 정의하는 부분입니다. = 오른쪽에 있는 { } 안에는 버튼이 클릭되었을 때 실행되는 코드를 작성합니다. 여기서는 화살표 함수를 사용하여 setValue를 실행하고 있습니다.

currentValue - 1이라고 작성했기 때문에, 현재 값에서 1을 뺀 값을 currentValue에 저장합니다. 이렇게 함으로써 [-1] 버튼을 클릭하면 현재 표시된 값에서 1을 뺀 값이 표시됩니다.

▼ 그림 13-19 〈button〉 태그 이미지

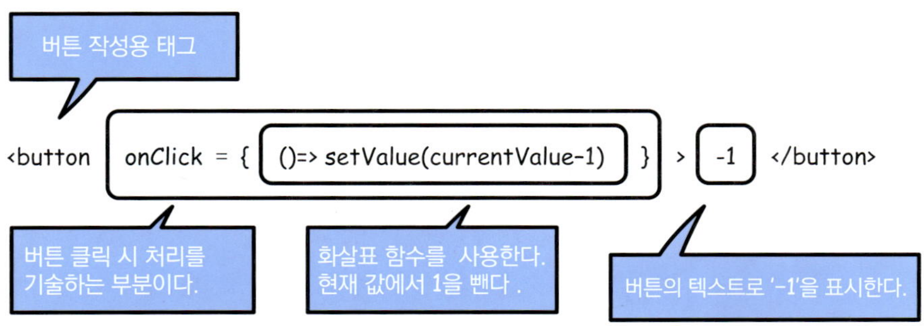

마지막으로, [+1] 버튼의 코드를 살펴보겠습니다. '-1' 부분을 '+1'로 지정하고 있습니다.

버튼이 클릭되었을 때, 화살표 함수 `( ) => setValue(currentValue + 1)}`을 호출하여 current Value의 값을 1 증가시킵니다.

이제, [-1] 버튼과 [+1] 버튼을 사용하여 카운트 값을 조절할 수 있습니다.

앱 완성하기

마지막으로, 지금까지 만든 컴포넌트들을 하나로 묶어 앱을 완성해봅시다.

Title.tsx와 Counter.tsx는 MainPage.tsx로 묶어, MainPage.tsx는 App.tsx에 표시되도록 합니다. 결과적으로 index.tsx를 표시하면 카운터 앱이 표시됩니다(그림 13-20).

▼ 그림 13-20 컴포넌트 구성 이미지

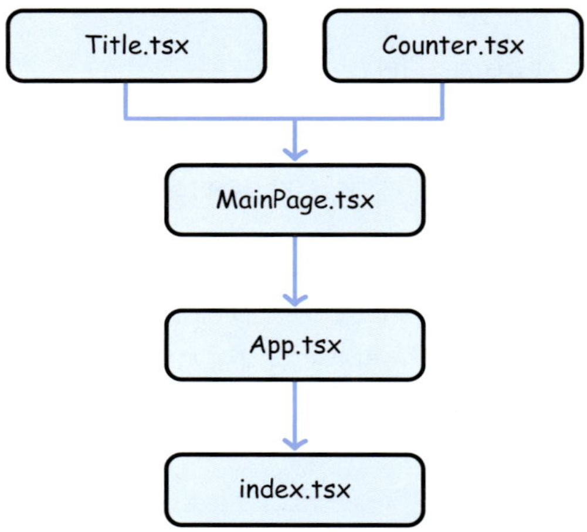

MainPage.tsx를 열어 [리스트 13-7]과 같이 코드를 작성합니다.

리스트 13-7 MainPage.tsx

```
import Title from "./Title";
import Counter from "./Counter";

function MainPage() {
  return (
    <>
      <Title />
      <Counter />
    </>
  );
}

export default MainPage;
```

첫 번째 import 문에서는 Title 컴포넌트와 Counter 컴포넌트를 가져옵니다.

프래그먼트〈 〉〈/〉 안에는 〈Title/〉과 〈Counter/〉를 작성하여 두 컴포넌트를 함께 출력합니다.

마지막으로 MainPage를 기본 내보내기로 다른 파일에서 import를 할 수 있도록 합니다.

이제 App.tsx를 열고 [리스트 13-8]처럼 편집해보겠습니다.

첫 번째 import 문은 components 폴더 아래에 있는 MainPage 컴포넌트를 가져오는데, MainPage 컴포넌트는 파일이 components 폴더 아래에 있기 때문에 상대 경로로 지정했습니다.

App 함수 내에서는 〈div className="App"〉 안에서 MainPage 컴포넌트를 출력합니다.

마지막으로, App 컴포넌트를 '기본 내보내기'하여 다른 파일에서도 사용할 수 있게 합니다.

리스트 13-8 App.tsx

```
import MainPage from "./components/MainPage";
import "./App.css";

function App() {
  return (
    <div className="App">
      <MainPage />
    </div>
  );
}

export default App;
```

VSCode의 터미널에서 'npm start'를 실행하면, [그림 13-13]처럼 카운터 앱이 나타납니다. [+1] 또는 [−1] 버튼을 클릭하여 카운터가 제대로 작동하는지 확인해보세요.

13.6

날씨 앱 만들기

keyword WebAPI, json, API KEY

날씨 앱 사양

이번에는 임의의 도시의 날씨를 가져와서 표시하는 앱을 만들어 보겠습니다.

앱의 제목으로 '날씨 앱'을 표시하고, 날씨를 가져올 지역을 입력하는 란과 [날씨 가져오기] 버튼을 표시합니다. 그 아래에는 지역 이름, 날씨 이미지와 구체적인 날씨, 기온을 표시합니다.

완성된 앱의 모습은 [그림 13-21]을 참고하세요.

▼ 그림 13-21 날씨 앱

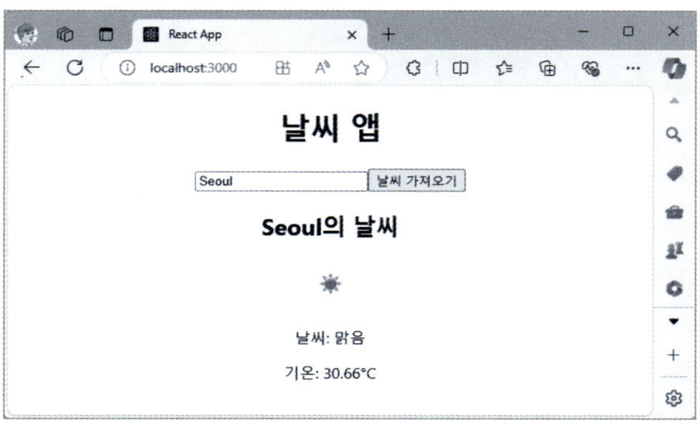

날씨 데이터 취득 준비하기

날씨 데이터를 가져오는 일반적인 방법은 WebAPI를 사용하는 것입니다.

WebAPI[32]는 웹에서 제공되는 프로그램이나 서비스를 의미합니다. 간단히 말해, 웹에 있는 다른 사람이 만든 함수와 같은 것입니다.

WebAPI를 사용하면, 직접 데이터를 준비하거나 프로그램을 작성하지 않고도 다른 사람이 만든 서비스나 데이터를 이용할 수 있습니다.

날씨 데이터를 얻을 수 있는 WebAPI는 여러 가지가 있지만, 이 책에서는 OpenWeather (https://openweathermap.org/)에서 제공하는 WebAPI를 사용합니다.

OpenWeather가 제공하는 WebAPI에는 무료 플랜과 유료 플랜이 있는데, 이 책에서 다루는 앱은 무료 플랜의 범위 내에서 만들 수 있습니다.

먼저, OpenWeather의 WebAPI를 사용하기 위해 회원가입을 해야 합니다.

https://openweathermap.org/에 접속하여 상단에 있는 'Sign in' 링크를 클릭하세요(그림 13-22).

▼ 그림 13-22 OpenWeather 사이트

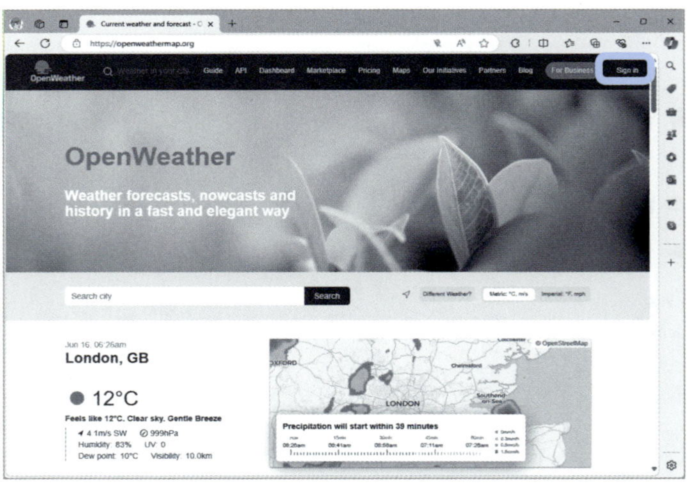

32 옮긴이_ Web API는 웹 서버나 웹 브라우저를 위한 API입니다. 웹 개발 개념으로서 이는 웹 애플리케이션의 클라이언트 사이드(사용 중인 모든 웹 프레임워크 포함)와 관련될 수 있습니다.

'Sign In To Your Account'라는 로그인 페이지가 표시됩니다. 이 페이지의 하단에 있는 'Not registered? Create an Account'를 클릭하여 계정을 생성합니다(그림 13-23). 계정 정보를 입력하는 화면이 표시되면(그림 13-24), 사용자 이름, 이메일 주소, 비밀번호를 입력하고 'I am 16 years old and over'와 'I agree with…'의 체크박스를 클릭합니다. 체크박스의 링크에 있는 주의사항을 잘 읽은 후 체크합니다. 마지막으로 '로봇이 아닙니다.'에 체크하고 [Create Account] 버튼을 클릭합니다.

▼ 그림 13-23 Sign In To Your Account

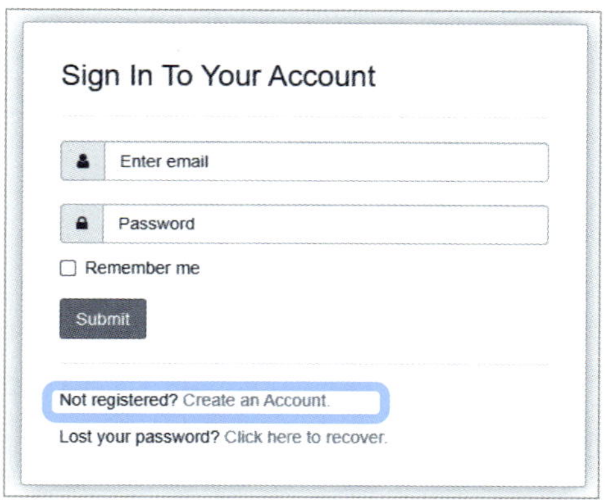

▼ 그림 13-24 Create New Account

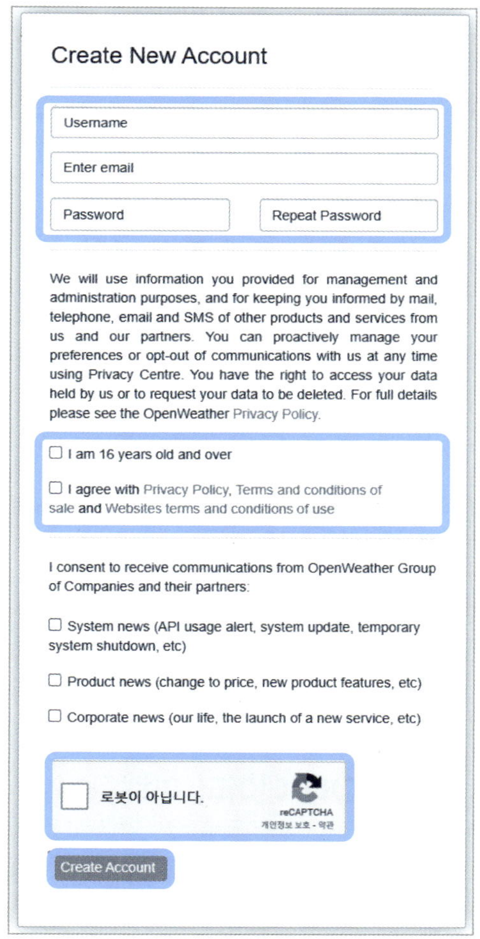

이어서 WebAPI의 사용 목적을 입력하는 화면이 표시됩니다(그림 13-25). Purpose 란에 원하는 목적을 선택하고 [Save] 버튼을 클릭합니다. 이로써 계정 생성이 완료됩니다.

▼ 그림 13-25 이용 목적 입력

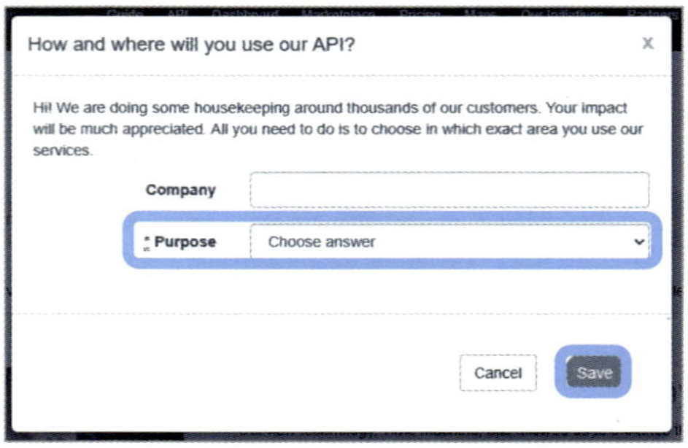

WebAPI 사용 준비하기

WebAPI는 HTTP를 사용하여 요청[request]과 응답[response]을 주고받습니다.

React에서는 axios(액시오스)라는 JavaScript 라이브러리를 사용하면 HTTP 요청/응답을 쉽게 처리할 수 있습니다.

이 장에서 작성한 'sample-app'을 VSCode로 열어, 터미널에서 다음 명령어를 실행하여 axios를 설치합니다.

```
npm install axios
```

JSON 데이터 이해하기

OpenWeather의 WebAPI는 날씨 정보를 요청하면 JSON 데이터 형식으로 응답을 반환합니다.

JSON[33]은 JavaScript Object Notation의 머리글자로, 텍스트 기반의 데이터 형식입니다. 다음은 JSON의 간단한 예입니다.

```
{ "IP": "192.168.1.1" }
```

JSON 데이터는 { } 안에 키와 값의 쌍을 ':'로 연결하여 표현합니다. 키는 '변수', 값은 '변수에 저장할 데이터'라고 생각할 수 있으며, 위의 예에서 변수는 'IP'이고, 데이터는 '192.168.1.1'입니다.

OpenWeather가 반환하는 날씨 데이터의 예(일부 발췌)는 다음과 같습니다.

```
{
  "coord": {
    "lon": -122.08,
    "lat": 37.39
  },
  "weather": [
    {
      "id": 800,
      "main": "Clear",
      "description": "clear sky",
      "icon": "01d"
    }
  ]
}
```

coord는 좌표 정보를 나타내며, json 데이터의 키와 값의 쌍은 계층 구조로 만들 수 있습니다. coord의 값 부분은 세부적인 키와 값의 쌍으로 구성되어 위도(lat)와 경도(lon)의 데이터를 포함합니다. 위도는 37.39도, 경도는 −122.08도를 나타내고 있습니다.

weather에 있는 [ ]는 배열을 나타내며, id, main, description, icon으로 구성된 한 덩어리의 데이터를 나타내며, 이를 여러 개 가질 수 있습니다. 이 weather 부분에는 날씨 정보가 저장됩니다.

id는 날씨 상태를 식별하기 위한 고유 ID로, id의 800은 맑은 날씨를 나타냅니다.

main은 날씨의 일반적인 상태를 나타내는 카테고리입니다. 여기서는 'Clear'로 표시되어 '맑

33 옮긴이_ JSON은 인간이 읽을 수 있는 텍스트 형식의 데이터 교환 표준입니다. 주로 속성-값 쌍과 배열을 사용하여 구조화된 데이터를 표현하며, 다양한 프로그래밍 환경에서 데이터를 쉽게 주고 받을 수 있게 합니다.

음'을 나타냅니다.

description은 날씨에 대한 설명입니다. 여기서는 'clear sky'로 맑은 날씨를 나타냅니다.

icon은 날씨 아이콘의 식별자입니다. 날씨 아이콘은 날씨를 그래픽으로 표현하는 데 사용됩니다. 여기서는 '01d'로 표시되어 맑은 날씨를 나타냅니다. 각 데이터에 대한 자세한 내용은 OpenWeather 사이트에서 확인할 수 있습니다.[34]

API 키 받기

OpenWeather의 WebAPI를 사용하려면 API Application Programming Interface[35] 키가 필요하며, API 키는 제공자의 API를 사용할 때 인증과 보안을 제공하는 역할을 합니다. 이 키는 고유하게 발급되며, 정당한 사용자임을 증명하고 WebAPI를 이용할 수 있게 합니다.

자신의 API 키는 OpenWeather에 로그인한 후, 오른쪽 메뉴에서 My API keys를 선택하여 확인할 수 있습니다(그림 13-26).

▼ 그림 13-26 API 키 가져오기

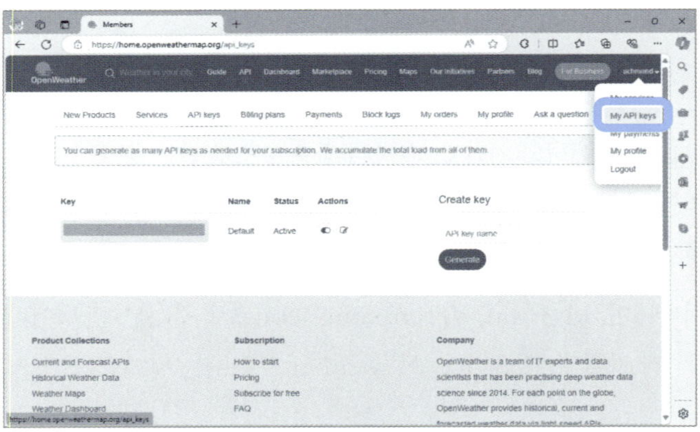

34 옮긴이_ API response는 https://openweathermap.org/current#parameter를, 아이콘에 대한 내용은 https://openweathermap.org/weather-conditions을 참고하기 바랍니다.

35 옮긴이_ API는 컴퓨터나 컴퓨터 프로그램 사이의 연결입니다. 일종의 소프트웨어 인터페이스이며 다른 종류의 소프트웨어에 서비스를 제공합니다. 이러한 연결이나 인터페이스를 빌드하거나 사용하는 방법을 기술하는 문서나 표준은 API 규격(사양)으로 부릅니다. 자세한 내용은 다음 사이트를 참고하세요.

- https://ko.wikipedia.org/wiki/API

제목 변경하기

sample-app의 src\components 폴더에 있는 Title.tsx 파일을 열고 [리스트 13-9]와 같이 편집해봅시다. 이제 '날씨 앱'이라는 문자열이 애플리케이션의 제목으로 표시됩니다.

리스트 13-9 Title.tsx

```
function Title() {

  return (
    <>
      <h1>날씨 앱</h1>
    </>
  );
}

export default Title;
```

날씨 앱 만들기

이제 날씨 앱의 주요 부분을 만들어 보겠습니다.

src\components 폴더 아래에 OpenWeather.tsx라는 파일을 새로 생성하고 [리스트 13-10]과 같이 편집합니다. 코드가 길기 때문에 ①~⑥ 부분을 하나씩 설명하면서 작성하겠습니다.

리스트 13-10 OpenWeather.tsx

```
// ① import 문과 API 키
import { useState } from "react";
import axios from "axios";
```

```
04:
05: const API_KEY = "자신의 API 키";
06:
07: // ② JSON 데이터용 인터페이스
08:
09: // ③ OpenWeather 함수 정의
10: function OpenWeather() {
11:   // ④ useState 선언
12:
13:
14:   // ⑤ 날씨 데이터 취득 부분
15:
16:
17:   // ⑥ 취득 데이터 표시 부분
18:   return (
19:     <>
20:     </>
21:   );
22: };
23:
24: export default OpenWeather;
```

'① import 문과 API 키' 부분은 날씨 앱 제작에 필요한 import 문과 API 키를 정의하는 부분입니다. 카운터 앱에서 설명했던 useState와 이전에 설치해 놓은 axios의 라이브러리를 import하고 있습니다. 5행의 API 키를 소스 코드 내에 직접 작성하는 것은 보안상 좋지 않습니다. 앱을 공개할 때는 API 키를 외부 파일 등에 저장하고 필요할 때 불러오는 것이 좋습니다.

이어서 '② JSON 데이터용 인터페이스' 부분을 [리스트 13-11]과 같이 편집합니다. 이 인터페이스 정의는 WebAPI의 응답(결과)을 저장하기 위한 것입니다. OpenWeather의 WebAPI는 다양한 데이터를 반환하지만, 이 앱에서는 필요 최소한의 데이터만 받도록 인터페이스를 정의합니다.

수신할 데이터는 날씨 설명, 아이콘 번호, 기온(℃) 세 가지입니다.

리스트 13-11 JSON 데이터용 인터페이스 정의

```
// ② JSON 데이터용 인터페이스
interface WeatherData {
  "weather": [
    {
      "description": string; // 날씨 설명
      "icon": string;        // 아이콘 번호
    },
  ];
  "main": {
    "temp": number; // 기온(℃)
  };
}
```

다음으로 '③ OpenWeather 함수 정의'를 작성합니다(리스트 13-12). 이 부분에서는 실제로 WebAPI를 호출하여 지정된 지역의 날씨 데이터를 가져와서 표시할 수 있도록 합니다.

리스트 13-12 OpenWeather 함수 정의

```
// ③ OpenWeather 함수 정의
function OpenWeather() {

}
```

'④ useState 선언'에서는 사용자가 입력한 데이터와 WebAPI에서 가져온 응답을 저장하는 변수와 함수를 정의합니다(리스트 13-13). city라는 변수는 setCity 함수를 사용하여 사용자가 입력한 도시를 저장합니다.

또한 weatherData는 setWeatherData 함수를 사용하여 응답 데이터를 저장합니다. 〈WeatherData | null〉은 데이터 타입을 나타냅니다. 응답 데이터가 존재하면 WeatherData 인터페이스를 데이터 타입으로 사용하고, 응답 데이터가 없으면 null을 데이터 타입으로 사용합니다.

리스트 13-13 useState 선언

```
// ④ useState 선언
const [city, setCity] = useState("Seoul");
const [weatherData, setWeatherData] = useState<WeatherData | null>(null);
```

'⑤ 날씨 데이터 취득 부분'에서는 앱의 핵심 부분을 작성합니다(리스트 13-14).

fetchWeatherData 함수는 날씨 데이터를 비동기적으로 가져오는 함수입니다. 함수 앞에 async 키워드를 붙이면 비동기 처리를 할 수 있습니다. 프로그램은 일반적으로 명령어를 순서대로 실행합니다. 따라서 한 가지 처리가 끝나지 않으면 다음 처리를 할 수 없습니다. 이를 동기synchronous 처리[36]라고 합니다. 반면 비동기asynchronous 처리[37]에서는 특정 처리가 완료되기 전에 다른 처리를 동시에 실행할 수 있습니다. 여기서는 WebAPI에서 데이터를 가져오는 것을 비동기로 처리하여, 다른 처리도 동시에 실행할 수 있도록 합니다.

try 블록은 오류가 발생할 수 있는 처리를 포함합니다. 여기서는 axios 라이브러리를 사용하여 지정한 도시의 날씨 데이터를 가져오려고 합니다.

4행의 axios.get 메서드는 지정한 URL에서 데이터를 가져오는 비동기 함수입니다. 여기서 지정한 'https://api.openweathermap.org/~' 부분이 WebAPI입니다. 문자열 리터럴을 사용하여 API 요청 URL을 생성하고 있습니다. {city}는 조회하고자 하는 도시의 이름이 저장되어 있습니다. 또한 {API_KEY}는 실제 APIKey 문자열로 대체하여 OpenWeather에서 날씨 데이터를 가져옵니다.

또한 'units=metric'은 온도 단위를 섭씨로 설정하는 파라미터이며, 'lang=kr'은 데이터 언어를 한국어로 설정하는 파라미터입니다.

axios.get 메서드를 실행하면 OpenWeather에서 날씨 데이터를 가져와 response 변수에 저장합니다.

다음으로 setWeatherData(response.data)를 실행하여 날씨 데이터를 weatherData 변수에 저장합니다.

---

36 옮긴이_ 동기 처리 모델은 직렬적으로 일을 처리합니다. 즉, 요청이 받으면 순차적으로 작업을 실행하고, 해당 작업이 실행 중이면 다음 작업은 대기하게 됩니다.

37 옮긴이_ 비동기 처리 모델은 작업을 병렬적으로 처리합니다. 요청을 받으면 이전 작업의 완료를 기다리지 않고 계속해서 새로운 요청을 받아들이며, 각 작업이 완료되면 그에 해당하는 처리를 실행합니다. 이는 효율적인 리소스 사용과 반응성 향상을 가능하게 합니다.

try 블록 내에서 오류가 발생하면 catch 블록으로 이동하여 오류 메시지를 콘솔에 출력합니다.

리스트 13-14 날씨 데이터 취득 부분

```
// ⑤ 날씨 데이터 취득 부분
const fetchWeatherData = async () => {
  try {
    const response = await axios.get(`https://api.openweathermap.org/data/2.5/weather?q=${city}&appid=${API_KEY}&units=metric&lang=kr`);
    setWeatherData(response.data);
  } catch (error) {
    console.error("데이터 취득 오류:", error);
  }
};
```

마지막으로 '⑥ 취득 데이터 표시 부분'을 작성해봅시다(리스트 13-15).

〈input〉 태그를 사용하여 텍스트 입력란을 만들고, 사용자가 지역명을 입력할 수 있도록 value 프로퍼티에 city 변수를 바인딩Binding[38](연결)하고 있습니다. 사용자가 입력할 때마다 onChange가 실행됩니다. 그러면 setCity 함수를 통해 city 변수에 도시 이름이 설정됩니다.

〈button〉 태그는 '날씨 가져오기'라는 버튼을 생성합니다. 버튼을 클릭하면 [리스트 13-14]에서 정의한 fetchWeatherData 함수가 호출되고, 입력된 지역명을 사용하여 WebAPI가 실행됩니다.

'{weatherData && ...}'는 weatherData가 존재하는 경우, 13~18행의 내용을 표시합니다.

〈h2〉 부분은 "'입력한 지역명'의 날씨"라는 문자열을 표시합니다.

〈img〉는 이미지를 표시하는 태그이며, WebAPI의 결과(json 데이터)에는 날씨 이미지의 파일명이 저장되어 있어, weatherData.weather[0].icon으로 취득할 수 있습니다. 〈img〉의 src 프로퍼티에 파일이 존재하는 위치를 지정하면 날씨 이미지가 표시됩니다.

WeatherData.weather[0].description에는 날씨에 대한 설명이, weatherData.main.temp에는 기온이 저장되어 있으므로 각각을 표시하고 있습니다.

이것으로 앱의 핵심 부분 작성이 완료되었습니다.

---

38 옮긴이_ 프로그램의 어떤 기본 단위가 가질 수 있는 구성 요소의 구체적인 값, 성격을 확정하는 것을 말합니다.

리스트 13-15 취득 데이터 표시 부분

```
// ⑥ 취득 데이터 표시 부분
return (
  <>
    <input
      type="text"
      placeholder="지역명 입력"
      value={city}
      onChange={(e) => setCity(e.target.value)}
    />
    <button onClick={fetchWeatherData}>날씨 가져오기</button>

    {weatherData && (
      <div>
        <h2>{city}의 날씨</h2>
        <p><img src={"http://openweathermap.org/img/w/" + weatherData.
        weather[0].icon + ".png"}/></p>
        <p>날씨: {weatherData.weather[0].description}</p>
        <p>기온: {weatherData.main.temp}°C</p>
      </div>
    )}
  </>
);
```

OpenWeather.tsx의 전체 코드는 [리스트 13-16]과 같습니다.

리스트 13-16 OpenWeather.tsx

```
// ① import 문과 API 키
import { useState } from "react";
import axios from "axios";

const API_KEY = "자신의 API 키";

// ② JSON 데이터용 인터페이스
interface WeatherData {
```

```
  "weather": [
    {
      "description": string; // 날씨 설명
      "icon": string; // 아이콘 번호
    },
  ];
  "main": {
    "temp": number; // 기온(℃)
  };
}

// ③ OpenWeather 함수 정의
function OpenWeather() {
  // ④ useState 선언
  const [city, setCity] = useState("Seoul");
  const [weatherData, setWeatherData] = useState<WeatherData | null>(null);

  // ⑤ 날씨 데이터 취득 부분
  const fetchWeatherData = async () => {
    try {
      const response = await axios.get(
        `https://api.openweathermap.org/data/2.5/weather?q=${city}&appid=${API_KEY}&units=metric&lang=kr`
      );
      setWeatherData(response.data);
    } catch (error) {
      console.error("데이터 취득 오류:", error);
    }
  };

  // ⑥ 취득 데이터 표시 부분
  return (
    <>
      <input
        type="text"
        placeholder="지역명 입력"
        value={city}
        onChange={(e) => setCity(e.target.value)}
      />
```

```
      />
      <button onClick={fetchWeatherData}>날씨 가져오기</button>

      {weatherData && (
        <div>
          <h2>{city}의 날씨</h2>
          <p><img src={"http://openweathermap.org/img/w/" + weatherData.weather[0].icon + ".png"}/></p>
          <p>날씨: {weatherData.weather[0].description}</p>
          <p>기온: {weatherData.main.temp}°C</p>
        </div>
      )}
    </>
  );
}

export default OpenWeather;
```

마지막으로 MainPage.tsx를 [리스트 13-17]처럼 편집해봅시다.

편집을 완료하면 'npm start' 명령어를 실행하여 날씨 앱을 실행합니다. 그런 다음 원하는 지역명을 입력하여 날씨를 조회해보세요.

리스트 13-17 MainPage.tsx

```
import Title from "./Title";
import OpenWeather from "./OpenWeather";

function MainPage() {
  return (
    <>
      <Title />
      <OpenWeather />
    </>
  );
}

export default MainPage;
```

확인 문제

문제 13-1 컴포넌트 편집하기

카운터 앱에서 생성한 Title.tsx를 열고 원하는 제목으로 바꿔 보세요.

문제 13-2 카운터 앱 수정 1

카운터 앱의 버튼에 표시되는 텍스트를 '−2'와 '2'로 바꿔 보세요.

문제 13-3 카운터 앱 수정 2

[−2] 버튼을 클릭하면 현재 값에서 2를 빼고, [2] 버튼이 클릭되면 현재 값에 2를 더하세요.

문제 13-4 React 프로젝트 만들기

text−sample이라는 이름의 React 프로젝트를 새로 생성합니다(생성될 위치는 임의로 설정합니다). 프로젝트를 생성한 후, React 애플리케이션을 실행해보세요.

문제 13-5 텍스트 입력 데이터 보존하기

[문제 13−4]에서 생성한 프로젝트를 VSCode에서 열고 src 폴더 아래에 InputText.tsx라는 파일을 새로 만들어 보세요.

다음 코드를 입력하고 어떤 동작을 하는지 설명해보세요. 그리고 App.tsx를 열어 이 sample.tsx를 포함시켜 실행해보세요.

```
import React, { useState } from "react";

const InputText = () => {
  const [value, setValue] = useState("");

  return (
    <>
      <h1>텍스트 입력</h1>
      <input
        type="text"
        value={value}
        onChange={(event) => setValue(event.target.value)}
      />
      <p>입력된 값: {value}</p>
    </>
  );
};

export default Input;
```

문제 13-6 경고 표시

〈input~〉 아래에 있는 〈p〉~〈/p〉까지를 삭제하고 다음 코드를 삽입한 후 실행해보세요. 버튼을 클릭했을 때 메시지가 팝업으로 표시되는 것을 확인해보세요.

```
<button onClick={() => alert(value)}> 표시</button>
```

부록 A 확인 문제 해설

1장

문제 1-1

해설 PowerShell(또는 터미널)을 실행하고, 원하는 폴더로 이동한 후에 프로젝트 폴더인 typeScriptSample을 만듭니다. 그 다음 package.json 파일을 만들고 설정을 수정합니다. 그 후에는 typescript와 @types/node 모듈을 설치합니다. 마지막으로 tsconfig.json 파일을 만들고 옵션을 수정하면 프로젝트 생성이 완료됩니다.

힌트 '1.2절 TypeScript 개발 준비하기'를 참고하면 실제로 어떤 명령을 사용하는지 알 수 있습니다.

문제 1-2

해설 [문제 1-1]에서 생성한 프로젝트 아래에 src 폴더를 만듭니다. 그 다음에는 VSCode 사이드 바의 탐색기에서 src 폴더를 마우스 오른쪽 버튼으로 클릭하고 '새 파일'을 선택한 후, 파일명을 index.ts로 지정합니다.

힌트 '1.3절 TypeScript 파일 만들기'를 참고하세요.

문제 1-3

해설 [문제 1-2]에서 작성한 index.ts 파일을 VSCode에서 열고 `console.log("Hello");`를 입력하여 저장합니다. 그 다음에는 VSCode에서 터미널을 열고 'npx tsc'를 입력하여 JavaScript로 트랜스파일(변환)합니다. 마지막으로 'node ./dist/index.js'를 실행하면 'Hello'가 출력됩니다.

힌트 '1.3절 TypeScript 파일을 트랜스파일하여 실행하기'를 참고하세요.

2장

문제 2-1

해설 age라는 변수를 숫자[number] 타입으로 선언하고 자신의 나이(해답에서는 30세)로 초기화하고 있습니다. 그리고 name이라는 변수를 문자열[string] 타입으로 선언하고 자신의 이름(해답에서는 "John")으로 초기화하고 있습니다. 이렇게 선언과 초기화를 완료하면, 이 변수들은 각각 지정한 값을 저장하게 됩니다.

해답

```
// number 타입의 변수 age를 선언하고, 나이로 초기화한다.
const age: number = 30; // 30세로 초기화하는 예

// string 타입의 변수 name을 선언하고, 이름으로 초기화한다.
const name: string = "John"; // "John"으로 초기화하는 예
```

문제 2-2

해설 "안녕하세요 ○○씨."라는 인사말을 출력하기 위해 역따옴표(`) 안에 ${ }로 변수를 삽입합니다. 이때 변수 name의 값이 자동으로 전개되어 인사말에 삽입됩니다.

해답

```
// 변수 값을 사용하여 인사말을 출력한다.
console.log(`안녕하세요, ${name}씨.`);
```

문제 2-3

해설 userdata라는 변수를 string과 number 두 개의 값을 가지는 튜플 타입으로 선언하고, 이름을 "John"으로, 나이는 30으로 초기화하고 있습니다. 다음으로 userdata에서 이름과 나이를 가져와 각각의 변수 name과 age에 대입하고 있습니다. 마지막으로 각 변수 값을 출력하고 있습니다.

2장

해답

```
// string형과 number형을 가진 튜플 타입 변수 userdata를 선언하고 이름과 나이로 초기화한다.
let userdata: [string, number] = ["John", 30]; // "John", 30으로 초기화하는 예

// 튜플에서 이름과 나이를 추출하여 출력한다.
const name: string = userdata[0];
const age: number = userdata[1];

console.log(`이름: ${name}`);
console.log(`나이: ${age}`);
```

문제 2-4

해설 열거 타입 KoreanEra를 정의하고 그 안에 'Dangun', 'Gojoseon', 'Silla', 'Goryeo', 'Joseon', 'RepublicOfKorea' 값을 가지도록 정의했습니다. 다음으로 열거 타입 변수 currentEra를 선언하고 초기값으로 KoreanEra.RepublicOfKorea를 설정합니다. 마지막으로 currentEra의 값을 출력합니다.

해답

```
// 열거 타입 KoreanEra를 정의한다.
enum KoreanEra {
    Dangun = 'Dangun',
    Gojoseon = 'Gojoseon',
    Silla = 'Silla',
    Goryeo = 'Goryeo',
    Joseon = 'Joseon',
    RepublicOfKorea = 'RepublicOfKorea'
}

// 열거 타입 변수 currentEra를 선언하고 초기화한다.
let currentEra: KoreanEra = KoreanEra.RepublicOfKorea;

// currentEra의 값을 출력한다.
console.log(`현재: ${currentEra}`);
```

3장

문제 3-1

해설 numbers라는 이름의 배열을 생성합니다. 이 배열은 1부터 5까지의 숫자를 요소로 가지고 있습니다. 이후 console.log()를 사용하여 콘솔에 배열을 출력합니다.

해답

```
// 배열을 생성한다.
const numbers: number[] = [1, 2, 3, 4, 5];

// 배열의 콘솔을 출력한다.
console.log(numbers);
```

문제 3-2

해설 fruits 배열에서 apple의 값을 가져와 출력합니다. apple 인덱스는 2이므로 fruits[2]로 출력할 수 있습니다.

해답

```
// 배열을 정의한다.
const fruits: string[] = ['banana', 'orange', 'apple', 'grape'];

// apple을 취득하고 출력한다.
console.log(fruits[2]);
```

3장

문제 3-3

해설 matrix라는 2차원 배열을 정의하고, 두 개의 행을 가진 배열을 생성하고 있습니다. 이후 console.log로 콘솔에 2차원 배열을 출력합니다.

해답

```
// 2차원 배열을 정의한다.
const matrix: number[][] = [
    [1, 2, 3],
    [4, 5, 6]
];

console.log(matrix); // [[1, 2, 3], [4, 5, 6]]
```

4장

문제 4-1

해설 변수 x에 10을 저장하고, 변수 y에 2를 저장하고 있습니다. 각각 '+', '–', '*', '/', '%' 연산자를 사용한 계산 결과를 변수에 저장해 콘솔에 결과를 출력합니다.

해답

```
// 변수 x에 10을 대입한다.
const x: number = 10;
// 변수 y에 2를 대입한다.
const y: number = 2;

// 더하기
const addition: number = x + y;
// 빼기
const subtraction: number = x - y;
// 곱하기
const multiplication: number = x * y;
// 나누기
const division: number = x / y;
// 나머지
const remainder: number = x % y;

// 콘솔에 결과를 출력한다.
console.log(`덧셈: ${addition}`);          // 12
console.log(`뺄셈: ${subtraction}`);       // 8
console.log(`곱셈: ${multiplication}`);    // 20
console.log(`나눗셈: ${division}`);        // 5
console.log(`나머지: ${remainder}`);       // 0
```

문제 4-2

해설 복합 대입 연산자 +=를 사용하여 변수 x에 1을 더하고, 변수 y에서 2를 빼고 다시 저장하여, 콘솔에 결과를 출력합니다.

4장

해답

```
// 변수 x에 1을 더한 후 그 결과를 다시 x에 저장하는 복합 대입 연산자 식
let x: number = 10; // 초기값을 10으로 설정하는 예
x += 1; // 1을 더한다.
console.log(`x의 값: ${x}`); // 결과를 출력한다.

// 변수 y에서 2를 뺀 후 그 결과를 다시 y에 저장하는 복합 대입 연산자 식
let y: number = 5; // 초기값을 5로 설정하는 예
y -= 2; // 2를 뺀다.
console.log(`y의 값: ${y}`); // 결과를 출력한다.
```

문제 4-3

해설 비교 연산자 <, >, <=, >=, ===, !==를 사용하여, age1과 age2를 비교한 결과를 출력합니다.

해답

```
const age1: number = 25;
const age2: number = 30;

// 비교 연산자 <, >, <=, >=, ===, !==를 사용하여 비교한다.
console.log(`age1 < age2: ${age1 < age2}`);       // true
console.log(`age1 > age2: ${age1 > age2}`);       // false
console.log(`age1 <= age2: ${age1 <= age2}`);     // true
console.log(`age1 >= age2: ${age1 >= age2}`);     // false
console.log(`age1 === age2: ${age1 === age2}`);   // false
console.log(`age1 ! == age2: ${age1! == age2}`); // true
```

문제 4-4

해설 해답에서는 "Hello", " "(공백), "World"를 + 연산자로 연결하여 "Hello World"라는 문자열을 콘솔에 출력합니다.

해답

```
const greeting: string = "Hello" + " " + "World";
console.log(greeting);
```

5장

문제 5-1

해설 const 키워드를 사용하여 num이라는 변수에 8을 초기값으로 설정하고 있습니다.

'if (num >= 10)'이라는 if 문을 통해 num이 10 이상인지를 확인합니다. 10 이상이면 'console.log("OK");'를 출력하고, 그렇지 않다면 'console.log("NG");'를 출력합니다.

또한 'num >= 10'의 같은 조건식을 가진 삼항 연산자를 사용하여 num이 10 이상인지를 판단합니다. 'num >= 10'이 참이면 "OK"를, 그렇지 않으면 "NG"가 출력됩니다.

해답

```
// if 문
const num = 8;
if (num >= 10) {
    console.log("OK");
} else {
    console.log("NG");
}

// 삼항 연산자
const num = 8;
console.log(num >= 10 ? "OK" : "NG");
```

문제 5-2

해설 if 문의 해답: color라는 변수 값에 따라 서로 다른 출력을 반환하는 if 문을 보여줍니다. 먼저 color 변수에 "green"이라는 값을 대입합니다. if 문은 color 값이 "red"인지 확인하고, 만약 그렇다면 console.log() 함수로 "빨강"을 출력합니다. color의 값이 "red"가 아니라면, elseif 문을 통해 color 값이 "blue"인지 확인하고, 그렇다면 console.log() 함수로 "파랑"을 출력합니다. color의 값이 "red"도 "blue"도 아니라

5장

면, else 문을 통해 "기타"를 출력합니다. color 변수 값은 "green"이므로, console.log()로 "기타"를 출력합니다.

해답

```
// if 문
let color = "green";
if (color === "red") {
    console.log("빨강");
} else if (color === "blue") {
    console.log("파랑");
} else {
    console.log("기타");
}
```

해설 switch 문의 해답: if 문과 마찬가지로 color 변수 값에 따라 서로 다른 출력을 반환합니다. 먼저 color 변수에 "green"이라는 값을 대입합니다. switch 문의 조건이 color 변수 값과 일치하는지를 판단합니다. color 변수 값이 "red"인 경우, console.log()로 "빨강"을 출력하고 "break;"로 switch 문을 종료합니다. 마찬가지로 "blue"를 비교하는데, 일치하지 않으므로 default로 이동하여 "기타"를 출력합니다.

해답

```
// switch 문
let color = "green";
switch (color) {
    case "red":
        console.log("빨강");
        break;
    case "blue":
        console.log("파랑");
        break;
    default:
        console.log("기타");
}
```

문제 5-3

해설 변수 score의 값에 따라 서로 다른 출력을 반환하는 if 문입니다.

먼저 score 변수에 75라는 값을 저장합니다. if 문에서는 score 값이 80 이상이면 console.log()로 "◎"를 출력합니다. if 문이 false인 경우, else if 문에서 score가 60 이상이면 "○"를 출력하고, 60 미만이면 다음 else if 문에서 score 변수 값이 40 이상인지를 판단합니다. 만약 값이 40 이상이면 "◇"을 출력합니다. else if 문에서 모두 false로 판정되면 else 문에서 "△"를 출력합니다.

변수 score의 값은 75이므로 console.log()로 "○"가 출력됩니다.

해답

```
// if 문
const score = 75;
if (score >= 80) {
    console.log('◎');
} else if (score >= 60) {
    console.log('○');
} else if (score >= 40) {
    console.log('◇');
} else {
    console.log('△');
}
```

문제 5-4

해설 변수 animal의 값에 따라 서로 다른 출력을 반환하는 switch 문입니다. 먼저 animal이라는 변수에 "bird" 값을 저장해 초기화합니다. animal의 값이 "dog"라면 console.log()로 "개"를 출력하고 "break;"로 switch 문을 종료합니다. animal의 값이 "cat"이면 'case "cat":' 처리가 실행되고, animal의 값이 "bird"이면 'case "bird":' 처리

5장

가 실행되어 "고양이" 또는 "새"를 출력하여 switch 문을 종료합니다. animal의 값이 "dog", "cat", "bird" 중 어느 것도 아닌 경우 "default:" 처리가 실행되어 "해당 없음"을 출력합니다. animal은 "bird"로 초기화되어 있으므로, 'case "bird":' 처리가 실행되어 "새"를 출력합니다.

해답

```
// switch 문
const animal: string  = "bird";

// 동물의 종류에 따른 한글 이름을 출력한다.
switch (animal) {
    case "dog":
        console.log("개");
        break;
    case "cat":
        console.log("고양이");
        break;
    case "bird":
        console.log("새");
        break;
    default:
        console.log("해당 없음");
}
```

6장

문제 6-1

해설 while 문은 조건이 참인 동안 블록 내의 처리를 반복합니다. 0부터 10까지의 숫자를 표시하기 위해 i라는 변수에 초기값 0을 저장하고, 조건식 ‘i <= 10’이 true인 동안 console.log(i)로 i의 값을 출력하고, i의 값을 1씩 증가시킵니다.

해답

```
const greetingalet i = 0;
while (i <= 10) {
    console.log(i);
    i++;
}
```

문제 6-2

해설 do-while 문은 먼저 블록 내의 처리를 실행한 후 조건식을 평가합니다. i라는 변수에 초기값 1을 저장하고 console.log(i)로 i의 값을 출력합니다. 조건식 ‘i <= 5’가 참이면 i가 5가 될 때까지(5 이하인 동안) i의 값을 1씩 증가시키고, 조건식이 false이면 처리를 종료하는 반복 처리를 실행합니다.

해답

```
let i = 1;
do {
    console.log(i);
    i++;
} while (i <= 5);
```

6장

문제 6-3

해설 for 문은 초기화식, 조건식, 갱신식의 세 부분으로 구성되어 있습니다. i라는 변수에 초기값 0을 저장하고, 'i < 5' 조건식이 true인 동안 console.log(i)로 i의 값을 출력합니다.

해답

```
for (let i = 0; i < 5; i++) {
    console.log(i);
}
```

문제 6-4

해설 for-of 문은 배열과 같은 반복 가능한 객체의 각 요소를 순차적으로 처리하는 구문으로, for 문과 달리 반복 횟수를 지정할 필요가 없고, 배열의 각 요소에 직접 접근할 수 있어 코드가 간결해집니다. 배열 array의 각 요소를 순서대로 가져와 console.log로 출력합니다.

해답

```
const array = ['a', 'b', 'c', 'd', 'e'];

for (const element of array) {
    console.log(element);
}
```

문제 6-5

해설 for 문으로 변수 i의 값을 1부터 10까지 순서대로 증가시켜 그 값을 출력합니다. i의 값이 5가 되면 break 문으로 반복문을 빠져나가 더 이상 처리되지 않습니다. break 문을 적절히 사용하면 루프를 강제로 종료할 수 있으므로, 효율적인 코드를 작성할 수 있습니다.

해답

```
for (let i = 1; i <= 10; i++) {
    console.log(i);
    if (i === 5) {
        break;
    }
}
```

문제 6-6

해설 for 문으로 변수 i의 값을 1부터 10까지 순서대로 증가시켜 3의 배수가 아닌 값을 출력합니다. i의 값이 3의 배수인 경우 continue 문으로 루프의 맨 처음으로 돌아가 처리를 재개합니다. 즉, 3의 배수인 3과 6과 9는 출력되지 않고, 1부터 10까지의 숫자 중에서 1, 2, 4, 5, 7, 8, 10만 출력됩니다.

해답

```
for (let i = 1; i <= 10; i++) {
    if (i % 3 === 0) {
        continue; // 3의 배수인 경우에는 처리를 건너뛴다.
    }
    console.log(i);
}
```

7장

문제 7-1

해설 인수나 반환값이 없는 간단한 함수입니다. 함수명 뒤의 괄호 안에 아무것도 적혀 있지 않으므로 인수가 필요 없다는 것을 알 수 있습니다. 이 함수는 for 루프를 사용하여 1부터 5까지의 숫자를 순서대로 출력합니다.

해답

```
function printNumbers() {
    for (let i = 1; i <= 5; i++) {
        console.log(i);
    }
}
```

문제 7-2

해설 doubleNumber라는 함수를 만듭니다. 이 함수는 인수로 받은 숫자를 두 배로 만든 후 결과를 반환합니다. 그리고 각각의 값에 대해 이 함수를 호출하여 콘솔에 결과를 출력합니다.

해답

```
function doubleNumber(num: number): number {
    return num * 2;
}

console.log(doubleNumber(3));  // 출력 결과: 6
console.log(doubleNumber(5));  // 출력 결과: 10
console.log(doubleNumber(10)); // 출력 결과: 20
```

문제 7-3

해설 const 키워드를 사용하여 sumN이라는 변수를 정의하고, function 키워드로 함수식을 만들어 대입합니다. 인수로 number 타입의 n을 받아 1부터 n까지의 정수의 합을 계산하여 number 타입의 값으로 반환합니다. 함수 내에서는 let 키워드를 사용하여 sum 변수를 정의하고, for 루프로 1부터 n까지의 정수의 합을 계산합니다. 마지막으로 return 키워드로 계산 결과인 sum을 반환합니다.

해답

```
const sumN = function (n: number): number {
    let sum = 0;
    for (let i = 1; i <= n; i++) {
        sum += i;
    }
    return sum;
};

const result = sumN(10); // 1부터 10까지의 합을 계산한다.
console.log(result);      // 55가 결과다.
```

문제 7-4

해설 화살표 함수는 '=>'를 사용하여 함수를 정의합니다. const greeting = 의 뒤에 ( )로 감싼 인수 리스트를 작성하고, 그 뒤에 =>와 { }로 둘러싸인 함수 본문을 정의합니다. 그리고 문자열 템플릿을 사용하여 인수가 포함된 문자열을 반환합니다.

해답

```
const greeting = (name: string): string => {
    return `Hello, ${name}!`;
}
```

8장

문제 8-1

해설 '프로퍼티명: 데이터 타입' 형식으로 address 프로퍼티를 추가합니다.

해답

```
class House {
    address: string = ""; // 프로퍼티 추가
}
```

문제 8-2

해설 openDoor 메서드가 호출되면 console.log로 "문을 열었습니다."라는 메시지를 출력합니다. 반환값은 필요 없으니 void로 설정합니다.

해답

```
class House {
    openDoor(): void { // 메서드 추가
        console.log("문을 열었습니다.");
    }
}
```

문제 8-3

해설 color라는 이름의 게터(getter)와 세터(setter)를 정의합니다. _color는 프라이빗 프로퍼티로, color 세터의 인수로 받은 값을 저장하고, color 게터를 사용하여 값을 가져옵니다.

해답

```
class House {
    private _color: string  = "";

    get color(): string {       // getter 메서드 추가
        return this._color;
    }
    set color(value: string) { // setter 메서드 추가
        this._color = value;
    }

    // ...
}
```

문제 8-4

해설 인스턴스가 만들어질 때 초기값을 설정할 수 있도록, 인수를 받는 생성자를 추가합니다. 인수의 값을 this._color와 this._rooms에 대입하여 프로퍼티를 초기화합니다.

해답

```
class House {
    _color: string;
    _rooms: number;

    constructor(color: string, rooms: number) { // 인수를 받는 생성자 추가
        this._color = color;
        this._rooms = rooms;
    }
}
```

9장

문제 9-1

해설 extends 키워드를 사용하여 'class FlyingHouse extends House'라고 적으면 파생 클래스를 만들 수 있습니다. Fly 메서드는 '하늘을 날아갑니다.'라는 메시지만 출력하므로 인수나 반환값이 없는 메서드로 정의합니다. FlyingHouse 클래스는 House 클래스를 상속받았기 때문에 FlyingHouse의 인스턴스는 House 클래스의 모든 프로퍼티와 메서드뿐만 아니라 FlyingHouse의 'Fly' 메서드도 사용할 수 있습니다.

해답

```
class House {
    public color: string = "white"; // 집의 색
    public rooms: number = 1;       // 방의 수

    activateSecurity(isOn: boolean) {
        if (isOn) {
            console.log("보안을 활성화했습니다.");
        } else {
            console.log("보안을 해제했습니다.");
        }
    }
}

class FlyingHouse extends House {
    public Fly(): void {
        console.log("하늘을 날아갑니다.");
    }
}

const fh = new FlyingHouse();
fh.Fly();
```

문제 9-2

해설 오버로드는 같은 이름을 가진 메서드를 여러 개 만들되, 각 메서드가 받는 시그니처(인수 리스트)가 다른 것을 말합니다.

Calculator 클래스의 add 메서드는 두 개의 오버로드가 있습니다. 첫 번째 오버로드는 x와 y라는 두 개의 인수를 받아 더한 결과를 반환하고, 두 번째 오버로드는 x, y, z라는 세 개의 인수를 받아 더한 결과를 반환합니다.

4행은 2행과 3행의 add 메서드의 공통 부분을 정의한 것입니다.

두 메서드는 모두 x와 y라는 인수를 받으므로 이 부분은 그대로 적고, z라는 인수는 3행의 add 메서드에서만 사용되므로 'z?'를 적어서 z 인수는 생략 가능하다는 것을 표시합니다.

12행은 Calculator 클래스의 인스턴스 calc를 생성하고 있습니다.

13행에서는 두 개의 인수를 받는 add 메서드를 호출하고, 14행에서는 세 개의 인수를 받는 add 메서드를 호출하고 있습니다.

해답

```
01: class Calculator {
02:     add(x: number, y: number): number;
03:     add(x: number, y: number, z: number): number;
04:     add(x: number, y: number, z?: number): number {
05:         if (z !== undefined) {
06:             return x + y + z;
07:         }
08:         return x + y;
09:     }
10: }
11:
12: const calc = new Calculator();
13: console.log(calc.add(2, 3));
14: console.log(calc.add(2, 3, 4));
```

10장

문제 10-1

해설 추상 클래스를 만들려면 'abstract class Figure'와 같이 abstract 키워드를 사용합니다. 추상 메서드도 마찬가지로 'abstract Draw(): void;'와 같이 abstract 키워드를 사용합니다. 추상 클래스는 직접 인스턴스를 만들 수 없으므로 다른 클래스에서 상속받아 사용해야 합니다.

해답

```
abstract class Figure {
    abstract Draw(): void;
}
```

문제 10-2

해설 Ellipse 클래스에서는 Draw 메서드를 오버라이드하고 있습니다. 오버라이드는 기본 클래스의 메서드를 파생 클래스에서 재정의하는 것을 의미합니다. 여기서는 Draw 메서드가 "타원을 그립니다."라는 메시지를 출력하는 기능이 있습니다.

해답

```
abstract class Figure {
    abstract Draw(): void;
}

class Ellipse extends Figure {
    Draw(): void {
        console.log("타원을 그립니다.")
    }
}

const ep = new Ellipse();
ep.Draw(); // 출력 결과: "타원을 그립니다."
```

문제 10-3

해설 인터페이스는 클래스가 반드시 구현해야 하는 메서드나 프로퍼티의 목록입니다. 해답에서는 call 메서드를 정의하고 있습니다. 인터페이스의 메서드는 실체를 가지지 않으며, 인터페이스를 구현하는 클래스에서 해당 메서드를 구현해야 합니다. 인터페이스를 사용하면 다양한 클래스가 동일한 메서드를 가질 수 있습니다. 예를 들어, Telephone 인터페이스를 구현하는 클래스는 반드시 전화를 거는 Call 메서드를 가지고 있어야 합니다.

해답

```
interface Telephone {
    call(): void;
}
```

11장

문제 11-1

해설 예외를 발생시키려면 throw new 구문을 사용합니다. ( ) 안에는 예외가 발생했을 때의 메시지인 "알 수 없는 오류가 발생했습니다."를 작성합니다.

해답

```
try {
    throw new Error("알 수 없는 오류가 발생했습니다.");
}
```

문제 11-2

해설 예외에 대한 자세한 정보는 catch 블록 뒤에 작성한 변수를 통해 얻을 수 있습니다. 여기서는 err 변수를 통해 예외 정보를 받아 console.log로 출력하고 있습니다.

해답

```
try {
    throw new Error("알 수 없는 오류가 발생했습니다.")
} catch (err) {
    console.log("오류가 발생했습니다.:", err);
}
```

문제 11-3

해설 finally 블록에서 "처리가 성공적으로 완료되었습니다."라는 메시지를 콘솔에 출력하고 있습니다. finally 블록은 try 블록이 정상적으로 종료되거나 catch 블록이 종료된 후에 반드시 실행됩니다. 따라서 이 부분에는 try 블록의 성공 여부와 관계없이 실행해야 하는 후처리를 작성합니다.

해답

```
try {
    throw new Error("알 수 없는 오류가 발생했습니다.")
} catch (err) {
    console.log("오류가 발생했습니다.:", err);
} finally {
    console.log("처리가 성공적으로 완료되었습니다.");
}
```

문제 11-4

해설 MyException 클래스는 표준 예외 클래스인 Error 클래스를 상속받습니다.

MyException 클래스의 생성자에서는 부모 클래스의 생성자를 호출하며 예외 메시지를 전달합니다. 또한 'this.name'에 "MyException"을 대입하여 예외 이름을 설정합니다.

8행은 방금 만든 MyException 클래스의 인스턴스를 생성하고, throw문을 사용하여 예외를 발생시킵니다. 예외 메시지는 "사용자 지정 예외가 발생했습니다."입니다.

해답

```
01: class MyException extends Error {
02:     constructor(message: string) {
03:         super(message);
04:         this.name = "MyException";
05:     }
06: }
07:
08: throw new MyException("사용자 지정 예외가 발생했습니다");
```

11장

문제 11-5

해설 FileNotFoundException는 Error 클래스를 상속받아 만들어진 클래스입니다. 이 클래스의 생성자에서 받아들인 메시지를 기본 클래스의 생성자에게 전달합니다. 그리고 FileNotFoundException 클래스의 인스턴스를 생성해 예외를 발생시킵니다. 이렇게 하면 커스텀 예외가 발생해 예외 처리의 대상이 됩니다.

해답

```
class FileNotFoundException extends Error {
    constructor(message: string) {
        super(message);
        this.name = "FileNotFoundException";
    }
}

throw new FileNotFoundException("파일이 존재하지 않습니다.");
```

12장

문제 12-1

해설 messageModule.ts 파일에서는 message 변수를 export 키워드를 사용하여 외부에서 접근 가능하게 만들고 있습니다. mainMsg.ts 파일에서는 import 키워드를 사용해 message 변수를 불러오고 있습니다. 여기서 import 문의 './messageModule.js'는 TypeScript가 JavaScript로 트랜스파일된 파일을 지정합니다.

해답

[messageModule.ts]

```
export const message: string = "Hello, World!";
```

[mainMsg.ts]

```
import { message } from './messageModule.js';

console.log(message);
```

문제 12-2

해설 calculator.ts 파일에서 'export default' 키워드는 이 모듈이 기본 내보내기를 실행한다는 의미입니다. 이런 식으로 함수나 변수 앞에 'export default'를 붙이면 기본 내보내기를 실행할 수 있습니다.

해답

[calculator.ts]

```
export default function addition (x: number, y: number) {
    return x + y;
}
```

12장

문제 12-3

해설 mainCalc.ts 파일에서는 `import add from './calculator.js';`와 같이 addition 함수를 add라는 이름으로 사용하도록 명시하고 있습니다. 그리고 add(2, 3)을 실행하여 2와 3을 더한 결과를 console.log()로 출력합니다.

이렇게 하면 모듈 파일 내에서는 add라는 이름으로 addition 함수를 사용할 수 있습니다.

해답

[mainCalc.ts]

```
import add from './calculator.js';

// add 함수를 사용하여 2+3을 계산하고 결과를 표시한다.
const result = add(2, 3);
console.log(result);
```

13장

문제 13-1

해설 카운터 앱의 제목은 Title.tsx 파일에서 정의하고 있습니다. Title.tsx 파일을 열어 〈h1〉 태그 내부를 수정하면 제목을 변경할 수 있습니다. 해답은 '나만의 카운터'로 제목을 변경한 예를 나타냅니다.

해답

[Title.tsx]

```
function Title() {

  return (
    <>
      <h1>나만의 카운터</h1>
    </>
  );
}

export default Title;
```

문제 13-2

해설 버튼의 텍스트를 변경하려면 〈button〉 ~ 〈/button〉 사이의 문자열을 수정하면 됩니다. Counter.tsx 파일을 열어 두 버튼의 텍스트를 '−2'와 '2'로 변경해보세요.

해답

[Counter.tsx]

```
<button onClick={() => setValue(currentValue - 1)}>-2</button>
<button onClick={() => setValue(currentValue + 1)}>+2</button>
```

문제 13-3

해설 [−2] 버튼과 [2] 버튼이 클릭되었을 때의 동작을 변경하려면 setValue 함수를 수정하면

13장

됩니다. currentValue에는 현재 값이 저장되어 있으므로, 'setValue(currentValue – 2)'라고 하면 현재 값에서 2를 빼고, 'setValue(currentValue + 2)'라고 하면 현재 값에 2를 더합니다.

해답

[Counter.tsx]

```
<button onClick={() => setValue(currentValue - 2)}>-2</button>
<button onClick={() => setValue(currentValue + 2)}>+2</button>
```

문제 13-4

해설 다음은 명령어의 예입니다.

먼저 프로젝트를 생성하려는 디렉터리로 이동합니다.

다음으로 'npx create-react-app' 명령어를 실행하여 프로젝트를 생성합니다. 이때, 실제로 생성할 프로젝트명 뒤에 --template typescript를 추가하면 typescript용 프로젝트가 생성됩니다. --template typescript를 생략하면 JavaScript용 프로젝트가 생성되므로 주의해야 합니다. 프로젝트 생성이 완료되면 text-sample 폴더로 이동하여 npm start 명령어를 실행합니다. 브라우저가 실행되어 React 화면이 표시되면 프로젝트 생성에 성공한 것입니다.

해답

```
c:\>cd c:/work
c:\Work>npx create-react-app text-sample --template typescript
c:\Work>cd text-sample
c:\Work\text-sample>npm start
```

힌트 React 프로젝트 생성 절차에 대한 자세한 내용은 '13.3 개발용 프로젝트 만들기'를 참고하세요.

문제 13-5

해설 VSCode를 열어 사이드 바의 탐색기에서 'TEXT-SAMPLE'을 확장합니다. 그 아래에 있는 src 폴더를 마우스 오른쪽 버튼으로 클릭하여 InputText.tsx라는 파일을 생성합니다.

이 앱은 텍스트 입력란에 텍스트를 입력하면 실시간으로 해당 텍스트가 화면에 표시되는 앱입니다.

컴포넌트 내에서 상태를 관리하기 위해 useState를 사용합니다. 따라서 1행에서 useState를 가져옵니다. 이어서 InputText 함수를 정의하고 있습니다.

함수의 4행에는 value 변수와 setValue 함수를 준비하고, useState를 사용하여 빈 문자를 설정합니다. 따라서 value 변수에는 초기값으로 빈 문자가 저장됩니다.

이제 return 문 내부를 살펴봅니다.

return은 하나의 요소만 반환할 수 있기 때문에, 〈〉〈/〉 프래그먼트로 여러 요소를 반환하도록 합니다. 여기서는 〈h1〉, 〈input〉, 〈p〉를 반환하고 있습니다.

〈h1〉은 앱의 제목으로 '텍스트 입력'을 설정하고 있습니다. 〈input〉은 텍스트 입력란을 만드는 태그입니다. type="text"로 설정하면 텍스트 입력란이 됩니다. 참고로 type="radio"를 설정하면 라디오 버튼이 됩니다. onChange는 입력란의 내용이 변경될 때마다 발동되는 이벤트입니다. 여기서는 텍스트가 변경될 때마다 화살표 함수가 실행되어 setValue가 호출되며, event.target.value를 사용하면 해당 텍스트 입력란에 현재 입력된 텍스트를 가져올 수 있습니다. 따라서 value 변수에는 사용자가 입력한 내용이 저장됩니다.

〈p〉는 단락을 나타내는 태그입니다. 여기서는 '입력된 값: {value}'라고 작성하고 있습니다. 이렇게 블록({ }) 안에 변수를 작성하면 브라우저 내에는 저장된 변수 값이 출력됩니다. App.tsx 파일도 해답처럼 수정하세요.

13장

해답

```
import InputText from "./InputText"; // 추가
function App() {
  return (
    <div className="App">
      <InputText />
    </div>
  );
}
```

문제 13-6

해설 문제에 따라 작성한 해답은 다음과 같습니다.

이 코드를 수정하면, 사용자가 텍스트를 입력하면 바로 브라우저에 표시되는 것이 아니라, [보기] 버튼을 눌렀을 때 팝업 메시지로 나타납니다.

버튼을 생성하려면 〈button〉 태그를 사용합니다. 버튼에 보여질 텍스트는 〈button〉과 〈/button〉 사이에 작성합니다.

〈button〉은 사용자가 클릭할 때만 동작하는 요소입니다. 그래서 '클릭됨' 이벤트를 감지하고 그 시점에 처리를 실행하는데, 이때 onClick이라는 이벤트를 사용하여 '클릭됨'을 감지합니다. 'alert(메시지)'는 괄호 안에 적힌 메시지를 팝업 메시지로 표시하는 함수입니다.

여기서는 텍스트 입력란에 넣은 값이 저장된 value를 인수로 전달하므로, 그 내용이 팝업으로 표시됩니다.

해답

```
import React, { useState } from "react";

const InputText = () => {
  const [value, setValue] = useState("");

  return (
    <>
      <h1>텍스트 입력</h1>
      <input type="text" value={value} onChange={(event) => setValue(event.target.value)} />
      <button onClick={() => alert(value)}>표시</button>
    </>
  );
};


export default Input;
```

부록 B 치트 시트

변수와 데이터 타입

변수 선언

```
// 데이터 타입을 지정한 선언
let age: number = 7;

// 타입 추론에 의한 선언
let userName  = "HIRO"; // 문자열 "Hello"로 초기화하여 string 타입 변수를 작성한다.

// 상수 선언(값 변경 불가)
const PI: number = 3.14159;
```

데이터 타입

```
// 숫자형(number, bigint)
const age: number = 37;
const height: number = 162.3;
const num: bigint = 10n[39]; // n을 붙여 bigint 타입임을 명시적으로 표현한다.
```

```
// 문자열 타입(string)
const userName : string = "HIRO";
const message: string = "Hello, TypeScript!";
```

```
// 진리값 타입(boolean)
const isOn: boolean = true;
const isOff: boolean = false;
```

---

39 옮긴이_ 환경에 따라 아래 오류가 발생할 수 있습니다.
error TS2737: BigInt literals are not available when targeting lower than ES2020.
이 오류는 TypeScript가 ES2020 이하의 버전을 대상으로 할 때 BigInt 리터럴을 사용할 수 없다는 것을 알려주고 있습니다. 이를 해결하려면 TypeScript 설정 파일인 tsconfig.json에서 "target"을 "ES2020" 이상으로 설정해야 합니다.

변수와 데이터 타입

```
// null과 undefine 타입
const nullValue: null = null;
const undefinedValue: undefined = undefined;
```

```
// 열거 타입 정의
enum Color {
    Red,
    Green,
    Blue,
}

// 열거 타입을 사용한 변수 선언
let chosenColor: Color = Color.Blue;
```

```
// 튜플 타입 변수 선언
const userdata: [string, number] = ["HIRO", 35];
// 튜플 타입 데이터 참조
console.log(userdata[0]); // HIRO를 출력
console.log(userdata[1]); // 35를 출력
```

배열

배열의 선언과 데이터 참조

```
// 타입 주석을 이용한 배열 선언
const numbers: number[] = [1, 2, 3, 4, 5];

// 타입 추론에 의한 선언
const colors = ["red", "green", "blue"];

// 값 참조
const firstColor: string = colors[0]; // "red"
const secondColor: string = colors[1]; // "green"
```

배열 요소의 변경

```
// 요소 변경
const colors = ["red", "green", "blue"];
colors[1] = "yellow"; // green을 yellow로 변경

// 배열 요소의 추가 및 삭제
const userName: string[] = ["빌", "스티브", "일론"];

userName.push("히로"); // 배열 끝에 '히로' 추가
console.log(userName); // [ '빌', '스티브', '일론', '히로' ]

// 도시 배열 선언 및 초기화
let cities: string[] = ["서울", "부산", "인천", "대구", "대전"];

// removedCity를 string 또는 undefined 타입으로 선언한다.
let removedCity: string | undefined;

// 배열이 비어 있지 않은지 확인한다.
if (cities.length > 0) {
  removedCity = cities.pop()  ; // 배열 끝에서 요소를 제거하여 removeCity에 대입한다.
}
```

배열

```
console.log(removedCity); // "대전"
console.log(cities);       // [ '서울', '부산', '인천', '대구' ]
```

다차원 배열

```
// 데이터 타입을 지정한 2차원 배열을 선언한다.
// 타입 추론으로 선언할 경우 ': number[][]'를 제거한다.
const table: number[][] = [
    [1, 2, 3],
    [4, 5, 6],
    [7, 8, 9],
];
// 값 참조
console.log(table[1]);    // [ 4, 5, 6 ]
console.log(table[1][2]); // 6
```

```
// 데이터 타입을 지정한 3차원 배열을 선언한다.
// 타입 추론으로 선언할 경우 ': number[][][]'를 제거한다.
const cube: number[][][] = [
    [
        [1, 2, 3],
        [4, 5, 6],
    ],
    [
        [7, 8, 9],
        [10, 11, 12],
    ],
];
// 값 참조
console.log(cube[1]);       // [ [ 7, 8, 9 ], [ 10, 11, 12 ] ]
console.log(cube[1][0]);    // [ 7, 8, 9 ]
console.log(cube[0][1][2]); // 6
```

연산자

산술 연산자

```
let sum: number = 5 + 3;            // 8 더하기
let difference: number = 10 - 4; // 6 빼기
let product: number = 3 * 7;       // 21 곱하기
let quotient: number = 20 / 5;     // 4 나누기
let remainder: number = 15 % 4;   // 3 나머지
let x: number = 5
x++; // x는 6으로 증가
let y: number = 7;
y--; // y는 6으로 감소
```

대입 연산자

```
let x: number = 1;
x = 1;   // 1 대입
x += 8; // 9 덧셈 대입
x -= 2; // 7 뺄셈 대입
x *= 2; // 14 곱셈 대입
x /= 2; // 7 나눗셈 대입
x %= 3; // 1 나머지 대입
```

비트 시프트 연산자

```
const x: number = 5;          // 00000101 (5의 2진수 표현)
let xVal: number = x << 2; // 00010100 (20)
console.log(xVal);            // 20

const y: number = 20;         // 00010100 (20의 2진수 표현)
let yVal: number = y >> 2; // 00000101 (5)
console.log(yVal);            // 5
```

연산자

비교 연산자

```
const x: number = 5;
const y: number = 7;
console.log(x === y); // false 일치
console.log(x !== y); // true 불일치
console.log(x < y);   // true 작음
console.log(x > y);   // false 큼
console.log(x <= y);  // true 작거나 같음
console.log(x >= y);  // false 크거나 같음
```

논리 연산자

```
const x: boolean = true;
const y: boolean = false;
console.log(x && y); // false 논리곱
console.log(x || y); // true 논리합
console.log(!x);     // false 논리부정
```

조건 분기

if 문

```
// BMI 값 계산
const w: number = 70;             // 몸무게(kg)
const h: number = 1.75;           // 키(m)
const bmi: number = w / (h * h); // BMI 계산

// BMI 값에 따라 메시지를 표시하는 if~else 문
if (bmi < 18.5) {
    console.log("말랐음");
} else if (bmi >= 18.5 && bmi < 24.9) {
    console.log("보통");
} else if (bmi >= 25 && bmi < 29.9) {
    console.log("비만");
} else {
    console.log("고도비만");
}
```

삼항 연산자

```
const x: boolean = true;
const result: string = x ? "참" : "거짓";
console.log(result); // 참
```

조건 분기

switch 문

```
// weekNum과 일치하는 요일명을 판단한다.
let weekName = "";
let weekNum = 3;

switch (weekNum)
{
    case 0:
        weekName = "Sunday";
        break;
    case 1:
        weekName = "Monday";
        break;
    case 2:
        weekName = "Tuesday";
        break;
    case 3:
        weekName = "Wednesday";
        break;
    case 4:
        weekName = "Thursday";
        break;
    case 5:
        weekName = "Friday";
        break;
    case 6:
        weekName = "Saturday";
        break;
    default:
        weekName = "unknown";
        break;
}
console.log(weekName); // Wednesday
```

반복 처리

while 문

```
let count: number = 0;

// count가 5 미만인 동안 반복 처리한다.
while (count < 5) {
    console.log(count); // 0, 1, 2, 3, 4
    count++;
}
```

do while 문

```
let count: number = 0;

// 최소 1회 반복 처리한다.
do {
    console.log(count); // 0, 1, 2, 3, 4
    count++;
} while (count < 5);
```

for 문

```
// i가 0~4일 때까지 5회 반복 처리한다.
for (let i = 0; i < 5; i++) {
    console.log(i); // 0, 1, 2, 3, 4
}
```

반복 처리

for of 문

```
const scores = [80, 65, 90, 75, 85];

// 배열 요소를 순서대로 가져와 마지막 요소까지 반복 처리한다.
for (const num of scores) {
    console.log(num); // 80, 65, 90, 75, 85
}
```

continue 문과 break 문

```
for (let i = 0; i < 10; i++) {
    if (i === 2) {
        continue; // 2인 경우, 다음 반복 처리로 건너뛰고 다음 반복 처리한다.
    }
    if (i === 4) {
        break; // 4인 경우, 반복 처리를 끝낸다.
    }
    console.log(i);
}
```

함수

함수

```
// 함수 정의의 기본형(인수 name, 반환값 string형)
function sayHello(name: string): string {
    return `Hello, ${name}!`;
}

console.log(sayHello("Steve")); // Hello, Steve!
```

```
// 기본 인수가 있는 함수
function sayHello(name: string = "No Name"): string {
    return `Hello, ${name}! `;
}

console.log(sayHello()); // Hello, No Name!
console.log(sayHello("Steve")); // Hello, Steve!
```

함수식(무명 함수/익명 함수)

```
// 변수 multiply에 무명 함수를 대입한다.
let multiply = function (x: number, y: number): number {
    return x * y;
};
console.log(multiply(4, 6)); // 24
```

함수

화살표 함수

```
// function 키워드의 필요 없이, =>(화살표)를 사용하여 함수를 정의한다.
let divide = (x: number, y: number): number => {
    return x / y;
};

console.log(divide(20, 4)); // 5
```

제네릭 함수

```
// 제네릭 함수를 정의한다(T는 임의의 데이터 타입으로 치환된다).
// 다음은 배열의 첫 번째 요소를 반환하는 제네릭 함수를 정의하는 예다.
function getFirstElement<T>(arr: T[]): T {
    return arr[0];
}

// number 타입 배열
const numbers: number[] = [1, 2, 3, 4, 5];
console.log(getFirstElement(numbers)); // 1

// string 타입 배열
const strings: string[] = ["사과", "귤", "바나나"];
console.log(getFirstElement(strings)); // "사과"
```

클래스

클래스 기본형

```
// 클래스 정의의 기본형(프로퍼티, 생성자, 메서드 정의)
class Person {
    // 프로퍼티
    firstName: string;
    lastName: string;

    // 생성자(클래스 초기화 실행)
    constructor(firstName: string, lastName: string) {
        this.firstName = firstName; // 생성자(constructor)
        this.lastName = lastName;
    }

    // 메서드(클래스 내에서 정의하는 함수)
    getFullName(): string {
        return `${this.firstName} ${this.lastName}`;
    }
}

let person1 = new Person("Steve", "Jobs");
console.log(person1.getFullName()); // Steve Jobs
```

접근 제어자

```
class House {
    public color: string;       // 어디서든 접근할 수 있다.
    private rooms: number;      // 동일 클래스 내에서만 접근할 수 있다.
    protected address: string;  // 동일 클래스 및 상속 클래스 내에서만 접근할 수 있다.
}
```

클래스

클래스 상속

```
// 기본 클래스
class ParentClass {
    parentProperty: string = "";

    constructor() {

    }

    parentMethod(): void {

    }
}
// 파생 클래스(extends 키워드 뒤에 상속할 클래스명을 기술)
class ChildClass extends ParentClass {

}
```

메서드의 오버로드

```
class House {
    // 두 개의 오버로드 메서드 생성
    activateSecurity(isOn: boolean): void;
    activateSecurity(isOn: boolean, hasGarage: boolean): void;

    activateSecurity(isOn: boolean, hasGarage?: boolean): void {
        if (isOn) {
            console.log("보안을 활성화했습니다.");
            if (hasGarage) {
                console.log("차고 보안도 활성화했습니다.");
            }
        }
```

```
        else {
            console.log("보안을 해제했습니다.");
            if (hasGarage) {
                console.log("차고 보안도 해제합니다.");
            }
        }
    }
}
```

메서드의 오버라이드

```
// 기본 클래스
class ParentClass {
    parentProperty: string = "";

    constructor() {

    }

    parentMethod(): void {
        console.log("이것은 기본 클래스의 메서드입니다.");
    }
}

// 파생 클래스
class ChildClass extends ParentClass {
    // 기본 클래스에서 정의한 메서드를 재정의한다.
    parentMethod(): void {
        console.log("이것은 오버라이드된 메서드입니다.");
    }
}
```

클래스

제네릭 클래스

```
// T는 임의의 데이터 타입
class GenericClass<T> {
    value: T;

    constructor(value: T) {
        this.value = value;
    }
}

let gc1 = new GenericClass<number>(31);
let gc2 = new GenericClass<string>("TypeScript");

console.log(gc1.value); // 31
console.log(gc2.value); // "TypeScript"
```

제네릭 메서드

```
class MyUtility {
    // T는 임의의 데이터 타입
    printArray<T>(arr: T[]): void {
        for (const val of arr) {
            console.log(val);
        }
    }
}

const nums = [1, 2, 3, 4, 5];
const names = ["Steve", "Bill", "Mark"];
const util = new MyUtility();
util.printArray<number>(nums);
util.printArray<string>(names);
```

추상 클래스

```
// abstract 키워드를 사용하여 추상 클래스 Figure를 정의한다.
abstract class Figure {
    // 추상 메서드 Draw를 정의한다.
    abstract Draw(): void;
}
// 추상 클래스를 상속받아 클래스를 정의한다.
class Triangle extends Figure {
    Draw(): void {
        console.log("삼각형을 그립니다.");
    }
}

const tri = new Triangle();
tri.Draw(); // 삼각형을 그립니다.
```

인터페이스

```
// interface 키워드를 사용하여 인터페이스를 정의한다.
interface PlaySound {
    name: string;
    play(): void;
}

// 인터페이스를 구현한 클래스 정의(implements 키워드 사용)한다.
class MusicPlayer implements PlaySound {
    name: string = "sample";

    play() {
        console.log(`${this.name}을 재생했습니다.`);
    }
}
const mp = new MusicPlayer();
mp.name = "MySong.mp3";
mp.play();
```

예외 처리

try ~ catch ~ finally

```
try {
    // 예외가 발생할 수 있는 코드를 기술한다.
} catch (error) {
    // 예외 발생 시 처리를 기술한다.
} finally {
    // 마지막에 반드시 실행할 처리를 기술한다.
}
```

throw

```
function divide(a: number, b: number): number {
    if (b === 0) {
        // 예외 던지기
        throw new Error("0으로 나눌 수 없습니다.");
    }
    return a / b;
}
```

모듈

export와 import

```
// MyModule.ts
export const msg = "Hello, TypeScript";

export function showMsg() {
    console.log("함수를 가져왔습니다.");
}
```

```
import { msg, showMsg } from "./MyModule";

console.log(msg);
showMsg();
```

```
// MyDefaultModule.ts
export default function greeting(name: string): string {
    return `Hello, ${name}`;
}
```

```
import greet from "./MyDefaultModule";

let message = greet("Bill");
console.log(message); // "Hello, Bill"
```

찾아보기

찾아보기

ㄷ / ㄹ

ㅁ / ㅂ

찾아보기

ㅋ / ㅌ

ㅍ / ㅎ

맺음말

이 책을 읽어 주셔서 감사합니다. TypeScript의 기초를 배우는 이 여정이 프로그래밍 기술을 향상시키는 즐거운 첫걸음이 되었기를 바랍니다.

TypeScript는 강력한 타입 시스템과 다양한 기능이 있지만, 이것은 시작일 뿐입니다. 이 언어를 익히고 실무에 활용하기 위해서는 더 많은 학습과 연습이 필요합니다.

이 책에서 배운 기초를 바탕으로 한 단계 더 나아가는 몇 가지 방법을 소개합니다.

■ 프레임워크 학습

13장에서 React를 이용한 앱 개발을 배웠지만, 빠르게 설명한 부분이나 이해에 필요한 기초 지식 부족으로 어렵게 느꼈을 수 있습니다.

React 외에도 Angular나 Vue.js 등의 인기 있는 프레임워크가 있습니다. 자신이 쉽게 접근할 수 있는 프레임워크를 찾아 실제 애플리케이션을 만들어 보기 바랍니다.

■ 타입 안정성 향상

더 강력한 코드를 작성하기 위해서는 TypeScript의 타입 시스템을 깊이 이해해야 합니다. 이 책에서 다루지 못한 수많은 데이터 타입과 효율적인 활용법을 익혀 오류를 방지하고 버그를 줄일 수 있습니다.

■ 테스트와 디버깅

애플리케이션을 실제로 운영하려면 테스트가 필수입니다. 또한 버그를 발견하고 수정하는 디버깅 기법도 익혀야 합니다. 단위 테스트, 통합 테스트, 디버깅 기법을 통해 신뢰도 높은 애플리케이션을 구축할 수 있습니다.

마지막으로, TypeScript의 세계를 즐겁게 여행했기를 바라며 이 책을 마칩니다.

HIRO